Marli Huijer
Außer Takt

Marli Huijer

Außer Takt

Auf der Suche nach dem Rhythmus des Lebens

Aus dem Niederländischen von Ira Wilhelm

Copyright © Boom Amsterdam, 2015, © Marli Huijer 2015
Übersetzt aus dem Niederländischen:
Marli Huijer – Ritme. Op zoek naar een terugkerende tijd

N ederlands
letterenfonds
dutch foundation
for literature

Die Übersetzung dieses Buches wurde von der
niederländischen Stiftung Literatur gefördert.

Die Deutsche Nationalbibliothek verzeichnet diese Publikation
in der Deutschen Nationalbibliografie;
detaillierte bibliografische Daten sind im Internet
über http://dnb.d-nb.de abrufbar.

Der Theiss Verlag ist ein Imprint der WBG.

© 2017 by WBG (Wissenschaftliche Buchgesellschaft), Darmstadt
Die Herausgabe des Werkes wurde durch die Vereinsmitglieder der WBG ermöglicht.
Lektorat: Hildegard Mannheims, Bonn
Satz: satz & mehr, 74354 Besigheim
Einbandgestaltung: Harald Braun, Berlin
Gedruckt auf säurefreiem und alterungsbeständigem Papier
Printed in Germany

Besuchen Sie uns im Internet: www.wbg-wissenverbindet.de

ISBN 978-3-8062-3505-0

Elektronisch sind folgende Ausgaben erhältlich:
eBook (PDF): 978-3-8062-3506-7
eBook (epub): 978-3-8062-3507-4

Inhalt

Persönlicher Rhythmus

Inhalt

Persönlicher Rhythmus

Rhythmus bedeutet Disziplin und Freiheit zugleich. Rhythmus ist die Disziplin, etwas zwei, drei oder hundert Mal zu wiederholen, und sie ist die Freiheit, innerhalb dieser Wiederholung zu improvisieren und Neues zu entdecken. Rhythmus ist die Disziplin eines Schlagzeugers, den Takt zu schlagen, und seine Freiheit, innerhalb dieses sich stetig wiederholenden Schlags Variationen einzubauen. Rhythmus umfasst auch die Disziplin eines Autofahrers, immer wieder dasselbe Stück Autobahn zurückzulegen; gleichzeitig hat er aber auch die Freiheit, dies mit wechselnden Geschwindigkeiten zu tun. Mit anderen Worten: Rhythmus bedeutet, über die Disziplin zu verfügen, jeden Tag dasselbe zu tun, und gleichzeitig die Freiheit zu genießen, stets neue Aufgaben damit zu verknüpfen.

Die Freiheit ist der angenehmere Teil des Rhythmus. Doch ohne die Wiederholung, die die Freiheit erst ermöglicht, könnte diese Freiheit unter Umständen furchtbar langweilig sein.

Während der Monate, die ich an diesem Buch arbeitete, hatte ich mit beiden Aspekten des Rhythmus zu kämpfen. Ich hatte mir einen strengen Arbeitsplan auferlegt: zeitig aufstehen, immer zur selben Zeit, dann an den Schreibtisch, Mittagspause, weiterarbeiten, eine halbe Stunde Sport, essen, ausruhen und schlafen gehen. Sechs Tage lang, dann einen Tag frei. Aber es war Frühling. Herrliches Wetter draußen. Freunde und Freundinnen riefen an, ob ich sie ins Kino, in ein Konzert oder in eine Kneipe begleiten wolle.

Diszipliniert wie ich war, beschloss ich, ihnen ihre Bitten abzuschlagen. Aber es kribbelte in mir: Ich wollte in die Stadt, wollte Menschen treffen, neue Dinge entdecken und hören. Wie konnte ich diesen energetischen Schub aufrechterhalten und trotzdem am Schreibtisch bleiben?

„Sitzen bleiben!", herrschte ich mich an. Aber mein Körper hörte nur halb zu, meine Muskeln standen unter Strom, das Blut pulsierte in meinen Adern, die Lungen waren gebläht, alles war bereit zu neuen Abenteuern. Dieser Zustand quälte mich vor allem morgens. Kaum war ich wach, war der physische Druck groß, mich rasch anzukleiden, ein Frühstücksbrot herunterzuschlingen und aus dem Haus zu stürmen, um die U-Bahn noch zu erreichen. Meine Körperkonstitution hatte sich meinem bisherigen Lebensstil angepasst, was Geist und Körper ausnehmend gut gefiel. Jeden Tag ereignete sich etwas, auf das ich am Abend mit großem Wohlgefallen zurückblickte, und es war immer etwas anderes. Wie sich an den neuen Rhythmus gewöhnen?

In Richard Sennetts (* 1943) *Handwerk* las ich, dass jede auf einer Wiederholung beruhende Tätigkeit befriedigend sein kann. Beim täglichen Üben, das jeden Tag etwas länger sein sollte – sei es auf der Geige, im Garten, beim Mauern oder Schreiben –, erfahren wir Befriedigung, wodurch wir mit der Zeit immer länger durchhalten.

Aber als mir klar wurde, dass ich für mein Buch nicht genug Sitzfleisch besaß, überfiel mich Verzweiflung. Statt mich weiter meinem Zeitplan zu unterwerfen, wollte ich lieber auf Reisen gehen.

Nach ein paar Wochen verschwand dieses Gefühl. Auf einmal konnte ich stundenlang still sitzen, ohne mich auch nur eine Minute zu langweilen. Die Wiederholung und die Regelmäßigkeit, die mich anfangs so zermürbten, boten mir jetzt Halt: soundso viele Stunden schreiben, soundso viele Stunden Ruhe. Ohne dass ich es bemerkte, hatte sich auch in mein Arbeiten ein Muster eingeschlichen. Ich zählte die Tage: nach dem freien Tag vier Tage arbeiten, dann konnte ich am fünften Tag den Blick schon wieder auf den freien Sonntag vor mir richten. Dieser Rhythmus wirkte entspannend auf mich. Das Schreiben fing an, mir Spaß zu machen.

Kann man sich auf diese Weise an jeden Lebensrhythmus gewöhnen? Kann sich der menschliche Körper nach wenigen Wochen oder Monaten jedem beliebigen Rhythmus anpassen? Könnten auch wir uns an eine Siesta gewöhnen? Wäre eine Zehn-Tage-Woche denkbar? Schließlich pendeln wir uns nach jedem Jetlag wieder in den veränderten Tag-und-Nacht-Rhythmus ein, stellen uns zweimal pro Jahr auf die Winter- bzw. Sommerzeit um, passen uns dem Rhythmus unseres Geliebten an. Oft genug erweist sich der andere nicht als der Tag- oder Nachtmensch, der man selbst ist. Lässt sich mit etwas Disziplin ein Morgenmensch in einen Nachtmenschen verwandeln und umgekehrt?

Hinter solchen Fragen steht die große Frage nach dem Verhältnis zwischen Natur und Kultur. Der eingefleischte Morgen- oder Nachtmensch ist davon überzeugt, dass der Zeitpunkt, an dem er aufzustehen oder zu Bett zu gehen pflegt, Teil seiner Natur ist. Zur Stützung seiner These verweist er auf die Biologie. Doch wer sich vom Lebensgefährten oder von den Familienmitgliedern gestört fühlt, die früher oder später aufstehen bzw. zu Bett gehen, lässt sich nicht von der Meinung abbringen, das Ganze sei eine Sache des Lernens, und beruft sich auf Argumente aus der Soziologie und der Pädagogik.

Ich selbst gehöre zur Kategorie der „Acht-Stunden-Schläfer". Gehe ich früh ins Bett, werde ich auch früh wach. Gehe ich spät ins Bett, schlafe ich bis Mittag. Angeblich kommt das nur bei Teenagern oder jungen Erwachsenen vor, doch ich habe die Erfahrung gemacht, dass man schlafen tatsächlich lernen kann. Wenn man sich nach einer kurzen Nacht zwingt, liegen zu bleiben, schläft man von selbst wieder ein – auch wenn man keine achtzehn mehr ist. Die Disziplin des Acht-Stunden-Schlafs verleiht einem die Freiheit, mal ein Morgen- und mal ein Nachtmensch zu sein.

Der Acht-Stunden-Rhythmus ist nur einer unter vielen Rhythmen, nach denen ein Mensch leben kann. Für jedes Ziel, das man sich setzt, gibt es einen passenden Rhythmus. Der niederländische Autor und Übersetzer Guus Kuijer verbringt die Stunden von sieben bis zwölf Uhr morgens am Schreibtisch, an sieben Tagen der Woche, um in aller Ruhe seine Neuübertragung des Alten Testaments voranzutreiben.[1] Eine bekannte niederländische Nachrichtensprecherin arbeitete bis vor wenigen Jahren eine Woche lang als Moderatorin und ging in der nächsten Woche ihrem Zweitberuf als Fotografin nach. Durch diesen Rhythmus gelang es ihr, zwei Dinge nicht nur parallel, sondern auch gut zu tun.

Einen solchen selbst auferlegten Rhythmus können wir als eigenen oder persönlichen Rhythmus bezeichnen. „Eigen" im doppelten Sinne: Wenn jemand sich einen Rhythmus angeeignet hat, ist er ihm eigen geworden. Und zwar so, als wäre er eine zweite Natur. Man kann sich dann kaum noch vorstellen, dass es je anders gewesen ist. Trotzdem ist dieser Rhythmus angelernt.

„Persönlich" heißt nicht zwangsläufig, dass man der Einzige mit dem betreffenden Rhythmus ist, auch nicht, dass man ihn sich unbeeinflusst von anderen aneignet. Jeder „persönliche" Rhythmus ist abhängig von den Rhythmen der Mitmenschen. Guus Kuijers Schreiben wird zusätzlich von den Rhythmen derjenigen bestimmt, die mit ihm zusammenwohnen, -leben oder -arbeiten. Eine Umgebung, die in den Morgenstunden sehr lärmig wäre oder seine Aufmerksamkeit beanspruchte, würde seiner Arbeit nicht förderlich sein. Es sei denn, er hätte diesen Umstand in seinem Rhythmus mit berücksichtigt. Die Nachrichtensprecherin konnte ihren Rhythmus nur deshalb einhalten, weil Kollegen beim Sender ihre Arbeit während ihrer Abwesenheit übernahmen bzw. freinahmen, wenn sie im Studio anwesend war.

Das bedeutet, dass Rhythmen sowohl Plural und Singular in sich vereinigen. Es gibt eine Fülle von rhythmischen Phänomenen, die das Alltagsleben bestimmen, und es gibt den einzigartigen, singulären „persönlichen" Rhythmus von Gegenständen und Menschen. Der singuläre Rhythmus (Herzschlag, Schlafrhythmus, Verdauung, Arbeit) wird von den pluralischen Rhythmen beeinflusst, die das Alltagsleben prägen (den Rhythmen der öffentlichen Verkehrsmittel, dem Tag-und-Nacht-Rhythmus, den Ladenschlusszeiten, dem Rhythmus der Jahreszeiten).

Wie das Pluralische nun mit dem Singulären zusammenwirkt, die Disziplin mit der Freiheit, die Wiederholung mit der Erstmaligkeit und die Natur mit der Kultur, davon will dieses Buch erzählen. Wie verhalten sich der Rhythmus der Straßenüberquerung und der Rhythmus der Ampel zueinander? Wie das Zeitregime des Smartphones und der Rhythmus des Schlafs? Werden die religiösen Rhythmen allmählich von den Biorhythmen verdrängt? Auf welche Weise steuern Rhythmen des Sprechens und der Musik unbemerkt unser Verhalten? Lassen sich selbst gesteckte Ziele leichter erreichen, wenn man seinen persönlichen Rhythmus kennt?

Ausblick vom Balkon

Eine ausgezeichnete Methode, sich einen Überblick über Rhythmen zu verschaffen und neue Rhythmen auszuprobieren, bieten die *Elements de rythmanalyse* des Philosophen Henri Lefebvre (1901–1991). Lefebvre zeigt in dem posthum herausgegebenen und teilweise mit seiner Frau Catherine Régulier zusammen verfassten Buch, wie das Alltagsleben von einer Vielzahl großer (kosmischer, natürlicher, biologischer) und kleiner (alltäglicher, körperlicher) Rhythmen bestimmt wird. Lefebvre und Régulier stellen darin das „rhythmusanalytische Projekt" vor, das die unterschiedlichsten Rhythmen analysiert – von den Rhythmen der Elementarteilchen bis zu denen der Milchstraße. Das Projekt besitzt einen transdisziplinären Charakter und setzt sich das Ziel, das Wissenschaftliche so wenig wie möglich vom Poetischen zu trennen.[2]

Das vorliegende Buch will Teil des Projekts werden, das Lefebvre und Régulier begonnen haben. Wer genau hinhört, so schreibt Lefebvre, wird bemerken, dass unser Alltagsleben von zahllosen Rhythmen bestimmt wird. Offen zu sein für diese Rhythmen bedeutet nicht nur, Wörter, Geräusche und Klänge zu vernehmen, sondern auch die Rhythmik von Dingen, Ereignissen und Menschen.

Jede Stadt, jede Straße, jedes Gebäude besitzt einen eigenen Rhythmus. Wer die Rhythmen als Instrument einsetzt, „kann ein

Haus hören, eine Straße, eine Stadt, so wie er eine Symphonie oder eine Oper hört".[3]

Da sich bis heute kein einziger Philosoph dieses Projekts angenommen hat, tue ich es hiermit. Methodisch folgt daraus, dass ich mich den Rhythmen öffne und sie von innen zu erfahren versuche, wobei ich auch auf bereits gewonnene biomedizinische und philosophische Erkenntnisse zurückgreife.

Rhythmen können äußerlich und isoliert untersucht werden, aber man kann den Begriff des Rhythmus auch als Instrument einsetzen und mit seiner Hilfe das Alltagsleben von innen erforschen. Ein Rhythmus kann nur von innen erfahren und erlebt werden, man muss von ihm erfasst werden, nachdem man sich von allem gelöst hat, und sich ihm hingeben. Aber man muss sich den Rhythmen auch von außen nähern, will man sie wahrnehmen und begreifen – doch sollte die Distanz nicht zu groß sein. Um die Zeitordnung des Alltagslebens zu erkunden, muss man – wie ein Poet oder ein Wissenschaftler – von innen und von außen die Rhythmen des Alltags belauschen.

Um dieses Von-innen-und-von-außen-Belauschen der Rhythmen zu verstehen, bedient sich Lefebvre der Metapher des Balkons, der Ausblick auf eine Kreuzung mehrerer Straßen gewährt. Der französische Philosoph sah vom Balkon seiner Wohnung auf die Pariser Rue Rambuteau hinunter und beobachtete, wie die Fußgänger auf der Straße von einer Fülle an hörbaren Rhythmen überflutet wurden: fahrende oder stehende Autos, Gehupe, Sirenengeheul, sich unterhaltende Fußgänger, Schritte, Ampeln. Er weiß, dass der einzelne Fußgänger diese Geräusche kaum bewusst wahrnimmt.

Auf dem Balkon stehend, isoliert er die verschiedenen Geräusche voneinander und erkennt zahlreiche Strömungen und Rhythmen, die aufeinander einwirken. Er sieht und hört, dass die Fußgänger verstummen, sobald sie die Kreuzung erreichen, um auf die Geräusche und die Rhythmen der anderen Verkehrsteilnehmer zu achten. Während die Autos bremsen und die Fußgängerampel auf Grün schaltet, versuchen sie abzuschätzen, wie lange sie brauchen, um die andere Straßenseite zu erreichen. Sie vergewissern sich schweigend, genug Zeit dafür zu haben, damit sie nicht von den ungeduldig wartenden Autos, Bussen und Motorrädern überfahren werden. Von oben betrachtet, wiederholt sich das Geschehen in einem bestimmten Muster immer wieder – jedenfalls solange es keinen Stau gibt. Es ist ein ständiger Wechsel von Verlangsamung, Stillstand und Sich-wieder-in-Bewegung-Setzen, manchmal aggressiver, manchmal zurückhaltender. Hören und Sehen gehen in dieser Szene eine Harmonie ein; visuelle Rhythmen bilden mit akustischen eine Einheit.

Damit offenbart der Rhythmus seine wichtigste Eigenschaft: Er verbindet alles mit allem, die Schritte der Fußgänger mit der Ampel, ihr Atmen mit den Hupen, die Gespräche mit der Stille. Der Rhythmus richtet die Aufmerksamkeit auf die Pause zwischen den Tönen, aber auch auf den Knall, der die Stille zerreißt. Er betont weniger das künstliche Streben nach Gleichgewicht oder Harmonie, sondern will vielmehr zeigen, wie sich die periodischen Bewegungen von Sonne, Körper, Auto, Smartphone, Musik und Sprache im Alltag vereinigen.

Ich werde mich meinem Thema folgendermaßen nähern: Zunächst wende ich mich im ersten Teil mit dem Titel „Ohne Rhythmen keine Zeit" dem Verhältnis zwischen Zeit und Rhythmus zu. Was ist mit der Zeit los? Geht alles zu schnell oder fehlt uns die Balance? Was bedeutet der Verlust an gemeinsamer Rhythmik als Folge der allgemeinen Flexibilisierung (Kapitel 1)? Anhand der Frage, ob Zeit als kontinuierlich oder diskontinuierlich zu betrachten sei, will ich darlegen, wie Rhythmus und Zeit voneinander abhängig sind. Dazu betrachte ich die interessante Debatte zwischen den französischen Philosophen Henri Bergson (1859–1941) und Gaston Bachelard (1884–1962) näher: Während Bergson der Ansicht war, dass die Zeit kontinuierlich sei und eine Dauer habe, glaubte Bachelard, sie sei diskontinuierlich und es gebe mehrere jeweils Anfang und Ende besitzende Dauerzustände, die durch Lücken und Brüche voneinander getrennt werden. Die einzelnen, voneinander unabhängigen Dauerzustände verbinden wir mithilfe der Rhythmen und erfahren sie dadurch als Kontinuität. Die Schlussfolgerung daraus ziehe ich dann im 2. Kapitel. Das Verhältnis zwischen den sogenannten linearen und den zyklischen Rhythmen möchte ich im 3. Kapitel näher beleuchten und eine Antwort auf die Frage finden, woraus ein guter Rhythmus besteht und wodurch er gestört wird. Warum weiß fast jeder, was gemeint ist, wenn ein Mann sagt, eine Frau, mit der er Sex hatte, habe keinen guten Rhythmus gehabt?

Der zweite Teil „Ursprung und Funktion von Rhythmen" behandelt die Ursprünge der modernen Lebens- und Arbeitsrhythmen. Welche Auswirkungen haben religiöse, musikalische, biologische und technologische, das heißt künstlich geschaffene Rhythmen auf die Rhythmik des Alltagslebens? Wie verhält sich in diesem Zusammenspiel der Rhythmen das Verlangen nach Ordnung (das Apollinische, um Nietzsches Begriff zu gebrauchen) zum Verlangen nach Chaos und Exzess (zu dem Dionysischen)? In Kapitel 4 werde ich zeigen, wie die Religion mit ihrer Unterscheidung von heiligen und alltäglichen Tagen die Basis für den rhythmischen Wechsel von Werk- und Feiertagen legte. Im 5. Kapitel vertiefe ich mich in die Wirkung von musikalischen Rhythmen. Rhythmen können magisch sein. Doch können wir diese Magie benutzen, um die Götter in uns und außerhalb von uns zu manipulieren. Im Zentrum des 6. Kapitels steht dann der moderne Begriff des Biorhythmus. Das Interessante an diesem Begriff ist, dass er in vielerlei Hinsicht Parallelen mit den Lebensrhythmen aufweist, wie sie einst die Priester und Astrologen bestimmten. Im 7. Kapitel gehe ich auf die Störungen ein, die von den neuen digitalen Geräten und Apparaten herrühren. Diese Störungen der Rhythmen scheinen jedoch nur vorübergehend zu sein. Die Zeitforschung hat ergeben, dass wir allen Entwicklungen zum Trotz noch immer zwischen 9 und 18 Uhr arbeiten und zwischen 23 und 7 Uhr schlafen.[4] Im 8. Kapitel stelle ich mir die Frage, wie die Rhythmen des Körpers sich zu den Rhythmen der Kultur (Religion, Technologie, Wissenschaft, Kunst etc.) verhalten. Sind angeborene Rhythmen besser als angelernte Rhythmen? Oder sollte man zwischen beiden keinen Unterschied machen?

Im dritten Teil „Von alten zu neuen Rhythmen" werde ich aufzeigen, wie wir sowohl den alten Rhythmen ein neues Gewand verpassen als auch neue Rhythmen erfinden und ausprobieren können. Im 9. Kapitel widme ich mich dann der dressierenden Wirkung von Rhythmen. Michel Foucault beschreibt, wie Körper und Geist durch rhythmisch sich wiederholende Übungen trainiert und kontrolliert werden. Doch derselbe Foucault propagiert die Selbstdressur als Gegengewicht zur Dressur von außen. Im 10. Kapitel mache ich einige Vorschläge, wie man seine Umgebung rhythmisch so gestalten kann, dass Ziele und Wünsche dadurch leichter erreicht werden. Im 11. Kapitel schließlich möchte ich zeigen, dass der Rhythmus des Alltags uns vollkommen selbstverständlich erscheint und dadurch kaum bewusst wahrgenommen wird. Dennoch ist es möglich, dass die Frage „Welcher Rhythmus herrscht gerade?" in Zukunft relevanter sein wird als die Frage, wie spät es ist.

Was meinen „persönlichen" Rhythmus angeht: Jetzt, da ich mein Buch beendet habe, tausche ich den regelmäßigen Rhythmus des Schreibens wieder gegen den Rhythmus aus heruntergeschlungenem Frühstück, Metro, Zug, Studenten, Besprechungen, Straßencafé, Kino, Kneipe und meinen Mitmenschen ein. Auch dieser Rhythmus wird nur vorübergehend sein. Die Suche und Aneignung von immer neuen Formen der Disziplin, wie sie meinen Zielen und Wünschen, aber auch meinen Mitmenschen angemessen sind, sind Elemente eines freiheitlichen Lebensrhythmus.

I

Ohne Rhythmen keine Zeit

1

Zwischen dem linken und dem rechten Schuh

Zeiterfahrung und Lebensrhythmus

Was ist nur mit der Zeit los? Die Niederländer gehören zu denen, die am lautesten darüber klagen, zu viel zu tun zu haben. Mehr als die Hälfte der Bevölkerung gesteht, sich gelegentlich bis häufig gehetzt zu fühlen.[5] Und das, obwohl wir Niederländer über mehr Freiheit verfügen als der Rest Europas: fünfeinhalb Stunden pro Tag statt fünf. Auch verbringen wir weniger Zeit mit Arbeit, Haushalt und der Betreuung und Pflege von Familienangehörigen als Einwohner anderer Länder.[6] Warum aber fühlen wir uns trotzdem gestresst und nehmen uns vor, in Zukunft alles etwas langsamer anzugehen?

Das Gefühl, zu wenig Zeit zu haben, ist nicht neu. Eine treffende Formulierung dessen, was ich die „Gehetztheitsthese" nenne, fand ich beim niederländischen Journalisten Henk Hofland (1927–2016):

Unsere Zeit ist wie besessen von einer enormen Eile. Wie Windhunde rennen wir hinter einem künstlichen Hasen her. Wem es gelingt, sich mehr oder weniger erfolgreich vom Alltagsleben zu distanzieren und interesselos und objektiv das Tun und Lassen seiner Mitmenschen zu beobachten, erkennt, dass sie in einem Rausch leben oder in einem Rausch leben wollen, fest entschlossen und anderen Leuten gegenüber vollkommen rücksichtslos.

Das schrieb Holland keineswegs im 21. Jahrhundert, sondern in den Fünfzigerjahren des vorigen. Bereits in jenen, uns heute so träge erscheinenden Jahren machte sich Hofland ernsthaft Gedanken über die Auswirkungen des zunehmenden Zeitmangels.[7] Dass Eile relativ ist, zeigt Hoflands Aufschrei. Was den Leuten damals schnell vorkam, erscheint uns heute als gemächlich.

Die Feststellung, dass die Zeit von der Eile wie besessen sei, scheint zu allen Zeiten gültig gewesen zu sein. Bei jeder Beschleunigung, die sich im privaten oder im öffentlichen Leben vollzieht, wird sie wieder vorgebracht, egal, ob es sich dabei um die Einführung der Dampflokomotive, des Fließbands, der Waschmaschine, des Flugzeugs oder des Internets handelt. Jedes Mal wird befürchtet, die neue Geschwindigkeit könne dem Menschen schaden. Angeblich hat man vor langer Zeit sogar vor der Schnelligkeit des Reitens gewarnt.[8]

Allen Aussagen gemeinsam ist, dass Eile, Hetze und Geschwindigkeit für den Menschen ungesund sind. Die Gehetztheitsthese wird meistens dann vorgebracht, wenn die Menschen davon überzeugt werden sollen, dass die neuen Geschwindigkeiten keinen Fort-, sondern einen Rückschritt darstellen, weil sie dem natürlichen Tempo des Menschen widersprechen und ihn gegen seinen Willen zwingen, immer schneller zu werden.

Die Geschichte beweist jedoch, dass der Mensch es durchaus vermag, sein spezifisches Tempo den Beschleunigungen anzupassen, die ihm von außen stets neu auferlegt werden. Er wundert sich längst nicht mehr über die Geschwindigkeit eines Zugs oder eines Autos. Im Gegenteil: Säße er in einem zu langsam fahrenden Zug, würde das mit Sicherheit seinen Unmut erregen.

Die Begriffe schnell und langsam und das damit verbundene Begriffspaar Eile und Trägheit basieren auf einer Perspektive des Vergleichs, wie der Soziologe Peter Peters in seiner Studie über die Mobilität feststellt.[9] Eine Bewegung oder ein Prozess können nur als schnell erkannt werden, wenn sie in Beziehung mit etwas gesetzt werden, was weniger schnell geschieht. Ein Fahrradfahrer ist schnell, verglichen mit einem Fußgänger, doch langsam in Bezug auf einen Autofahrer.

Bei der Gehetztheitsthese wird der Vergleich unterschlagen: Eile und Hetze werden aus dem Kontext isoliert und per se für schlecht gehalten. Dadurch aber klammert man aus, dass die Eile nicht nur durch Geschwindigkeit oder Beschleunigung verursacht wird, sondern auch durch Trägheit oder Verzögerung. Wer im Stau steht und weiß, dass der Kindergarten in fünf Minuten schließt, steht unter hohem Zeitdruck und stürzt gehetzt aus dem Wagen, sobald er am Ziel angekommen ist.

Der wahre Grund dafür, dass das Problem des Stresses bis heute nicht gelöst wurde, ist nicht die mangelnde Befolgung des Aufrufs zur Entschleunigung, sondern die mangelnde Erkenntnis, dass nicht Hetze und Geschwindigkeit das eigentliche Problem sind. Das eigentliche Problem besteht aus der mangelnden Abstimmung der verschiedenen Geschwindigkeiten aufeinander, das heißt, es ist ein Problem der Rhythmik. Rhythmen sorgen dafür, dass Aktivitäten unterschiedlicher Geschwindigkeit und Dauer so miteinander kombiniert werden, dass uns genügend Zeit und Energie bleibt, damit wir auch tun können, was wir tun wollen oder zu tun für lohnenswert halten.

Was ist Rhythmus?

Rhythmus kommt vom griechischen Wort *rhythmos* (ῥυθμός). Es bedeutet so viel wie „periodische Bewegung" oder „die Ordnung der Bewegung". Man stelle sich dabei die periodischen Bewegungen beim Tanzen vor, bei denen der menschliche Körper bestimmte Bewegungen ständig wiederholt und gleichzeitig neue Figuren einflicht. Rhythmen bestehen damit aus zwei Komponenten: dem Periodischen, Wiederkehrenden und Sich-Wiederholenden einerseits und der Bewegung oder Veränderung andererseits. Die periodische Bewegung ist keine reine Wiederholung, wie sie bei einem tropfenden Wasserhahn oder einem tickenden Metronom stattfindet. Im Gegenteil: In die Wiederholung wird

stets etwas Neues, etwas Unerwartetes, etwas Bewegliches eingebaut.[10]

Rhythmus gehört zu den Grundprinzipien des Alltagslebens –
ein uraltes Prinzip, das sich unter anderem vom Tanz herleitet.[11]
Doch in Wahrheit ist es noch viel älter und muss in einen Zusammenhang mit den periodischen Bewegungen von Sonne, Mond
und anderen Himmelskörpern gebracht werden.

Denker wie Gilles Deleuze, Félix Guattari und Henry Maldiney
halten den Rhythmus für das älteste aller Ordnungsprinzipien. Der
Rhythmus ist die Form oder die Methode, die für den Übergang
vom anfänglichen Chaos zur Ordnung verantwortlich ist.[12] Er besitzt eine „kosmogenetische" Kraft, er ist der „Graupunkt", das
schwarze Loch (das Chaos), der „über sich selbst hinaus" springt
und uns das Licht der Ordnung erkennen lässt, wie der Schweizer
Maler und Musiker Paul Klee erklärt, in dessen Arbeiten Rhythmus und Bewegung eine große Rolle spielen.[13]

Rhythmus ist damit eine Kombination aus Maß und Maßlosig-
keit, aus Grenze und Grenzenlosigkeit. Ein Beispiel: Tag für Tag
ziehen wir unsere Schuhe an. Zuerst den linken, dann den rechten.
Oder umgekehrt. Es wäre merkwürdig, wenn wir zwischen dem
Anziehen des einen Schuhs und dem Anziehen des anderen eine
Tätigkeit wie das Kaffeekochen oder das Bettenmachen einschie-
ben würden. Das würde die Rhythmik des Schuhanziehens stören.
Der Takt des Schuhanziehens – zuerst den einen und dann den
anderen – grenzt unsere Handlungen ein, denn während wir die
Schuhe anziehen, stellen wir alle anderen Tätigkeiten ein. Dennoch
liegt genau in dieser Begrenzung eine Grenzenlosigkeit, wie wir in
dem Gedicht „Jeden Morgen" von Judith Herzberg lesen können:

Jeden Morgen, immerzu
beim Anziehen vom linken und rechten Schuh
sieht er das Leben an sich vorbeifliegen.
Und manchmal bleibt der rechte Schuh dann liegen.[14]

Die Grenzenlosigkeit (das vorbeiziehende Leben) droht den Takt des Schuhanziehens zu unterbrechen, die Begrenzung des Takts sorgt dafür, dass der rechte Schuh am Ende dann doch angezogen wird.

Unser tägliches Leben ist gespickt mit solchen Rhythmen. Wir stehen jeden Tag ungefähr zur selben Uhrzeit auf, essen zu ähnlichen Zeiten, arbeiten den Tag über oder haben andere Verpflichtungen und gehen dann ungefähr zur selben Uhrzeit wieder ins Bett. Die Summe all dieser Alltagshandlungen ergibt den Rhythmus unseres Lebens. Er strukturiert den Tag, wodurch wir wissen, wann wir was tun müssen, ohne dass wir darüber nachzudenken brauchen. Unbewusst suchen wir auch stets nach einem Rhythmus, den wir als angenehm erfahren. Es fühlt sich gut an, erst den einen Schuh und dann den anderen anzuziehen oder erst Kaffee zu trinken und dann zur Arbeit aufzubrechen.

Haben wir uns erst mal an einem bestimmten Rhythmus in unserem Leben gewöhnt, behalten wir ihn gern bei. Handlungen, die sich immer wiederholen, bringen, auch wenn sie noch so routiniert ausgeführt werden, Ordnung in unser Leben.

Nun könnte man denken, dass es dadurch monoton und langweilig würde, doch dem ist nicht so. Wir können täglich immer wieder dasselbe tun, ohne uns bei dieser Ordnungstätigkeit zu langweilen. Das liegt daran, dass man bei einer Wiederholung zwar etwas verliert, gleichzeitig aber auch etwas gewinnt. Selbst wenn man zehntausend Tassen Kaffee trinken würde, wäre eine nicht wie die andere. Die Wahrscheinlichkeit, dass ein Ereignis in exakt derselben Weise noch einmal geschieht, ist so unendlich klein, dass keine zwei Handlungen identisch sind. Unsere Alltagshandlungen mögen sich noch so sehr gleichen, in irgendetwas unterscheiden sie sich stets voneinander.

Sollte in diesen kleinen Variationen, in diesen kaum zu bemerkenden, alltäglichen Neuerungen der Grund dafür liegen, dass Rhythmen unser Leben bunter machen? Das Paradox des Rhythmus ist, dass er durch die Wiederholung sowohl Stabilität schafft als auch Veränderung ins Leben bringt. Durch die ordnungschaffende Wiederholung sind die Dinge weiterhin anwesend und lösen sich auf, bleiben dasselbe und verändern sich zugleich.

Durch dieses Paradox unterscheidet sich der Rhythmus vom monotonen Getrommel, bei dem sich ein Schlag kaum vom anderen unterscheidet. Zwingt uns ein Gerät dazu, stets dieselbe Handlung auszuführen, langweilt uns das. Donnert aus dem Smartphone eines Mitreisenden dauernd derselbe Beat auf uns ein, ärgern wir uns darüber. Doch kaum haben wir selbst dessen Kopfhörer aufgesetzt und bemerken, dass die Wiederholung Variationen aufweist, fällt aller Ärger von uns ab.

Warum haben Rhythmen Einfluss auf uns? Warum empfinden wir Rhythmen, in denen Variationen die Wiederholung und Ordnung unterbrechen, angenehmer als einen Rhythmus, der auf variationsloser Wiederholung beruht? Warum ist uns ein bestimmter Rhythmus angenehmer als ein anderer? Warum wird unser Leben durch den Rhythmus bunter und sinnvoller?

In Judith Herzbergs Gedicht „Jeden Morgen" gerät der Rhythmus ins Stottern. Zwischen dem Anziehen des linken und des rechten Schuhs zieht das Leben vorbei. Es entsteht eine Pause, eine Lücke. Der Rhythmus des Morgens ist durchbrochen, auf einmal ist alles anders.

Was geschieht eigentlich, wenn Rhythmen anfangen zu stottern, wenn der Strom der Ereignisse, der Tage, Wochen, Jahre miteinander verknüpft, ins Stocken gerät? Steht dann alles still? Gelingt es dann wirklich nicht mehr, den rechten Schuh anzuziehen?

Normalerweise vollzieht sich das Anziehen des zweiten Schuhs vollkommen gedankenlos. Sind wir im Begriff, in die Schuhe zu schlüpfen, überlegen wir uns nicht, wie viel Zeit uns der Vorgang kosten wird und in welcher Reihenfolge wir die einzelnen Handlungsabschnitte auszuführen haben. Es geschieht einfach. Der Rhythmus der Handlungen beruht auf einem Zusammenspiel zwischen Händen, Füßen, Schuhen und Gehirn.

Gelegentlich mischt sich auch der Rhythmus der Umgebung mit ein. Bei Kälte ziehen wir uns die Schuhe schneller an als im Hochsommer.

Rhythmen des Schuhanziehens, aber auch des Ankleidens, des Essens, des Gehens und des Stillstehens drängen sich uns auf, durchziehen unser Leben. Dennoch beachten wir sie kaum, ja sind uns ihrer oft genug nicht einmal bewusst. Doch ändern sich die Rhythmen, geraten ins Stocken oder verlieren ihr Regelmaß – zum Beispiel wenn das Anziehen des rechten Schuhs auszubleiben droht –, dann wird uns bewusst, wie wichtig die Rhythmen sind, die die täglichen Handlungen in eine zeitliche Ordnung bringen.

Der Verlust an gemeinsamen Rhythmen

Wer über die Rhythmik des Alltagslebens nachdenkt, erkennt schnell, dass sie sich in den letzten Jahrzehnten spürbar verändert hat. Die festen Rhythmen, die lange Zeit Ordnung, Struktur und Zusammenhang im persönlichen und sozialen Leben der Menschen aufrechterhalten haben, wurden immer mehr in den Hintergrund gedrängt und durch eine flexible, jederzeit individuell einsetzbare Zeiteinteilung ersetzt.

Bis Mitte des vorigen Jahrhunderts herrschten unerschütterliche Gewohnheiten – man verließ das Bett, arbeitete, ruhte und feierte zu festgelegten Zeiten. Als ich mit einem Kollegen die Zeitorganisation unserer Mitarbeiter besprach, erzählte er mir, dass sein Vater jeden Tag Schlag fünf sein Büro verließ, obwohl er einen anspruchsvolleren Job hatte als sein Sohn heute und mehr Angestellte unter sich. Trotzdem habe der Vater niemals mehr als acht Stunden pro Tag gearbeitet, geschweige denn am Wochenende. Er beneide ihn darum.

Auch ich kann mich nicht daran erinnern, dass mein Vater am Wochenende oder am Abend gearbeitet hätte. Als Kind saß ich oft um halb sechs auf dem Bürgersteig vor unserem Haus und wartete, bis er von der Arbeit angeradelt kam. Ich wusste, dass er nie zu spät sein würde. Meine Mutter stand in der Küche, der Tisch war gedeckt, und es war undenkbar, ohne ihn mit dem Abendbrot anzufangen.

Die Rhythmen, die einst die sozialen Gewohnheiten in eine zeitliche Ordnung brachten, gründeten sich auf religiösen Vorschriften und traditionellen Geschlechterverhältnissen. Die Disziplinierung durch die Religion führte zur Einrichtung eines wöchentlichen Ruhetags, von Feiertagen und zur Struktur der Schul- und Arbeitstage mit ihrer festen Abfolge von Arbeit, Pause und Freizeit. Die Anfänge dieser Disziplinierung reichen Tausende Jahre zurück.

In den Sechzigerjahren des vorigen Jahrhunderts begann sich diese Zeitdisziplinierung aufzulösen. Die Säkularisierung ließ die Menschen massenhaft aus der Kirche austreten. Das Verhältnis zwischen Männern und Frauen änderte sich. Jetzt waren auch die Frauen außer Haus berufstätig und die Männer übernahmen Pflichten im Haushalt und bei der Betreuung der Kinder.

Aufgrund dieser Veränderungen war ein gemeinsamer Lebensrhythmus nicht länger selbstverständlich. Die traditionellen Rhythmen, die bisher für die Einteilung der Tage, Wochen und Jahre verantwortlich waren und nicht nur die Aktivitäten und die Ruhe zeitlich und räumlich voneinander trennten, sondern auch das Lernen vom Spiel, die sakralen von den alltäglichen Momenten, die „männlichen" von den „weiblichen" Tätigkeiten, wichen einer Zeitordnung, in der jeder persönlich entscheiden konnte, wie er seinen Alltag organisieren wollte. Ladenschlusszeiten, die Sonntagsruhe, der schulfreie Mittwochnachmittag in den Niederlanden, die landesweiten Schulferien und die festen Arbeits- und Schulzeiten waren nicht mehr selbstverständlich.

Nach wie vor weichen scheinbar unveränderliche, gemeinsame Rhythmen zunehmend „flexiblen Zeiten". In Zukunft wird man zu jeder beliebigen Tages- oder Wochenzeit tun können, was einem gerade einfällt; jede Person wird für sich entscheiden können, was sie wann tun oder lassen will.

Arbeitszeitflexibilisierung

Flexible Zeiten passen auch besser zu den modernen Geschlechterverhältnissen. Heute wollen beide Elternteile arbeiten und für die Erziehung der Kinder verantwortlich sein. Sie sind überzeugt, dass Kinder und Beruf sich besser vereinbaren lassen, wenn die Arbeits-, Schul- und Ladenschlusszeiten flexibler gehandhabt werden.[15]

Doch flexible Zeiten sind Teil einer 24-Stunden-Ökonomie, die den tradierten Rhythmen des Schlafs – von elf Uhr nachts bis zum nächsten Morgen um sieben Uhr – und der Arbeit – von neun Uhr vormittags bis fünf (oder sechs) Uhr nachmittags inklusive eines freien Wochenendes – zuwiderläuft. Bei flexiblen Arbeitszeiten müssen die Menschen bereit sein, spät nachts hinter der Kasse zu sitzen oder die Supermärkte mit Waren zu beliefern, sonntags die Post auszutragen, in einem Pflegeheim die Nachtschichten zu übernehmen oder noch vor Anbruch des Tages den Fußboden einer Disco zu putzen.

Obwohl es vor allem für die berufstätigen Eltern leichter geworden ist, Beruf und Familie miteinander zu verbinden, birgt die Abkehr von den gemeinsamen Rhythmen auch Risiken. Der Verweis auf festgelegte Zeiten kann in einer von „Flexzeiten" regulierten Welt nicht länger als Entschuldigung dienen. Aussagen wie „Der Arbeitstag ist zu Ende", „Es schlägt gerade sieben" oder „Heute ist schulfreier Mittwochnachmittag und somit ‚Papa-Tag'" sind wirkungslos geworden. Wollen wir einen Auftrag nicht ausführen, können wir uns nicht mehr auf eine Autorität außerhalb von uns berufen. Das ist uns aber auch dann verwehrt, wenn wir etwas zu einem bestimmten Zeitpunkt durchaus tun wollen. Die Sekretärin, die am Ende des Arbeitstages noch einen Eilauftrag auf den Schreibtisch bekommt, kann nicht darauf verweisen, dass die Kinderkrippe gleich schließen wird, denn die Kinderkrippe hat immer geöffnet. Allerdings kann dann auch ein junger niederländischer Vater nicht selbstverständlich davon ausgehen, dass sein Arbeitgeber ihm den schulfreien Mittwochnachmittag als Elterntag gewährt, da es heutzutage zahlreiche Betreuungsangebote gibt.

Die zunehmende Arbeitszeitflexibilisierung führt somit zu einer Arrhythmie, bei der gemeinsame Rhythmen, bei denen Ruhe und Aktivität, Stille und Lärm, Werk- und Feiertage sich abwechseln, durch eine Vielzahl einzelner, für sich stehender Entscheidungen des Individuums darüber, wie es seine Zeit verbringen will, ersetzt werden. Die Summe dieser individuellen Entscheidungen ergibt jedoch nicht mehr automatisch ein rhythmisches Ganzes. Ähnlich wie bei einem Orchester, wo der Dirigent die einzelnen Spieler dazu bringt, rhythmisch zusammenzustimmen, ist auch im Alltagsleben ein „Dirigent" nötig, der die vielen einzelnen Rhythmen in Einklang bringt. Sonst muss über jede Entscheidung, wer wann was zu erledigen hat, endlos diskutiert werden – wie viel kostbare Zeit dadurch verloren geht, weiß inzwischen fast jeder mit einer flexiblen Arbeitszeit.

Verschwinden die sozialen Rhythmen, führt dies zu einer Reduktion der deutlich gekennzeichneten Ruhemomente. Wenn Arbeit jederzeit möglich ist oder eingefordert werden kann, gibt es keine Momente mehr, in denen ganz selbstverständlich nicht gearbeitet wird. Die Grenze zwischen Arbeiten und Nicht-Arbeiten löst sich auf, das Risiko eines Burn-outs wächst, vor allem bei den Ehrgeizigen, die Karriere machen wollen.[16] Derart ruhelos können Menschen sich buchstäblich zu Tode arbeiten.

Nicht einmal Arbeitslose sind vom Druck verschont, jederzeit und allerorts verfügbar zu sein. Ohne verordnete, gemeinsame Ruhemomente wird von uns allen erwartet, stets ans Telefon zu gehen, E-Mails zu beantworten oder dringend anfallende Arbeiten zu erledigen.

Der Verlust gemeinsamer Rhythmen führt zu einer anderen Auffassung von Zeit. Bisher versahen die Rhythmen die Zeit mit Etiketten, gaben dem Alltagsleben Sinn, legten klar dar, wann es Zeit war, zu arbeiten, aufzustehen, Sport zu treiben oder freizuhaben, teilten den Alltag in Zeiten für Aktivität und Passivität, Lärm und Stille, trennten die einzelnen Tätigkeiten voneinander.

Wie lange aber werden diese gemeinsamen Rhythmen noch gelten? Die Arbeitszeitflexibilisierung und die Individualisierung der Zeitordnung untergraben die gemeinsamen sozialen und kulturellen Rhythmen immer mehr. Fallen diese weg, kommt es zum Verlust einer zeitlichen Orientierung. Ohne einen Unterschied zwischen Tag und Nacht, Montag und Freitag, Sommer und Winter, kurz gesagt: Ohne Rhythmik wird die Zeit austauschbar. Die Frage stellt sich, ob wir dann überhaupt noch von Zeit sprechen können.

Die Folgen solcher Veränderungen sind weitreichend. Wie können wir in einer rhythmuslosen „Zeit" Verabredungen treffen? Vielleicht müssen wir dann eine numerisch ins Unendliche zählende Uhr benutzen, bei der die einzelnen Momente des Tages, der Woche oder des Jahres nicht mehr voneinander unterschieden werden? Vielleicht verabreden wir uns dann nicht mehr für den Nachmittag am dritten Montag des Monats November, sondern für den Zeitpunkt 34211888 oder 57690236?

Doch mit einer solch gleichförmigen, vom Alltag losgelösten, unendlich weitertickenden Uhr wird die Zeit eine andere und vielleicht am Ende bedeutungslos.

Der Begriff der Zeit

Wodurch aber erhält die Zeit ihre Bedeutung? Um diese Frage beantworten zu können, müssen wir zuerst begreifen, was Zeit überhaupt ist. Ist sie eine Sache oder ein Begriff? Ist sie etwas, was gegeben ist, oder etwas, was sich die Menschen ausgedacht haben? Befindet sie sich in den Dingen, in unserem Kopf, in unserem Inneren oder ist sie ein Produkt unseres Denkens?

Norbert Elias (1897–1990) erklärt in seinem Essay *Über die Zeit*,[17] dass unser modernes Zeitverständnis das Produkt eines langen Entwicklungsprozesses ist. Zeit ist keine Gegebenheit, sie ist nichts

Unabänderliches, das in unseren Köpfen oder Inneren existiert. Sie ist in erster Linie ein Instrument, ein Orientierungsmittel, mit dessen Hilfe Menschen bestimmen, wann sie etwas zu tun beabsichtigen. Dieses Instrument ist nicht von heute auf morgen entstanden, sondern hat eine lange Geschichte durchlaufen. Doch Uhr- und Kalenderzeit sind für uns so selbstverständlich geworden, dass wir das gern vergessen.

Nicht einmal die Tatsache, dass die Zeit vom Früher zum Später verläuft, ist ein unbestreitbarer Fakt. Für uns mag es normal sein, dass die Zeit kontinuierlich von der Vergangenheit in die Gegenwart verläuft, doch für die Bewohner der Urzeiten war das nicht der Fall. Der Bewohner des 21. Jahrhunderts hegt keinerlei Zweifel daran, dass der Mond am Abend wieder am Himmel stehen wird und sich die Mondphasen kontinuierlich ablösen. Doch über dieses Wissen verfügte der primitive Mensch nicht. Er wusste nicht, dass die Himmelssichel mit jener runden Kugel identisch ist, die er zu einem früheren Zeitpunkt am Himmel gesehen hat. Die Gewissheit darüber entstand erst im Laufe einer langen Entwicklung, bei der die Menschen lernten, die Bewegungen des Mondes mit Ereignissen ihrer Umwelt in Verbindung zu bringen.

Auch die Überzeugung, dass der Mond am Abend wieder auftauchen würde, nachdem er am Morgen verschwunden war, entwickelte sich erst im Laufe der Zeit. Es gibt zahlreiche Geschichten, die von der Angst erzählen, dass die Sonne oder der Mond ohne das Zutun des Menschen nicht aufgehen würden. Im französisch-brasilianischen Film *Orfeo Negro* (1959) steigt Orfeo jede Nacht auf den Berg, um mit seinem Gitarrenspiel die Sonne zum Aufgehen zu verführen. Als Orfeo und seine Geliebte während des Karnevals ermordet werden, fürchtet sein kleiner Bruder, dass Rio de Janeiro jetzt dem Untergang geweiht sein würde. Noch im Dunkeln schleicht er sich auf den Berg und spielt die Gitarre, um die Sonne zum Aufgehen zu verlocken.[18]

Erst in einem langen, sozialevolutionären Prozess verknüpften die Menschen die Veränderungen, die sie beobachteten, miteinan-

der und erkannten in den Sonnen- bzw. Mondauf- und Mondun-
tergängen ein festgelegtes Muster und schließlich die Gesetzmä-
ßigkeit von Jahreszeiten, Monaten, Wochen, Jahren und Stunden.
Sie stellten fest, dass der Wechsel von Licht und Dunkel synchron
zum Sonnenauf- und Sonnenuntergang verläuft und dass der
weibliche Menstruationszyklus so lange dauert wie die Zeit zwischen zwei Vollmonden. Sie erkannten auch, dass die Zeitspanne
von einem kürzesten Tag des Jahres zum nächsten ungefähr 365
Tage beträgt und dass die Dauer eines menschlichen Lebens daran
bemessen werden kann, wie oft die Tage wieder länger werden.

Die Zeit, so behauptet Elias, ist weder ein Substantiv noch ein
Ding oder Sachverhalt, so wenig, wie der „Wind" an sich existiert.
Es gibt nur das Verbum „die Zeit bestimmen".[19] Was den Wind
betrifft, so kann man Veränderungen im Luftdruck feststellen und
eine Verschiebung der Luftschichten. Aber den „Wind" als Person
oder Sache an sich gibt es nicht.[20] Die menschliche Neigung, Ver-
ben in Substantive zu verwandeln, egal, ob es sich dabei um We-
hen (Wind), Liebhaben (Liebe) oder Zeitbestimmen (Zeit) handelt,
lässt uns glauben, dass der Wind, die Liebe oder die Zeit selbstständig existierende Gegenstände oder Sachverhalte sind. Elias nennt
diesen Prozess *Reifikation*. Dabei wird etwas zu einer *res*, zu einer
Sache, gemacht, die es im Grunde gar nicht ist. Hat sich ein Substantiv erst einmal gebildet, sind wir nach kurzer Zeit bereits davon
überzeugt, dass die Sache tatsächlich existiert. Wir sagen dann,
dass die Zeit verfliegt, dass die Zeit uns durch die Finger rinnt, dass
wir Zeit haben, dass die Zeit alle Wunden heilt. Oder wir personi-
fizieren sie sogar, zum Beispiel als „Väterchen Zeit".

Wenn aber „die Zeit" überhaupt kein Gegenstand ist, kein „Etwas", wie können wir dann das Vergehen der Zeit erfahren und
dieses Vergehen einmal als schneller und einmal als langsamer
empfinden? Langsamer dann, wenn man nach einem geliebten
Menschen verlangt, und schneller, wenn ein Abschied näher rückt?

Eigentlich müsste die Frage lauten: Warum erwarten wir, dass
die menschliche Empfindung von Zeit so präzise ist wie die Uhr?

Wenn Menschen von sich aus genau wissen könnten, wie lange jeder Prozess dauert, dann wäre die Erfindung der Uhr überflüssig gewesen. Dann könnten wir uns auf Basis unseres Zeitempfindens verabreden. Generationen lang genügte es den Menschen, zu sagen: „Ich komme, wenn ich damit fertig bin", oder: „Bis nach dem Abendessen", „Bis morgen früh". Doch das menschliche Zeitempfinden ist kein brauchbarer Maßstab, womit die Dauer einzelner Prozesse festgelegt wird oder die Dauern von verschiedenen Prozessen miteinander verglichen werden können. Deshalb greifen wir lieber auf die Uhrzeit zurück, wie wir ja heute einen Raum auch nicht mehr mit dem ungenauen menschlichen Fuß, dem Daumen oder der Elle ausmessen, sondern mit dem Metermaß. Uhrzeit und Zeitempfinden sind beides Instrumente oder Methoden, mit denen wir Veränderungen, die wir bei uns selbst oder in unserer Umgebung wahrnehmen, miteinander verknüpfen. Die eine Methode mag präziser sein als die andere, aber beide werden eingesetzt, um die Dauer eines Ereignisses oder einer Tätigkeit mit der Dauer eines anderen in Beziehung zu setzen.

Die Bedeutung der Zeit

Die Erkenntnis, dass Zeit ein Instrument sei, liefert noch keine Antwort auf die Frage, woraus sie ihre Bedeutung bezieht. Die Bedeutung liegt nicht im Instrument. Die Fortbewegung der Uhrzeiger erschafft noch keinen Sinn, und auch die Empfindung, dass etwas kurz oder lange dauert, tut dies nicht.

Zeit wird erst dadurch bedeutsam, dass einem bestimmten Augenblick des Tages, des Jahres oder eines ganzen Lebens – oder dem, was dazwischen liegt – eine Bedeutung *zugewiesen* wird. Das Datum des 31. Januars 1953 ist an sich ein bedeutungsloses Datum. Bedeutung erlangt es erst dann, wenn wir uns daran erinnern, dass sich in dieser Nacht die große Hollandsturmflut ereignete. Auch das Datum des 11. Septembers 2001 wäre an sich bedeutungslos, würden nicht jedes Mal, wenn wir dieses Datum hören, die einstürzenden Türme des World Trade Centers vor unserem inneren Auge auftauchen.

Die Tage der Woche erhalten ihre Bedeutung dadurch, dass wir ihnen einen Namen oder eine Reihenfolge zuordnen. Wenn unsere Vorfahren den Tagen eine durchlaufende Nummer gegeben hätten, würden sie sich weniger deutlich voneinander unterscheiden, als sie es heute tun. Dadurch, dass man einst die einzelnen Tage mit einem Namen bezeichnete und auch ihrer Verknüpfung zu einem größeren Ganzen einen Namen gab, unterscheidet sich der Montag in seiner Bedeutung vom Mittwoch oder vom Freitag. Mit dem Montag verbinden wir den Anfang der Woche, mit dem Mittwoch deren Mitte und mit dem Freitag ihr Ende. Und am Samstag ist es dann so weit: „Es ist endlich Samstag! Das ist Funtag! Endlich frei!/ Es ist endlich Samstag! Das ist mein Tag! Es ist geil!/ Es ist endlich Samstag! Das ist dein Tag! Das ist mein Tag! Sei dabei!/ Es ist endlich Samstag!" So heißt es im Titelsong der Jugendserie „Endlich Samstag".

Im Urlaub fällt dieser Bedeutungsunterschied zwischen den Tagen weg, denn dann unterscheiden sich die Tage im Ablauf nicht groß voneinander.

Die unterschiedliche Bedeutung der verschiedenen Tages-. Wochen-, Jahres- oder Lebenszeiten geht auf den Menschen zurück, selbst wenn sich ändernde natürliche Gegebenheiten für die Unterschiede verantwortlich sind wie bei den Begriffen „Sommer" und „Winter". Es ist der Mensch, der den Unterschied zwischen warmen, hellen und kalten, dunklen Tagen feststellt und den dazugehörigen Zeiten eine Bezeichnung zuordnet. Wären alle Tage gleich und verliefen ohne einen merkbaren Unterschied, gäbe es keine unterschiedliche Bezeichnung und Bedeutung der Tage.

Damit ein Datum oder ein bestimmter Zeitpunkt bedeutsam wird, genügt es nicht, ihnen einmalig eine Bedeutung zu verleihen. Einen Sinn ergibt das Ganze erst, wenn man das Spezifische des

Moments durch seine Wiederholung hervorkehrt. So feiert man den Geburtstag eines Menschen immer wieder, damit das Datum in Erinnerung bleibt. In den Niederlanden wird jedes Jahr der vierte Mai feierlich begangen, um dabei der Opfer des Zweiten Weltkriegs zu gedenken. Wir bezeichnen den 11. September 2001 als „nine-eleven", damit die Toten des Angriffs auf das WTC nicht in Vergessenheit geraten. Die Unterschiede zwischen den sieben Tagen der Woche, zwischen den zwölf Monaten des Jahres, zwischen Kriegs- und Friedensjahren, zwischen „goldenen" und weniger glanzvollen Jahrhunderten werden immer wieder betont, damit deren Bedeutung nicht verloren geht.

Und damit sind wir wieder beim Begriff des Rhythmus angelangt, einem Begriff, der Wiederholung, Variation und Ordnung in sich vereint. Nicht nur die Tages-, Wochen-, Monats- und Jahresrhythmen, sondern auch die Rhythmen der Alltagshandlungen markieren durch Differenzierung und Wiederholung das Leben immer wieder neu und verleihen ihm Ordnung und Sinn.

Kommt dem sozialen oder individuellen Leben die Rhythmik abhanden, fallen auch Ordnung und Sinn weg, denn mit der Rhythmik verschwindet die Kennzeichnung der unterschiedlichen Zeitabschnitte und damit ihre Bedeutung. Zwischen Werktagen und Wochenende, zwischen den verschiedenen Jahreszeiten, zwischen Tagesanfang (Morgen) und Tagesende (Abend) gäbe es dann keinen Unterschied mehr.

Dieses Buch soll ein Versuch sein, dem Verlust gemeinschaftlicher Rhythmen entgegenzuwirken. Welche Folgen hat der Verlust solcher Rhythmen? Werden sie durch etwas anderes ersetzt? Welche Rolle spielen soziale Rhythmen heute? Kommt es jedes Mal, wenn Rhythmen unregelmäßig werden, zu antagonistischen Effekten, wie Henri Lefebvre in seiner Studie über die Rhythmen des Alltags behauptet?[21] Gerät das gesellschaftliche System in eine Krise, wenn die Ordnung durch den Verlust der Rhythmen gestört wird?

Um Aufschluss über die Rhythmik des modernen Lebens zu erlangen, möchte ich die Rhythmen darstellen, denen das Leben im 21. Jahrhundert unterliegt: Biorhythmen, die Rhythmen der traditionellen und der neuen sozialen Medien, die Rhythmen der Religion, des Körpers, des Geschlechtsverkehrs und der Musik. Wodurch zeichnen sich diese Rhythmen aus? Woher stammen sie? Warum schaffen sie Ordnung? Wo stören Rhythmen einander? Können wir neue Rhythmen schaffen, die den Erfordernissen der modernen Gesellschaft besser angepasst sind? Und zuletzt: Woraus besteht ein guter Rhythmus?

Dieses Buch ist kein Plädoyer für die Rückkehr zu den Rhythmen früherer Zeiten. Solche Rhythmen lassen sich in einer säkularisierten Gesellschaft mit gutem Gewissen nicht vertreten, obwohl bei vielen Menschen, die gläubig erzogen worden sind, eine Sehnsucht nach diesen alten Rhythmen zu spüren ist. Sie ist darauf zurückzuführen, dass die traditionellen Rhythmen sowohl eine ordnende Funktion besitzen als auch eine soziale und spirituelle: Durch sie kann man zu einem höheren oder einem größeren Ganzen Verbindung aufnehmen.

Eine Rückkehr zu alten Rhythmen lässt sich auch deshalb nur mit Mühe verteidigen, weil das Geschlechterverhältnis sich so sehr verändert hat. Männer und Frauen sind heute gleichberechtigter als früher, und das wollen nur wenige rückgängig machen. Seit die Frauen auf dem Arbeitsmarkt präsenter sind, ist die Vollzeitarbeit nicht mehr die Regel. Die Rückkehr zur Verteilung, wonach der Mann Vollzeit arbeitet und die Frau zu Hause bleibt und sich um die Kinder kümmert, steht nicht mehr zur Debatte. Heute besteht die Herausforderung darin, neue Rhythmen zu schaffen und in die Praxis umzusetzen.

Wir könnten aber auch alte Rhythmen wiederaufleben lassen, und zwar dadurch, dass wir ihnen eine neue Bedeutung zuordnen. Als Beispiel will ich den Sonntagsbrunch nennen. Wer am Sonntagmorgen durch die Cafés im Berliner Prenzlauer Berg geht, findet hier die Ruhe und das Gemeinschaftsgefühl von Freunden und

Familienmitgliedern, die sich regelmäßig zum gemeinsamen Frühstück treffen. Dieser Rhythmus war früher von der Messe und dem Gottesdienst besetzt. Ein neuer, gemeinschaftsbildender Rhythmus wie der Cafébrunch kann sich aber nur deshalb etablieren, weil ein kleiner Prozentsatz der Berliner Bevölkerung bereit ist, am Sonntagmorgen zu arbeiten.

Das ist eines der Paradoxa der heutigen Zeitordnung, dass eine Gruppe ihre Freizeit nur dann zu einem bestimmten Zeitpunkt gemeinschaftlich verbringen kann, wenn eine andere Gruppe gleichzeitig auf ihre Freizeit verzichtet. Vielleicht muss man ja zwei oder noch mehr feste Ruhezeiten für die verschiedenen Bevölkerungsgruppen pro Woche einführen. Doch das würde dann wieder die gemeinschaftlichen Pausen beeinträchtigen.

Einige sind der Ansicht, dass das moderne Zeitproblem mit seiner Gehetztheit, dem Zeitmangel und dem Stress durch Entschleunigung gelöst werden könne. Aber Entschleunigung ist kein Gegenmittel gegen den Verlust von Rhythmen. Wie bereits erwähnt, sind „Zeit" oder Rhythmen an sich weder schnell noch langsam, sondern werden es erst in Bezug auf andere Zeiten oder Rhythmen. Wer die Zeit verzögern oder sogar anhalten will, gibt den Menschen, die täglich mit ungezählten Verpflichtungen konfrontiert sind, keinerlei Hilfe an die Hand. Ein zusätzlicher freier Tag oder ein Sabbatical führen nur dazu, dass die Arbeit liegen bleibt und der Druck nach der Auszeit nur noch größer ist.[22] Außerdem ist Schnelligkeit nicht per se eine schlechte Sache, obwohl das viele Vertreter einer neuen Trägheit behaupten.[23] Schnelligkeit kann auch vergnüglich sein, vor allem im Wechsel mit der Langsamkeit. Es ist gelegentlich durchaus angenehm, Dinge wie Einkaufen, das Schreiben von ein paar Zeilen oder einer kurzen Mitteilung an jemanden schnell zu erledigen. Auch wenn diese rasch erledigten Tätigkeiten ermüden, so versetzen sie einen auch in Euphorie, das heißt, sie verleihen eine bestimmte Form der Energie, die der Philosoph Gaston Bachelard eine vernunftbetonte Energie, „l'énergie rationnelle", nennt.[24]

Vielleicht können unsere Zeitprobleme gar nicht mit großen Konzepten wie Entschleunigung oder dem Anhalten der Zeit gelöst werden, sondern nur mittels vieler kleiner Lösungen, die das Ziel haben, eine Zeitordnung zu schaffen, die unser Leben angenehmer macht.

2

Hund ist nicht gleich Hund

Rhythmus und Diskontinuität

In Ian McEwans Roman *Amsterdam* treffen sich der erfolgreiche Komponist Clive Linley und der einflussreiche Zeitungsherausgeber Vernon Halliday bei der Beerdigung von Molly Lane wieder, die einst die Geliebte beider gewesen ist. Nach der Beerdigung kehrt Clive nach Hause zurück, um an einer Symphonie zu arbeiten. Sie sollte schon längst beendet sein, doch so sehr er sich auch bemüht, scheitert er immer wieder am Finale. Ihm will einfach keine Schlussmelodie einfallen. Er entscheidet sich, zum Lake District zu reisen und sich beim Wandern inspirieren zu lassen. Dort wird ihm schlagartig klar, dass die gesuchte Melodie bereits im bisher Komponierten verborgen liegt. „Ihm war, als kenne er sie bereits, könne sie nur noch nicht hören."[25]

Der positive Effekt der Wanderung lässt auf sich warten, stattdessen quälen ihn schlechtes Wetter, Müdigkeit und eine mangelnde Kondition. Doch auf dem Gipfel eines steilen Felsens geschieht es schließlich,

> genau, wie er es sich erhofft hatte: Er genoß seine Einsamkeit, er fühlte sich wohl in seinem Körper, mit seinen Gedanken weilte er zufrieden anderswo, als er die Musik hörte, nach der er gesucht hatte [...].[26]

Diese Melodie, die Clive in der Stille und der Ruhe der Natur vernimmt, erweist sich im Konzertsaal jedoch als eine Anhäufung von Missklängen. In der Natur waren die Töne einzeln erklungen und hatten dennoch den Eindruck erweckt, ineinanderüberzugehen, doch im Konzertsaal ist nur ein einziger lang gezogener Ton zu hören, der von einem Instrument zum nächsten weitergegeben wird. Der Mangel an Variation macht seinem Meisterwerk den Garaus.

Der Roman endet mit Clives Selbstmord. Gemeinsam mit seinem Freund Vernon, dessen Karriere plötzlich ebenfalls in eine Sackgasse geraten ist, reist er nach Amsterdam, wo man, will man dem Roman glauben, als Selbstmordwilliger ohne Probleme einen Giftcocktail erhalten kann.

Die Zeit anhalten

Wer es gewöhnt ist, unter großem Zeitdruck zu arbeiten und sich von Deadline zu Deadline zu hangeln, weiß, dass es immer wieder Aufgaben gibt, die man einfach nicht rechtzeitig bewältigen kann. Ein unerwartetes Ereignis, ein krankes Kind, ein Freund, der Hilfe braucht, oder eine Beerdigung führen zu Verzögerungen. Manchmal stellt sich eine Aufgabe auch als umfangreicher heraus als anfangs erwartet. Sogar wenn man Tag und Nacht daran arbeiten würde, könnte man die Aufgabe nicht mehr rechtzeitig zu Ende bringen. Doch auch eine Blockade, ein Mangel an Lust oder Kreativität sind Hinderungsgründe.

Jeder kennt das Gefühl, in eine Sackgasse geraten zu sein, nicht mehr weiterzukommen, ungeachtet aller Stunden, die man am Klavier oder am Computer verbringt. Man glaubt, sich von einem Muster nicht mehr lösen zu können. Am liebsten würde man noch mal alles ändern, doch dazu reicht der Wille nicht mehr. Man steckt fest. Aus dieser Lage kann sich nur befreien, wer den Stecker zieht, den Trott hinter sich lässt, innehält oder wie Clive den Alltagsrhythmus durchbricht und sich in einen anderen Rhythmus begibt.

Stimmt das? Muss man wirklich das System, den Alltag oder die Arbeit hinter sich lassen und erst zur Ruhe kommen, bevor man weitermachen kann? Crasht der Computer, hilft es oft, den Stecker zu ziehen, bis zehn zu zählen, neu zu starten – und die Probleme sind gelöst. Funktioniert das auch beim Menschen? Müssen wir den Stecker aus dem Leben ziehen und das System neu starten, um weitermachen zu können?

In der Praxis funktioniert das Anhalten der täglichen Aktivitäten meist nicht so gut. Wer in den Ruhestand geht, bekommt oft gesundheitliche Probleme.[27] Auch Sabbaticals haben nicht immer den erwünschten positiven Effekt. Die Unterbrechung, die jemand freiwillig auf sich nimmt, nachdem er eine Zeit lang (zu) hart gearbeitet hat, kann ihn vollkommen aus dem Rhythmus oder dem Gleichgewicht bringen und ihn am Weitermachen hindern. Er kann wie Clive der Ansicht sein, während der Ruheperiode etwas Brillantes geschaffen zu haben, um dann – zurück im normalen Leben – feststellen zu müssen, dass das Ergebnis miserabel ist.

Ist es tatsächlich sinnvoll, die Zeit anzuhalten? Steigert es unser Wohlbefinden, verbessert es unsere Arbeit, stärkt es unsere Menschlichkeit, wenn wir hin und wieder den Alltag hinter uns lassen? Oder ist das Gegenteil der Fall, und alles braucht einen Alltagsrhythmus, eine Zeitordnung, in der sich Augenblicke der Ruhe und der Aktivität durch Wiederholung täglich rhythmisch abwechseln? Erholt man sich nicht besser, wenn man im normalen Leben Ruhepausen einlegt, statt sich vorübergehend ganz aus diesem zu verabschieden?

Eine Anhängerin dieser Idee, dass wir die Zeit anhalten müssen, ist die niederländische Philosophin Joke J. Hermsen. In *Stil de tijd. Pleidooi voor een langzame toekomst* (Halte die Zeit an. Plädoyer für eine langsame Zukunft) plädiert sie dafür, regelmäßig innezuhalten. Sie fordert, um es mit ihren Worten zu sagen, dass man „sich für kurze Zeit einem zeitlosen Moment hingibt".[28]

Das moderne Leben steht unter dem Diktat der Uhr, behauptet Hermsen. Seit Beginn der industriellen Revolution hat die mechanische Uhrzeit uns im Griff und den Blick der Menschen auf sich selbst und auf die Welt stark verändert. Von da an stand die Erhöhung der wirtschaftlichen Rendite im Mittelpunkt: Es soll in immer weniger Zeit immer mehr Arbeit verrichtet werden. Wir hetzen von Deadline zu Deadline, eilen von zu Hause aus zur Arbeit, zum Supermarkt, zum Sportklub und wieder nach Hause. Wir gönnen uns kaum einen Moment der Besinnung, weshalb wir uns auf die Dauer von uns selbst entfremden.

Hermsen sieht keine andere Möglichkeit, als die Tretmühle der Uhrzeit zu verlassen, die Zeit anzuhalten und die Uhrzeiger buchstäblich zum Stillstand zu bringen.[29] Dadurch bildet sich ein Intermezzo, in dem etwas Neues entstehen kann: Wir geraten auf ein neues Gleis, kommen auf neue Ideen, erreichen etwas Neues. Das Anhalten der Zeit wird somit zu einem Moment der Kreativität und Innovation, weil man plötzlich mit etwas in Berührung kommt, was Hermsen die „tiefe" oder die „innere" Zeit nennt. Diese tiefe, wirkliche Zeit fließt unaufhaltsam dahin und lässt sich im Unterschied zur Uhrzeit nicht in Einzelelemente zerteilen – sie *dauert*. Zu diesem kontinuierlichen Strom nehmen wir Kontakt auf, wenn wir es wagen, die Zeit zum Halten zu bringen.

Hermsen behauptet, dass beim Anhalten der Zeit etwas Nicht-Existentes die Chance erhält zu werden. McEwans Roman liefert dafür ein Beispiel: Der Komponist lässt sein hektisches Leben in London hinter sich und sucht die Ruhe der Natur, um dort die Melodie zu finden, die sich im Alltag kein Gehör verschaffen kann. Er vernimmt sie erst in der Stille der Zeit. Im zeitlosen Moment erhält die noch nicht existierende Melodie die Gelegenheit zu werden.

Wenn wir die Tretmühle der Uhrzeit verlassen, öffnet sich für Hermsen „ein menschlicher Raum [...], in dem man sich von den Gewohnheiten und vermeintlichen Wichtigkeiten des Alltags distanziert".[30] Dieser zeit- und endlose Raum ermöglicht es dem Menschlichen, nicht nur sich selbst, sondern auch seine Mitmenschen auf Verborgenes hin abzutasten.[31]

Die Philosophin sucht ihren Ruheort, wohin sie sich vor der Uhrzeit flüchtet, in der Natur. Darin ähnelt sie Clive. Doch während der Komponist die Stille im Kampf mit den Elementen findet, im Regen, in den steilen Berghängen und den glatten Felsen des britischen Lake Districts, erfährt Hermsen sie in der Hitze Südfrankreichs oder bei einem Bad im Bolsena-See in Italien.

41

Hermsen greift für ihre Theorie über die Notwendigkeit des Zeitanhaltens auf Henri Bergson zurück. Der französische Philosoph unterscheidet zwischen einer zählbaren Zeit (beispielsweise im Stundenschlag einer Turmuhr) und der psychischen oder inneren Zeit, die man nicht zählen kann. Wie Bergson hält Hermsen die Uhrzeit für eine quantitative und äußere Zeit, die auch räumlich wiedergegeben werden kann, während die innere Zeit in der Tiefe der eigenen Psyche erfahren wird, wo frühere und spätere Augenblicke im Bewusstsein zu einer einzigen Zeit verschmelzen – zur *durée*, zur Dauer, um einen Begriff Bergsons zu gebrauchen.[32]

Hermsen nennt diese innere Zeit auch die „andere" Zeit. Dieses Anders-Sein gründet sich auf zweierlei. Erstens auf den Unterschied von innerer Zeit und Uhrzeit, zweitens darauf, dass die innere Zeit eine Perspektive eröffnet, die so ganz anders ist als die des Hier und Jetzt. Diese Perspektive gewährt Kreativität, Innovation und Freiheit. Wenn es uns gelingt, so Hermsen weiter, „die Zeit zu verzögern und den rationalen Mechanismus in unserem Gehirn zu überwinden", können wir endlich „unseren Kern, unseren Mittelpunkt" finden, das heißt „den Ort, der oft vergessen wird, ein einsamer und verlassener Ort und dennoch der einzige, wo Erneuerung möglich ist".[33]

Dagegen lässt sich einiges einwenden. Die Behauptung, dass Innovation nicht durch rationales Denken und den Intellekt hervorgebracht werden kann, sondern nur durch dessen Überwindung, ist reichlich gewagt. Es gibt zahlreiche historische Beispiele, die beweisen, dass Innovationen und neue Entwicklungen auf den Intellekt ihrer Urheber zurückzuführen sind wie Einsteins spezielle Relativitätstheorie, Watsons und Cricks Entdeckung der Doppelhelix und Newtons Bewegungsgesetze. Intuition kann bei der Bildung neuer Erkenntnisse durchaus eine wichtige Rolle spielen, aber sie kommt nicht aus dem Nichts, sondern basiert auf bereits erlangtem Wissen, auf früheren Wahrnehmungen oder Erfahrungen. „Novelty emerges only with difficulty, manifested by resistance, against a background provided by expectation", schreibt Thomas Kuhn (1922–1996) in *Die Struktur wissenschaftlicher Revolutionen*.[34] Seine Forschungen nach der Entstehung neuer Erkenntnisse in der Wissenschaft zeigen, dass sich das Neue nur dem offenbart, der weiß, wonach er sucht.

Auch Hermsens Ansicht, dass das Anhalten der Zeit die einzig mögliche Quelle der Innovation sei, stimmt nicht immer. Es gibt zahllose Geschichten von Leuten, denen die angehaltene Zeit zum Verhängnis wurde. Eine bestimmte Geschichte kursiert in vielerlei Varianten. Sie handelt von einem Mann, der in seiner knappen Freizeit einen Roman schreibt. Es wird ein Bestseller. Daraufhin beschließt er, seinen Job zu kündigen, um seinen Traum wahr werden zu lassen und Vollzeit-Autor zu werden. Täglich setzt er sich nun an den Schreibtisch, zum Schreiben bereit. Doch es geschieht nichts. Obwohl er nun über alle Zeit der Welt verfügt, bringt er keinen Buchstaben zu Papier.

Ähnliche Geschichten erzählen von Wissenschaftlern, die sich für ihr *sabbatical year*, ihr Freisemester, vorgenommen haben, endlich das längst begonnene Buch zu Ende zu bringen. Oder von den vielen Menschen, die im Ruhestand hofften, nun alle ihre lang gehegten Träume erfüllen zu können. Stattdessen sehen sie ihre Tage vom Alltagskram zerfleddert, der plötzlich viel mehr Zeit in Anspruch nimmt als vorher.

Dass die angehaltene Zeit nicht zwangsläufig zu Neuerungen oder genialen Einfällen führt, zeigt auch das Ende von McEwans Roman. Clive erlebt in der kolossalen Leere der Natur zwar sein Heureka, doch die brillante neue Melodie erweist sich im Nachhinein nicht als Neuerung, sondern als Plagiat. Er hat sich angesichts der Landschaft an eine früher bereits gehörte Melodie erinnert, jedoch vergessen, dass sie von einem anderen Komponisten stammt.[35]

Diese Geschichte zeigt auch, dass wir beim Anhalten der Zeit nicht nur den Blick auf die Uhrzeit, sondern auch auf unsere Mitmenschen verlieren. In dem Moment, als Clive die Eingebung der

Melodie hat, hört er ein Schreien. Über die Felskante hinabblickend, sieht er, wie ein Mann eine Wanderin überfällt. Doch er hat Wichtigeres zu tun, als der Frau zu Hilfe zu eilen: Er muss seinen Einfall notieren, um ihn nicht zu verlieren. Zurück in London erfährt er, dass die Frau von einem Serienmörder überfallen worden ist.

Bei Hermsen ist das Anhalten der Zeit eine persönliche Angelegenheit. Es geht nur den Menschen selbst etwas an; andere Personen stören dabei nur, vor allem wenn sie von der Zeit etwas abhaben wollen. Hermsen hofft, ihre persönliche, innere Zeit in der Einsamkeit zu finden, in der Abkehr von der „sozialen Zeit", befreit von Uhren und Terminen.[36] In ihrem Essay *Windstille der Seele* berichtet sie, wie sie drei Tage in einer offenen Dachgaube verbringt und auf eine geniale Eingebung wartet.[37] Der Unterschied zwischen der Uhrzeit und der inneren Zeit ist für sie identisch mit dem Unterschied zwischen der sozialen und der persönlichen Zeit. In der sozialen Zeit brauchen wir die Uhr, damit wir uns verabreden können. Ohne Uhr würden wir zu oft auf den anderen warten müssen. Bei der persönlichen Zeit spielt der Mitmensch keine Rolle, man zieht sich tief in das eigene Innere zurück.

Nimmt man jedoch diesen Gedanken Hermsens auf und spinnt ihn weiter, könnte man auch behaupten, dass gerade diese höchstpersönliche Zeit eine Zeit ist, an der alle Anteil haben, vorausgesetzt wir sind bereit, uns ihr zu öffnen. Dann erfahren wir alle in unserem Inneren die „wahre Zeit" hinter der Uhr, wodurch sich die innere Zeit als etwas Übermenschliches offenbart, als etwas Metaphysisches, Spirituelles – als ein Fluss, in den wir immer wieder von Neuem eintauchen.

Gibt es tatsächlich eine Zeit, die von allen Menschen als Dauer erfahren wird und vielleicht sogar unser Menschsein ausmacht? Das heißt, falls wir sie wahrnehmen. Brauchen wir eigentlich den Glauben an eine ununterbrochene, immer weiterlaufende Zeit? Oder gibt es auch ein lebenswertes Zeitempfinden, ohne dafür die Uhrzeit anhalten zu müssen.

Eine Antwort auf diese Fragen bietet uns Bachelards Zeitphilosophie. Er behauptet, dass die Zeit nicht kontinuierlich, sondern diskontinuierlich verlaufe und dass die Kontinuität, die viele zu erkennen glauben, ein von den Menschen mithilfe von Rhythmen ständig neu gebildetes Konstrukt sei. Das führt zu einem ganz anderen Zeitverständnis als jenes, das sich hinter der Idee vom Anhalten der Zeit verbirgt.

Diskontinuität

Ich schreibe das alles hier während eines Aufenthaltes in Ouddorp auf der südholländischen Insel Goeree-Overflakkee, wo ich als Kind mit meiner Mutter, meinen Tanten, Brüdern, Cousinen und Cousins viele Sommer verbracht habe. Sechs Wochen lang streiften wir durch die Dünen, schwammen im Meer, kletterten auf die Bunker, fingen Aale und spielten Verstecken auf dem Campingplatz mit dem Namen „De Vrijheid" (Die Freiheit). Nach drei Wochen kamen die Väter, nahmen uns lachend auf den Arm und bewunderten unsere braune Haut.

Auf meinen Strandspaziergängen überfallen mich die Erinnerungen: Ich gehe zum Leuchtturm, neben mir mein Vater, der damals ungefähr Ende vierzig gewesen sein muss. Meine Cousine Marijke hilft mir, im Sand nach der Münze zu suchen, die ich verloren habe. Cousin Willy gräbt eine so tiefe Kuhle in den Sand, dass er ganz darin verschwindet. Mein Vater bringt mir bei, wie man Aale häutet. Meine Mutter kriecht unter dem Stacheldraht der Westdünen hindurch, um wilde Champignons zu pflücken. Bei Einbruch der Dämmerung holen mich meine Eltern vom Strand ab. Ich will nicht nach Hause, zuerst muss ich den Anker, der auf dem Strand liegt, ausgraben. Morgen ist auch noch ein Tag, sagen meine Eltern und versprechen, dass der Anker auch morgen noch da sein wird.

Die Zeiten von Ouddorp sind endgültig vorbei. Mein Vater ist Anfang der Achtzigerjahre gestorben, meine Mutter ein paar Jahre später. Die Onkel sind alle tot, die noch lebenden Tanten emigriert, meine älteren Brüder sind nach Kanada ausgewandert, auch die meisten Cousins und Cousinen wohnen nicht mehr in den Niederlanden. Auch den Anker gibt es nicht mehr.

Die Erinnerungen an die Sommer in Ouddorp reichen bis zu meinem achtzehnten Lebensjahr, die Erinnerungen an meinen Vater, bis ich Ende zwanzig bin. Um mich herum gibt es nur noch wenige Menschen, die ihn gekannt haben. Weder meine Kinder noch meine besten Freunde haben ihn je gesehen. Ab und zu hole ich ein Foto von ihm hervor, doch es will so gar nicht zu meinen Erinnerungen passen. Die Zeiten meines Vaters und der Sommer in Ouddorp sind endgültig vorbei.

Ich könnte natürlich so tun, als lebten meine Eltern in meiner Erinnerung fort, als wäre die Zeit mit ihnen nicht vergangen. Doch ich weiß, dass die Erinnerungen an meine Eltern fehlerhaft sind. Sie haben sich im Lauf der Zeit verändert, sind verblasst. Jedes Mal, wenn ich von meinen Eltern erzähle, passe ich meine Geschichten an. Das fällt mir aber erst auf, wenn ich höre, wie sich meine Brüder an sie erinnern. Erinnerungen werden mit der Zeit immer unzuverlässiger. Meine Erinnerungen an die Eltern enden mit deren Tod. Danach kamen keine neuen hinzu.

Für mich gibt es einen deutlichen Bruch zwischen der Zeit, in der mein Vater am Leben war, und der Zeit danach. Er lebt nicht in der Gegenwart fort. Sein Leben endete vor ungefähr dreißig Jahren, und je länger sein Tod vergangen ist, desto mehr nimmt die Erinnerung an ihn ab und wird auch immer verschwommener. Und da meine Mutter kurz nach ihm starb, ist keiner mehr da, der die Erinnerung an ihn lebendig hält.

In *La dialectique de la durée*, die 1927 als kritische Reaktion auf die Philosophie Bergsons erschien, widerspricht Bachelard der Idee eines unaufhörlichen Flusses der Zeit. Seiner Ansicht nach gibt es nicht nur eine einzige lange Dauer, sondern mehrere „Dauern". Jeder Mensch, jedes Tier, jeder Gegenstand und jedes Phänomen hat seine spezifische Dauer, mit eigenem Beginn und eigenem Ende.

Die Vielzahl von Dauern lässt sich am Beispiel der Beziehung zwischen Mensch und Hund illustrieren: Ein Kollege erzählte mir, dass er in die Hunderasse des Stabyhoun vernarrt sei. Ein Stabyhoun ist ein freundlicher Hund mit einem langhaarigen, schwarz oder braun gefleckten Fell. Die Lebenserwartung eines Hundes ist deutlich niedriger als die des Menschen, weshalb mein Kollege, der nicht ohne seinen Stabyhoun leben will, während seines Lebens bereits mehrere Hunde zu Grabe getragen hat. Danach hat er sich jedes Mal einen neuen angeschafft. Er erklärt mir jedoch, dass die verschiedenen Hunde nicht einfach nahtlos ineinanderübergegangen seien. Jeder Hund habe seinen eigenen Namen, seinen eigenen Charakter und auch seine eigene Fellzeichnung gehabt. Manchmal habe er eine Weile gebraucht, bis er den Tod des alten Hundes überwunden habe und bereit für einen jungen Hund gewesen sei. Zwischen den einzelnen Hunden gab es also immer eine Lücke oder einen Bruch und die Hunde folgten nicht kontinuierlich aufeinander, sondern die Abfolge der einzelnen Hunde war diskontinuierlich.

Auch Menschenleben gehen nicht kontinuierlich ineinander über. Jeder Mensch hat einen Anfang und ein Ende, nicht nur im Leben, sondern auch in der Erinnerung. Nach zwei Generationen ist die Erinnerung an eine Person meist verschwunden: Über unsere Großeltern können wir noch das eine oder andere erzählen, aber über unsere Urgroßeltern oder Ururgroßeltern wissen wir so gut wie nichts. Nicht einmal in Geschichten leben frühere Generationen weiter.

Bachelard wirft Bergson vor, dass er in seinen Büchern das Verschwinden von Erinnerungen nicht berücksichtigt. In *Schöpferische Evolution* (1907) erzählt Bergson, dass die Vergangenheit sich selbst bewahrt und dass sie uns in jedem Moment in ihrer Gänze zur Verfügung steht:

> Was wir von frühester Kindheit an gefühlt, gedacht, gewollt haben, ist
> da: über die Gegenwart geneigt, die ihm zuwächst, und andrängend an
> die Tür des Bewusstseins, das es aussperren möchte.[38]

Die gesamte Vergangenheit ist in der Gegenwart anwesend. Bergson geht nicht davon aus, dass etwas für immer vergessen ist, und vergleicht die Vergangenheit mit einem Schneeball, der einen Abhang hinabrollend immer größer wird. Jede neue Schneeschicht vermehrt sich um die früheren Schichten, wodurch sich schließlich die gesamte Vergangenheit im Schneeball befindet.[39]

Würde man Bergsons Schneeball auseinandernehmen, dann kämen sämtliche Erinnerungen zum Vorschein. Im Falle meines Kollegen träte jeder einzelne Stabyhoun in seiner vollen Pracht wieder in Erinnerung. Mein Vater würde, wie vom Tode auferstanden, frisch in mein Gedächtnis hineinspazieren. Das wäre eine äußerst merkwürdige Erfahrung, weil er dann nicht mit dem Aussehen eines Vaters, sondern mit dem eines Gleichaltrigen auf mich zukäme. Er altert nicht mehr, weil sein Leben definitiv zu Ende ist, während ich immer älter werde.

Bachelard findet Bergsons Gedanken von der *einen* Dauer unangemessen, weil sie nicht berücksichtigt, was er „la diversité temporelle" nennt, die temporäre Mannigfaltigkeit der Phänomene:[40] Jeder Mensch, jedes Ding besitzt eine andere Dauer, einen anderen Anfang, ein anderes Ende. Die Dauer meines Lebens unterscheidet sich von der meines Vaters, mein Leben begann später als seines, es spielt sich in einer anderen Zeit ab und dauert nun bereits länger als seines.

Diese Mannigfaltigkeit der Dauern löst sich auf, wenn man von einer tiefen Zeit ausgeht, die wie ein ununterbrochener, durchgehender Fluss jedes Phänomen in das folgende Phänomen übergehen lässt, jeden Hund in den folgenden. Auch die These, dass die Erinnerung an uns bis in alle Ewigkeit fortbesteht, ist nach Ansicht Bachelards inakzeptabel. Wie schmerzhaft es auch immer ist: Auf die Dauer verschwinden wir fast alle im großen Buch des Vergessens.

Wenn wir Bachelards Idee von der Pluralität von Dauern, denen nicht eine einzige Dauer zugrunde liegt, ernst nehmen, müssen wir auch die Brüche und Lücken zwischen den einzelnen Phänomenen mit ihrer unterschiedlichen Dauer akzeptieren. Während dieser Lücken sind die Phänomene abwesend: Sie dauern dann nicht. In der Wirklichkeit, aber auch in unserer Psyche, existiert der Tod des alten Hundes unabhängig vom Leben des neuen Hundes: Zwischen beiden Hunden klafft ein Loch.

Bergson dagegen glaubt nicht an die Existenz von Lücken. Er leugnet die Existenz der Leere. Jeder Zustand geht bei ihm ohne Unterbrechung in den nächsten über. Jede Note einer Melodie ist Teil der nächsten, jeder psychische Zustand setzt sich ohne Unterbrechung im nächsten fort.[41] Den möglichen Einwand, zwischen der einen und der nächsten Note gebe es immer eine Lücke, wischt Bergson weg: Wir erinnern uns beim Hören einer Note an den Klang der vorigen, die mit herüberklingt. Auch die Ruhe ist bei ihm nicht leer, sondern immer voller Aktivität. Jeder Übergang von einer zur nächsten Situation ist unendlich gefüllt, er behauptet sogar, dass das Nichts voll von etwas sei.

Bachelard zerschlägt Bergsons endlose Volte. Er sieht die Zeit lieber als eine Fülle von Augenblicken (*instants*).[42] Dadurch, dass wir uns ständig entscheiden müssen, sagt er, entsteht zwischen den einzelnen Momenten Kohäsion oder Kontinuität: Wir verbinden den einen Augenblick mit dem anderen. Wir würden niemals den Wunsch nach Kontinuität hegen, wären wir nicht selbst etwas wie Endlichkeit oder ein Ende.[43] Jedes Mal, wenn wir uns einer Sache verweigern, schließen wir etwas ab, und auch wenn wir etwas be*ja*hen, bedeutet das, dass wir etwas anderes hinter uns lassen. Deshalb scheuen wir uns davor, etwas endgültig zu be*ja*hen oder zu ver*nein*en. Oder mit Bachelards Worten:

Sobald eine Handlung beabsichtigt ist, sobald sie bewusst ist, sobald sie Reserven psychischer Energie investiert, kann sie nicht kontinuierlich ablaufen. Ihr geht ein Zögern voraus, sie wird erwartet, hinausge-

49

zögert, provoziert, zahlreiche Nuancen, die ihre Abgeschlossenheit belegen und ihr Auftreten in einer dialektischen Wellenbewegung.[44]

Der bergsonianischen Auffassung der fortlaufenden Dauer stellt Bachelard eine diskontinuierliche Zeit gegenüber, in der Ruhe und Arbeit, Etwas und Nichts, Erschaffen und Zerstören deutlich voneinander geschieden sind und einander abwechseln. Insofern überhaupt die Rede von „Dauer" sein kann, ist diese nach Bachelard lückenhaft.[45]

Diese Lücken existieren nicht nur zwischen den zahlreichen Gegenständen oder Ereignissen um uns herum, sondern auch im psychischen Leben. In der Psyche laufen mentale Prozesse auf verschiedenen Ebenen ab. Das geschieht gleichzeitig, und jeder Prozess besitzt eine eigene Dauer. Die Motivation, ein Buch lesen zu wollen, kann von einem Kind sabotiert werden, das Aufmerksamkeit heischen will. Wenn wir danach das Buch wieder zur Hand nehmen, haben wir vergessen, was wir gerade gelesen haben, wodurch die Motivation, das Buch zu Ende zu lesen, verschwunden sein kann. Es entsteht eine Lücke, in der wir kein Buch lesen. Wir wenden uns dann einem anderen Buch zu, das wir ebenfalls eine Zeit lang lesen. Die intellektuelle Motivation, ein Buch lesen zu wollen, ist in diesem Fall nicht kontinuierlich, sondern weist Lücken auf, in denen die Motivation abwesend ist, um sich danach wieder einzustellen. Bachelard ist überzeugt davon, „dass psychische Kontinuität keine Gegebenheit, sondern Arbeit ist".[46]

Ich neige dazu, mich Bachelards Meinung anzuschließen. Intuitiv gefällt mir die These von der Diskontinuität besser als die von der Kontinuität, obwohl man sich natürlich fragen muss, ob die Intuition tatsächlich die bessere Ratgeberin ist. Hermsen meint, ja: Gerade dadurch, dass wir den Intellekt überwinden, ist es uns möglich, mithilfe der Intuition zur innerlichen, kontinuierlichen Zeit Verbindung aufzunehmen.

Dass meine Intuition eine andere ist als die Hermsens und dass ich, wenn ich in mein Innerstes hinabsteige, dort eher Diskontinuität vorfinde als Kontinuität, bedeutet noch nicht, dass ich recht habe. Intuitionen sind nicht *per definitionem* wahr, sie müssen genau wie Gefühle, Gründe und Meinungen auf ihren Wahrheitsgehalt geprüft werden. Doch das Problem mit der Intuition besteht darin, dass sie auf eine spezifische Person beschränkt bleibt. Eine Intuition kann man nicht mit anderen teilen, sie in der Diskussion auf ihren Wahrheitsgehalt und ihre Brauchbarkeit prüfen und wenn nötig verwerfen. Deshalb vertraue ich mehr auf Wahrnehmungen, Gefühle, Worte und Gedanken als auf die Intuition.

Wahrnehmungen zeigen uns eine Vielfalt von Phänomenen, die einen Anfang und ein Ende haben: Konzerte, Romane, Liebesbeziehungen, Hundeleben, Geselligkeit.

Auf emotionaler Ebene erfasst uns Trauer, wenn der Urlaub vorbei, eine Beziehung gescheitert oder das Leben von jemandem, den wir liebten, zu Ende gegangen ist. Wir sind froh, wenn wir das Abitur hinter uns oder die Probezeit unseres neuen Jobs erfolgreich absolviert haben und der Umbau der Küche abgeschlossen ist.

Auch beim Sprechen oder Denken beenden wir Dinge und beginnen mit anderen neu. Jedem „Ja" stellen wir ein „Nein" gegenüber, und jedem „Nein" ein „Ja", um es mit Bachelard auszudrücken.[47] Immer wieder stehen wir vor der Entscheidung, ob wir etwas einstellen oder beenden wollen, um uns danach einer anderen Sache mit einem „Ja" zuzuwenden.

Wir erfahren ständig, dass unsere Handlungen einen Anfang und ein Ende haben und damit diskontinuierlich sind, dass sie nicht ineinander übergehen und dass wir sie beginnen oder beenden oder gar ganz auf sie verzichten. Das widerspricht Hermsens Intuition, wonach die Zeit ununterbrochen weiterfließt. Ihr von Bergson entlehnter Gedanke, dass nichts verloren geht, ist mit der Dramatik des definitiven Verlusts, des Widerspruchs und der unerwarteten Wendungen unvereinbar. Im Alltagsleben lässt sich die von Verlust, Widerspruch und unerwarteten Wendungen gebildete Diskontinuität einfach nicht leugnen, so gern wir dies täten.

Zwar ließe sich durchaus glaubhaft anführen, dass den wahrgenommenen Diskontinuitäten „in Wirklichkeit" Kontinuität zugrunde liegt, doch der Verstand sagt einem, dass das, was uns als diskontinuierlich erscheint, tatsächlich der unmittelbare Ausdruck von Diskontinuität ist.[48]

Rhythmus

Die Diskontinuität ist schwer zu ertragen. Wie schwer, schildert A. F. Th. van der Heijden in seinem Requiemroman *Tonio*, der vom Tod seines Sohnes handelt. „Die Hoffnung, dass Tonio je wieder zu uns zurückkehrt, ist zerstört. Die Angst, diese grauenhafte Wahrheit werde immer tiefer und obszöner in uns eindringen, nimmt nur noch zu."[49] Tonios Leben ist unwiderruflich vorbei, die Kontinuität ist für immer durchbrochen: Tot ist tot.

Die Erfahrung der Diskontinuität ist für die meisten Menschen mit einem unangenehmen Gefühl verbunden. Wir halten uns lieber an die Kontinuität, weil der Gedanke, uns lieb gewordene Menschen, Wahrheiten und Dinge für immer behalten zu können, tröstlich ist.

Auch für uns persönlich hoffen wir, ein bisschen Kontinuität bewahren zu können. Vor allem in Zeiten großer Veränderungen sind wir froh, wenn auch etwas bleibt, wie es ist. Gäbe es in unserer Welt oder in uns selbst nicht ein gewisses Maß an Kontinuität, würden wir wahnsinnig werden.

Doch die ersehnte Kontinuität braucht nicht notwendigerweise von außen zu kommen, wir können sie auch in uns selbst hervorbringen. Der Tod eines geliebten Menschen wird erträglicher, wenn es uns gelingt, eine neue Kontinuität zu schaffen, zum Beispiel indem wir immer wieder Geschichten über diesen Menschen erzählen, das Grab besuchen oder seinen Geburts- oder Sterbetag feierlich begehen.

Auch Rhythmen sind eine bewährte Art und Weise, Kontinuität zu schaffen. Mithilfe der rhythmisch wiederkehrenden Feier eines außergewöhnlichen Ereignisses oder eines besonderen Augenblicks wie eines Geburtstags zum Beispiel erschafft man eine Folge von Geburtstagen, die zusammengenommen zur Erfahrung der Kontinuität führen. Obwohl es pro Jahr nur einen Geburtstag gibt und er, weil er einen Anfang und ein Ende hat, nur aus einem Moment besteht – also ein diskontinuierliches Ereignis darstellt –, ruft das rhythmische Feiern des Geburtstags die Illusion hervor, es existiere eine durchgehende Linie von der Geburt bis zur Gegenwart.

In Wahrheit gibt es diese Linie nicht, doch ihre Kontinuität wird durch den Rhythmus geschaffen. Deshalb, so Bachelard, lässt sich Kontinuität am besten im Vertrauen auf den Rhythmus herstellen: „Um zu denken, zu fühlen, zu leben, müssen wir in unseren Handlungen Ordnung schaffen, indem wir im Vertrauen auf den Rhythmus Augenblicke anhäufen [...]"[50]

In McEwans Roman *Amsterdam* durchbricht Clive die Ordnung seines Alltagslebens, indem er zum Lake District aufbricht. Er hat kein Vertrauen mehr in die Rhythmen der Stadt, die durch Mollys Tod durchbrochen worden sind. Er macht die Erfahrung, dass das Leben endlich und Kontinuität nur eine Illusion ist. Weit von London entfernt, hofft er, im Rhythmus des Wanderns in der Natur sich selbst wiederzufinden. Doch der Augenblick, in dem er sich selbst als Komponist zu rehabilitieren glaubt, ist der Anfang seines Endes. Die entdeckte Melodie passt so wenig zu dem, was er früher gewesen war, dass er seinem Leben lieber ein Ende setzt.

Hermsen fordert den Leser ebenfalls auf, der Rhythmik des modernen Lebens das Vertrauen zu entziehen. Man soll die Zeit anhalten, sich anderen, trägeren Rhythmen hingeben und allen Alltagstrott hinter sich lassen! Das alles aber kann sie nur fordern, weil sie von der Existenz der Dauer im Inneren des Menschen überzeugt ist. Diese Dauer verleiht uns das Gefühl der Kontinuität, selbst wenn wir die Zeit völlig anhielten und den Rest unseres Lebens vollkommen untätig verbrächten. Doch das alles ist eine

Illusion. Verfielen wir der Untätigkeit und entfernten alle Rhythmen aus unserem Leben, würden wir damit auch jegliche Kontinuität wegschaffen und übrig bliebe die Diskontinuität. Doch mit dieser lässt sich nicht leben.

3

Auf und ab – auf und ab, und zwar langsam

Sex und der richtige Rhythmus

Eines Abends sehe ich mir im Fernsehen kurz vor dem Schlafengehen die niederländische Talkshow von Sophie Hilbrand an. Das Thema war wie immer Sex. Hilbrand fragt den einzigen Mann in der Runde, welches seine unangenehmste sexuelle Erfahrung gewesen sei. Der Mann braucht nicht lange zu überlegen: Das sei der Sex mit einer Frau gewesen, „die einen falschen Rhythmus hatte". Es wollte einfach nicht klappen. Ihr Rhythmus sei nicht gut gewesen. Alle Frauen in der Runde nicken. Anscheinend können sie sich das bildhaft vorstellen! Das muss wahrlich schlimm gewesen sein. Auch ich bilde mir ein, zu wissen, was er meint.

Ein paar Wochen später schneide ich das Thema bei einem Essen mit Philosophenkollegen an. Sie lachen, die Situation kommt ihnen bekannt vor. Sie glauben ebenfalls zu wissen, was der Mann meinte. Also frage ich sie: „Könnt ihr mir sagen, was ein guter Rhythmus ist? Worin besteht er? Wer bestimmt das?"

Ich komme an diesem Abend spät nach Hause. Philosophen reden viel und trinken gern. Ich verzichte hier auf Details und zeichne nur den groben Verlauf des Gesprächs nach:

Am wichtigsten sei es, dass die Hüftbewegungen des Paares zusammenpassen, sagt S. Eine banale Antwort, dennoch stimmen alle zu. Man ist sich einig, dass es gar nicht so einfach sei, die Körperbewegungen aufeinander abzustimmen. Man könne schwerlich ein Metronom neben das Bett stellen. Wenn sich kein gemeinsamer Rhythmus finde, bleibe mindestens bei einem von beiden das Vergnügen auf der Strecke.

Doch so etwas gilt nicht nur für den Geschlechtsverkehr. Hat der geliebte Mensch einen anderen Ess-, Schlaf- oder Tanzrhythmus, kann das ebenfalls zu Verärgerung und Enttäuschung führen. Aber es hat auch seine Vorteile. Der älteste Kollege in der Runde erzählt, dass er gewöhnlich vor seiner Frau aufstehe. Er sei ein Morgenmensch, sie eher ein Nachtmensch. Er habe sich aber im Lauf der Jahre daran gewöhnt und genieße die Zeit, die er dadurch morgens für sich allein habe.

Warum es überhaupt Morgen- und Nachtmenschen gibt, ist unklar. S. wirft ein, dass heute sowieso an allem die Gene schuld seien, dann werde das wohl auch hier der Fall sein. Der Rhythmus gehöre zum Körper dazu, vermutlich besitze jeder Mensch nicht nur einen Herzrhythmus, sondern auch einen eigenen Morgen- oder Nachtrhythmus. Und einen Rhythmus, in dem sich die Hüften bewegen. Seien diese Rhythmen tatsächlich genetisch bedingt, dann habe man sie von Geburt an, schließt er.

Darauf regt sich Widerspruch, wie das beim Philosophieren so üblich ist. Ein Argument, das keinen Widerspruch aushält, ist kein gutes Argument. Ein anderer Kollege äußert den Gedanken, dass unser Bewegungsrhythmus doch auch anerzogen sein könne. Ein Baby ahme vom ersten Moment an seine Umgebung nach. Ist der Vater Balletttänzer, werde es sich anders bewegen, als wenn der Vater Soldat sei.

Doch wie lernt ein Mensch die rhythmischen Bewegungen des Geschlechtsverkehrs? Das Tabu, das unter Familienmitgliedern auf dem Sex liegt, verbietet es schließlich, dass das Kind sich jene bei den Eltern abschaut. Auch auf die Frage, ob man die Rhythmik seiner Sexbewegungen verändern könne, weiß keiner eine Antwort.

„Wenn du es wirklich schön mit jemandem treibst", sagt H., die mir gegenübersitzt, „dann denkst du nicht über Rhythmus nach." Ihrer Erfahrung nach stellt sich der Rhythmus von selbst ein und wird nicht vom Bewusstsein gesteuert. Wenn alles stimmt, vermischt sich der Körperrhythmus mit dem des Partners. Es entsteht ein gemeinsamer Rhythmus, in dem alles wie von selbst geschieht. „Erst wenn sich kein Rhythmus einstellt, bei dem man alles um sich herum vergisst", fasst sie zusammen, „merkt man, dass etwas mit dem Rhythmus nicht in Ordnung ist."

Als ich am nächsten Morgen nüchtern vor dem Computer sitze, muss ich feststellen, dass zwar eine Menge gesagt worden ist, ich aber dadurch in der Frage, was ein guter Rhythmus sei, keinen Schritt weitergekommen bin. Zu mager ist das Ergebnis, dass ein guter Rhythmus zu einem Zustand führt, worin sich beide in den Bewegungen des anderen auflösen und alles um sich herum vergessen.

Ich würde aber gern wissen, wie man einen guten Rhythmus erlangt. Hängt dieser nur von einem selbst ab, kann man ihn üben, wie man lernen kann zu tanzen? Wie gerät man aus dem Rhythmus? Wir kennen alle das angenehme Gefühl, das ein guter Rhythmus bei uns hervorrufen kann, und wissen auch, wie unangenehm oder störend ein schlechter oder mangelnder Rhythmus ist. Doch wie komme ich zum guten Rhythmus? Muss ich dazu nicht erst wissen, was ein guter Rhythmus ist? Vielleicht ist es einfacher, wenn wir zunächst zu verstehen versuchen, worin ein Rhythmus besteht, der *nicht* gut ist.

Rhythmusstörungen

Rhythmus hat sowohl etwas mit Wiederholung als auch mit Erneuerung zu tun. Das bloße Wiederholen eines Geräuschs oder einer Bewegung ist noch kein Rhythmus. Wenn eine Erdölpumpe mit gleich langen Zwischenpausen Öl aus der Erde pumpt, dann gibt sie damit zwar einen Takt vor, aber ohne jegliche Variation oder Innovation, weshalb man in diesem Falle nicht von Rhythmus sprechen kann. Auch die Variation allein bringt noch keinen Rhythmus hervor. Eine Bewegung oder ein Geräusch werden erst dann zu einem Rhythmus, wenn mindestens zwei Kriterien erfüllt sind: *Variation* und *Wiederholung.*

Aber es gibt noch ein drittes Kriterium. Ich möchte es als „Ordnung" oder „Synchronizität" bezeichnen. Jeder Rhythmus besteht aus mehreren Rhythmen oder wird von anderen Rhythmen begleitet. In beiden Fällen geht es um einen Polyrhythmus, um ein geordnetes Ganzes aus Wiederholungen und Variationen. In der Natur gibt es zahlreiche Beispiele für geordnete Polyrhythmen. Einige führt der Psychologe und Philosoph John Dewey (1859–1952) in seinem Buch *Kunst als Erfahrung* (1934) auf. Unter anderem berichtet er von William Wordsworth (1770–1850), der gebeten wurde, seine frühen Gedichte zu erläutern:

> [...] How pleasant, as the yellowing sun declines,
> And, with long rays and shades the landscape shines;
> [...]
> Now while the solemn evening shadows sail,
> On red slow-waving pinions, down the vale,
> And, fronting the bright west in stronger lines,
> The oak its dark'ning boughs and foliage twines [...][51]

Wordsworth hatte als Vierzehnjähriger beobachtet, dass Laub und Äste einer Eiche je nach Sonnenlicht einen anderen Schatten warfen und dass es zwischen dem Sonnenlicht und dem Schatten einen Zusammenhang, eine Ordnung gab (*And, fronting the bright west in stronger lines,/ The oak its dark'ning boughs and foliage twines*). Da wurde ihm klar, dass es eine unendliche, aber geordnete Mannigfaltigkeit der natürlichen Erscheinungen gab.[52]

Die größere Ordnung wird, so Dewey, von der Gesamtheit der Rhythmen in der Natur gebildet, dem Rhythmus von Tag und Nacht, von Regen und Sonnenschein, von Ebbe und Flut. Diese Rhythmen sind älter als alles, was der Mensch geschaffen hat, älter als die Poesie, älter als der Tanz und älter als die Musik. Deshalb sollten wir seiner Meinung nach Rhythmen auch nicht als Eigenschaften der Dinge betrachten, sondern als etwas, was sich durch die Dinge *erfahren* lässt. Nicht der Musiker verleiht einer Musik den Rhythmus, sondern der Rhythmus bildet sich erst in der Erfahrung dieser Musik.[53]

Vielleicht stimmt es dann ja auch, dass Menschen, die Geschlechtsverkehr miteinander haben, für den sexuellen Rhythmus nicht allein verantwortlich sind, sondern dass sich dieser erst während des Vollzugs einstellt. Zunächst die Musik, dann der Rhythmus, was so viel heißt wie, dass es den Sex erst einmal geben muss, bevor dessen Rhythmus erfahrbar wird.

Damit behielte H. recht: Wenn zwischen den Liebenden alles stimmt, entsteht der sexuelle Rhythmus von selbst. Sie brauchen sich ihm nur hinzugeben.

Vielleicht lässt sich auf der Grundlage dieser Begriffsdefinition herausfinden, was passiert, wenn Rhythmen gestört werden. Wir haben festgestellt, dass Wiederholung, Variation und Ordnung unverzichtbare Elemente des Rhythmus sind. Es liegt also nahe, die Ursache von Rhythmusstörungen darin zu suchen, dass eines oder mehrere dieser Elemente nicht oder nur mangelhaft vorhanden sind.

Ein Grund für die Störung eines Rhythmus könnte darin liegen, dass die *Wiederholungen* zu oft oder zu selten vorkommen. Im ersten Fall treten die Wiederholungen in zu kurzen Abständen auf. Wer alle paar Augenblicke seine E-Mails checkt, jeden Tag Geburtstag feiert und stündlich mit dem Partner ins Bett hüpft, wird das auf lange Sicht kräftemäßig kaum durchhalten können. Im Beruf können zu häufige Wiederholungen zu Überarbeitung und Burnout führen. Muss der Berufstätige zu oft evaluieren und statt eines Jahresberichts zunächst einen Vierteljahresbericht schreiben, dann einen Monatsbericht, Wochenbericht und schließlich einen Real-Time-Bericht, dann hat er irgendwann den Punkt der Stagnation erreicht. Ein solcher stellt sich vielleicht auch in einer Beziehung ein, wenn einer der beiden Partner dem Beischlafbedürfnis des anderen nicht folgen kann. Eine zu hohe Frequenz von Wiederholungen führt zu Diskontinuität: Die Arbeit stockt, die Beziehung zerbricht und niemand wird eine täglich gefeierte Geburtstagsparty besuchen.

Auch eine zu seltene Wiederholung kann Ursache einer Rhythmusstörung sein. Ein Beispiel dafür liefert Vladimir Nabokov (1899–1977) in seinem Roman *Ada oder Das Verlangen* (1969). Die männliche Hauptperson Iwan Veen, genannt Van, unterhält vom vierzehnten Geburtstag an eine geheime Beziehung zu seiner Cousine, die gleichzeitig seine Halbschwester ist: Ada. Immer wenn das Liebespaar sich für längere Zeit nicht sehen kann, wird Van wahnsinnig vor Verlangen nach ihr. Zahlreiche exquisite Hostessen und Möchtegern-Callgirls können dieses Verlangen nicht stillen. Das Liebespaar sieht sich zu selten, die Frustration über die niedrige Frequenz des Rhythmus ihres Zusammentreffens findet ihren Niederschlag im Buch *Textur der Zeit*, das Van als Philosophieprofessor verfasst:

> Der Rhythmus sollte weder zu langsam noch zu schnell sein. Ein Schlag pro Minute geht schon weit über mein Gefühl für Abfolge hinaus, und fünf Oszillationen in der Sekunde machen ein hoffnungsloses Geschmier. Der gedehnte Rhythmus veranlaßt Zeit, sich zu verflüchtigen, der schnelle drängt sie hinaus. Gib mir, sagen wir, drei Sekunden, dann kann ich beides: den Rhythmus wahrnehmen und das Intervall sondieren.[54]

Bei einem guten Rhythmus geht es um die richtiger Dauer dessen, was Van „das Zärtliche Intervall" nennt: „die graue Lücke zwischen zwei schwarzen Schlägen". Nur durch den Rhythmus scheint er sich eine Vorstellung von der Zeit machen zu können, aber nicht durch „die wiederkehrenden Schläge des Rhythmus, sondern die Lücke zwischen zwei schwarzen Schlägen".[55]

Nabokovs Philosoph ähnelt darin dem Philosophen Bachelard. Beide verstehen Zeit als Rhythmus mit Lücken und Wiederholungen. Für Bergson dagegen ist Zeit eine „reine Dauer" oder ein ununterbrochener Fluss. Die Qualität des (Lebens-)Rhythmus wird bei Nabokov und Bachelard von den Lücken bestimmt, von den „Zärtlichen Intervallen". Sind diese zu kurz, drehen wir durch, sind sie zu lang, langweilen wir uns, sind frustriert oder werden wahnsinnig.

Eine Rhythmusstörung tritt auch dann auf, wenn die *Variation* innerhalb eines Rhythmus zu gering oder zu groß ist. Das Erste ist der Fall, wenn sich nichts oder so gut wie nichts Neues in die Wiederholung mischt. Solange es keine Variation gibt, gibt es auch keinen Rhythmus, denn dieser definiert sich durch Wiederholung, in die eine Veränderung eingebaut wurde.

Selbst wenn wir keine Unterschiede zwischen der einen und der anderen Wiederholung wahrzunehmen glauben, können diese auf Mikroniveau existieren. Gehen wir davon aus, dass jede Wiederholung von der vorigen differiert, und sei es noch so minimal, dann besitzen auch monotone Wiederholungen wie die des Metronoms oder der Erdölpumpe einen Rhythmus. Doch erfahren wie eine derartig monotone Wiederholung mit einem kaum merklichen Unterschied zwischen Original und Wiederholung anders als eine Wiederholung mit deutlich wahrnehmbaren Variationen. Die monotone Wiederholung frustriert oder langweilt uns, die variierende dagegen macht uns fröhlich und neugierig.

Henri Lefebvre nennt den Rhythmus einer Wiederholung ohne wahrnehmbare Variation einen „linearen Rhythmus".[56] Er benutzt den Begriff in erster Instanz für mechanische Rhythmen: für das Ticken des Metronoms, die Schläge auf einen Rammpfahl oder das Tropfen eines undichten Wasserhahns. Doch auch körperliche Bewegungen und sexuelle Handlungen können, mechanisch ausgeführt, einen linearen Rhythmus besitzen. Vermutlich beklagen und beklagten sich Frauen aller Zeiten bei einem zu mechanischen Auf und Ab beim Sex über mangelnde Befriedigung. Die Monotonie der Wiederholung, wie sie für die linearen, mechanischen Rhythmen spezifisch ist, ärgert, langweilt und erschöpft uns.

Den linearen Rhythmen setzt Lefebvre die zyklischen Rhythmen entgegen, die wir als weitaus angenehmer erfahren. Die Quellen der zyklischen Rhythmen liegen im Kosmos und in der Natur. Im Unterschied zu den linearen Rhythmen besitzen sie sichtbare Variationen, weisen somit ständig etwas Neues auf. Eine zyklische Wiederholung ist eine Form des Neubeginns.[57] Ein wiederaufgenommener Anfang ähnelt dem Frischen, Fröhlichen des wiederkehrenden Frühlings oder, wenn man es auf den Sex beziehen will, dem Frischen, Liebevollen der sich ständig wiederholenden Penetration.

Die Wiederkehr des zyklischen Rhythmus des Kosmos in der zyklischen Rhythmik der Sexualität drückt Maria van Daalen in ihrem Gedicht *Het sonnet voor het nieuwe huis* (Das Sonett für das neue Haus) aus. Es beginnt mit den Worten: „Wenn ich umhergehe, in einem Kreis, und mir vorstelle, es sei der Nabel der Welt [...]" Dann fährt die Dichterin fort, dass in diesem Falle sämtliche Worte der Ich-Figur fordern, zum Anfang zurückzukehren, wo das Konzentrische „an die Stelle dessen tritt, was ich mir geradewegs ausdenke". Schließlich beendet van Daalen das Gedicht mit den Worten:

... der mich bewegt, lacht
und sich auf das Bett legt. Die Wahrheit ist sanft,
bevor er sich anspannt und mich ausfüllt, und jedes Mal
ist da diese Öffnung, ich lasse mich gehen.[58]

Das Gefühl, dass jedes Mal etwas Neues geschieht, verstärkt den Genuss an den zyklischen, wiederholten Bewegungen von sowohl Kosmos als auch Sexualität.

Allerdings kann ein Zuviel an Variation den Rhythmus auch beeinträchtigen. Bei einem guten Rhythmus tritt innerhalb der zyklischen Wiederholung etwas Neues hinzu. Zu viel Neues oder zu viel Veränderung aber sind fatal für den Rhythmus. Das zeigt sich in Nabokovs Roman, wenn Van mit zweiundfünfzig seine Ada nach siebzehn Jahren erstmals wiedertrifft. Die Erwartungen sind hoch, denn Ada ist seit Kurzem verwitwet. Obwohl sie ihn in einem Brief darauf vorbereitet hat, dass sie sich beträchtlich verändert habe, „sowohl figürlich als auch farblich",[59] ist er erschüttert angesichts des sexuellen Unbehagens, das ihr verändertes Aussehen bei ihm hervorruft: „seine Sinne allerdings blieben reglos".[60] Die Schrecknisse des Alterns entfremden die beiden voneinander. Ada gibt vor, abreisen zu müssen, und Van zieht sich in sein Hotelzimmer zurück. Bitter dringt die Tatsache zu ihm durch, dass diese Erniedrigung ihnen erspart geblieben wäre, wenn sie die vergangenen siebzehn Jahre zusammengelebt hätten: „ihr Altern wäre ein allmähliches Angleichen gewesen, so unmerklich wie ‚Zeit' selbst."[61]

Am nächsten Morgen entdeckt er, dass Ada nicht, wie angekündigt, abgereist ist. Er erblickt sie auf dem Balkon ihres eigenen Zimmers stehend: „Nachdenklich, jugendlich, wollüstig kratzte sie sich den Schenkel unterhalb der rechten Gesäßbacke."[62] Dieser Anblick haucht der Zeit neues Leben ein, das Intervall von siebzehn Jahren schrumpft zu nichts zusammen, und ihre vergangene Liebesgeschichte verwandelt sich in eine gegenwärtige Geschichte, in die Geschichte eines Liebespaares, das sich, wie der siebenundneunzigjährige Van rückblickend erzählt, für den Rest seines Lebens nicht mehr trennen wird.

Muss man daraus schließen, dass es nur zyklische Rhythmen gibt? Das wäre nicht im Sinne Lefebvres. Für ihn setzt ein guter Rhythmus die Spannung zwischen zyklischen und linearen Rhythmen voraus, zwischen Rhythmen mit und Rhythmen ohne eine deutlich wahrnehmbare Variation. Lineare und zyklische Rhythmen bedingen sich gegenseitig: Sie kommen sich ins Gehege, ohne sich vom anderen vereinnahmen zu lassen. Das Maß des einen bedingt das Maß des anderen: Der lineare Rhythmus gibt den Takt für den zyklischen vor und umgekehrt. Ein Beispiel: Hätte man jedes Mal, wenn sich die Erde einmal um die Sonne gedreht hat, einen Strich gemacht, könnte man am sechzehnten Geburtstag eines Mädchens feststellen, dass es sechzehn Frühlinge erlebt hat.

Damit ist der Takt für die zyklische Wiederholung vorgegeben. Würde man die einzelnen Taktstriche der sechzehn Frühlinge zu einer Linie verbinden, entstünde eine Linie, die das Leben des Mädchens von der Geburt bis zur Gegenwart nachzeichnete. Dadurch wüsste man auch, dass das Mädchen ungefähr 5844 Tage gelebt hat.

Für einen guten Rhythmus sollte man Lefebvre zufolge zyklische und lineare Rhythmen „in ein Spannungsverhältnis" zueinander setzen und aktiv nach einer Beziehung, einem Takt oder einer Ordnung suchen, in denen beide Rhythmen sich ausleben können bzw. sich gegenseitig verstärken.

Schließlich kann auch die *Ordnung* gestört werden. Dewey glaubt, dass jede Veränderung, die sich in der Wiederholung zeige, Teil eines größeren geordneten Ganzen sei und darin einen eigenen Platz habe. Er denkt bei dem größeren Ganzen vor allem an die Ordnung der Natur. Den Gedanken in Wordsworths Gedicht weiterentwickelnd, demonstriert er, dass das rhythmisch intensive Wachstum eines dicken Astes sich in einer bestimmten Ordnung zum rhythmischen Wachstum der kleineren Äste und dünnen Blätter verhält. Der amerikanische Philosoph deutet an, dass in der Natur fundamentale Rhythmen und Gesetze existieren, die sich in allen Rhythmen wiederfinden. Diese naturalistische Sicht bringt den Begriff der Ordnung stets mit den Rhythmen der Naturgesetze oder der natürlichen Phänomene in Verbindung. Aber Ordnung kann auch anders entstehen.

Bachelard beispielsweise bezieht sich auf die Musik. Ein Dirigent bringt sämtliche Rhythmen, Pausen und Dauern, die die Musiker hervorbringen, in einen Zusammenhang. Dieser Korrelation der unterschiedlichen Rhythmen liegt keine natürliche Ordnung zugrunde, sondern sie bildet sich erst durch die Zeichen, die der Dirigent den Musikern gibt.

Gehen wir mit Bachelard davon aus, dass es eine Vielzahl von Dauern gibt und dass diese sowohl natürlicher als auch unnatürlicher Art sein können, dann besteht Ordnung nicht aus einem zugrunde liegenden natürlichen Rhythmus, sondern in der Wahrnehmung, dass die unterschiedlichen Rhythmen in einer sich stets wiederholenden Beziehung zueinander stehen. Die Aufgabe eines Dirigenten besteht demzufolge nicht darin, die Rhythmen der Musiker mit einem zugrunde liegenden Rhythmus abzustimmen, sondern er muss die Musiker davon überzeugen, dass sie sich bemühen sollten, die verschiedenen Rhythmen zueinander in Beziehung zu setzen, so Bachelard.[63]

Im täglichen Leben gibt es zahlreiche Situationen, bei denen der Mensch keine Ahnung hat, dass genau das von ihm gefordert wird: ein ideales Gleichgewicht zwischen den verschiedenen herrschenden Rhythmen zu schaffen. Ein Beispiel: In einem dicht besiedelten Wohnviertel kann die laute Musik einer Disco zu Abstimmungsproblemen unter allen Beteiligten führen. Teenager und junge Erwachsene haben nun einmal einen anderen Rhythmus als ältere Erwachsene, die mitten im Erwerbsleben stehen. Außerdem können sie schneller zwischen den verschiedenen Rhythmen hin und her wechseln, weil ihre biologische Uhr eine höhere Flexibilität aufweist.[64] Dieser Konflikt lässt sich nur dadurch lösen, dass beide Parteien sich aus eigenem Antrieb oder durch die Intervention einer dritten Instanz darum bemühen, die unterschiedlichen Rhythmen in Einklang zu bringen und Ordnung entstehen zu lassen.

Auch in einer Beziehung können sich verschiedene Rhythmen ins Gehege kommen, zum Beispiel wenn der eine ein Morgen- und der andere ein Nachtmensch ist. Denn dann sind nächtliche Intervalle, bei denen beide Liebespartner wach genug sind, um Sex miteinander zu haben, nahezu ausgeschlossen.

Eine Störung kann aber auch von außen erfolgen. Äußere Rhythmen wie Verkehrslärm, berufliche Rhythmen oder laute Nachbarn können ein reibungsloses Beziehungsleben beeinträchtigen. Ebenso ist die Sabotage eines optimalen Zusammenklangs unterschiedlicher musikalischer Rhythmen durch Straßengeräusche denkbar oder durch ein Handy, das im Konzertsaal plötzlich losklingelt.

Nachdem wir nun gesehen haben, wie ein Rhythmus durch mangelhafte Wiederholung, Variation oder Ordnung gestört werden kann, sollte deutlich geworden sein, dass ein guter Rhythmus qualitativ und nicht quantitativ definiert werden muss. Ein guter Rhythmus ist also ein Rhythmus, bei dem das Tempo der Wiederholungen nicht zu hoch und nicht zu niedrig sein darf, der in Maßen Neues einfügende Variationen besitzt und der eine von sämtlichen Rhythmen gebildete Ordnung aufweist.

Eurythmie, Polyrhythmie, Arrhythmie

Auch Lefebvre definiert den guten Rhythmus qualitativ. Er spricht ebenfalls davon, dass wir einen guten Rhythmus vor allem *erfahren*.

Am besten sei es, so rät Lefebvre, die Rhythmen zu belauschen und sie möglichst innerlich wahrzunehmen. Dennoch bemüht sich Lefebvre auch um eine theoretische Antwort auf die Frage, woraus ein guter Rhythmus besteht. Er führt die Begriffe Eurythmie, Polyrhythmie und Arrhythmie ein, mit deren Hilfe er einen guten Rhythmus zu umschreiben versucht.

Viele kennen den Begriff der *Eurythmie* als Bezeichnung der anthroposophischen Bewegungskunst von Rudolf Steiner (1861–1925). Doch Lefebvre meint etwas anderes. Er definiert Eurythmie als Rhythmen, die sich „im Zustand der Gesundheit, in normaler (das heißt, normierter) Alltäglichkeit vereinen".[65] Sind wir gesund oder besitzt unser Alltag eine leidliche Ordnung, dann befinden sich die Rhythmen unserer unmittelbaren Umwelt in einem harmonischen Gleichgewicht. Wenn die zyklischen Rhythmen mit den linearen Rhythmen von Geräten, digitalen Kalendern und Uhren zusammenstimmen, entsteht Eurythmie. Ein Beispiel aus dem Alltag ist die Mail, die Facebook zur Erinnerung an die Wiederkehr des Geburtstags von Freunden und Familienmitgliedern verschickt. In diesem Fall lässt sich der lineare, digitale Rhythmus von Smartphone oder Tablet sehr gut mit dem zyklischen der jährlich wiederkehrenden Geburtstage vereinen. Das gilt auch für Hochzeitstage oder ähnliche außerordentliche Gelegenheiten.

Das harmonische Zusammenspiel von zahlreichen Rhythmen (zyklischen und/oder linearen) bezeichnet Lefebvre mit dem Begriff der *Polyrhythmie*. Um eine Polyrhythmik zyklischer Rhythmen am Werk zu sehen, brauchen wir nur unseren eigenen Körper zu betrachten. Sind die zyklischen Rhythmen von Herz, Lunge, Nieren und Eingeweide im Einklang, fühlen wir uns wohl. Gerät nur einer dieser Rhythmen aus dem Takt, ist es um das Wohlbefinden geschehen. Eine disproportionale Beschleunigung des Atmens führt zu Schwindel und Brustbeklemmung; schlägt das Herz schneller, als für die jeweilige Tätigkeit nötig ist, ermüden wir. Eine zu schnelle Rhythmik der Eingeweide bedeutet Durchfall, eine zu träge Verstopfung.

Eurythmie innerhalb der körperlichen *Polyrhythmie* führt zu einem „metastabilen" Gleichgewicht zwischen den zahlreichen unterschiedlichen Rhythmen innerhalb eines Körpers – denn jedes Organ, jedes Gewebe und jedes Molekül besitzt einen spezifischen Rhythmus. Doch abgesehen davon sollten auch die Interaktionen zwischen Körper und natürlicher bzw. sozialer Umwelt rhythmisch harmonieren.[66]

Ähnliches gilt auch für die Polyrhythmik linearer Rhythmen, die ebenfalls mehr oder weniger gut aufeinander abgestimmt sein sollten. Wenn ich im Arbeitszimmer am Schreibtisch sitze, höre ich eine Kakofonie von Geräuschen. Auf dem Platz vor dem Haus schallt ein Hip-Hop, im Haus selbst tippt ein Kollege auf seiner Tastatur, und in der Ferne mischt sich das Rumsen des Einpfählens auf einer Baustelle mit dem Kadung-Kadung vorbeifahrender Züge. Jeder Rhythmus existiert losgelöst vom anderen; die Harmonie fehlt. Es ist ein arrhythmisches Ganzes.

Der Begriff der Arrhythmie geht auf Lefebvre zurück, ein anderes Wort dafür ist Disharmonie. Hierbei stehen Rhythmen – lineare und/oder zyklische – nicht in einem ausgeglichenen Verhältnis zueinander. Statt eines angenehmen, eurythmischen Zustands herrscht der pathologische der Arrhythmie. Lefebvre ist der Ansicht, dass die Arrhythmie nicht nur Menschen, sondern auch ganze Gesellschaften krank macht.

Gelingt es, den arrhythmischen Zustand gemäß der Normen in einen eurythmischen zu verwandeln, stellt sich auch die Gesundheit wieder ein. Die Eurythmie, das gute Verhältnis zwischen zyklischen und/oder linearen Rhythmen, erschafft eine soziale Zeit: Das ist eine Zeit (bzw. mehrere Zeiten), die uns als Individuum, Paar oder Gesellschaft eine reibungslose Existenz sichert, sodass wir uns geborgen und wohlfühlen.

Lefebvre bezieht die Eurythmie jedoch ausschließlich auf die körperliche Gesundheit und das normale Alltagsleben. Bei der Musik, der Liebe, der Kunst oder der Sexualität spielen jedoch außer der Gesundheit noch andere Werte eine Rolle, zum Beispiel Schönheit, Genuss, Vergnügen oder Hingabe. Die Antwort auf die Frage, worin ein guter musikalischer Rhythmus besteht, sollten wir deshalb vielleicht lieber einem Musikkenner überlassen als einem Arzt. Und die Frage, worin ein guter sexueller Rhythmus besteht, ist bei Dichtern und Romanautoren möglicherweise besser aufgehoben als bei Philosophen.

Wenn alle Rhythmen harmonieren

Ein Großteil des Sexualverhaltens besteht aus Wiederholung. Oberflächlich betrachtet führen die Menschen jahraus, jahrein stets die gleichen Handlungen aus, und zwar mit dem stets gleichen Ziel: Befriedigung. Das sexuelle Spiel besitzt zyklische und lineare Rhythmen bzw. Wiederholungen mit und ohne wahrnehmbare Variationen.

In Ronald Gipharts Roman *Ik ook van jou* (Ich dich auch) findet sich die wundervolle Beschreibung eines idealen Zusammenspiels des linearen Rhythmus des Auf und Ab und der zyklischen Rhythmen der Streicheleinheiten und der Berührungen.[67] Ronald, der Protagonist des Romans, wird von Reza entjungfert, einem Mädchen mit einem guten Gefühl für Rhythmen:

Die Welt hat sich geändert, jetzt gibt es nur noch dieses eine Mädchen. Du spürst, wie sie sich bewegt, auf und ab. Du berührst ihre kleinen Brüste mit den Händen, schnippst mit dem Finger gegen ihre Brustwarze. Du streichelst ihren Bauch, den Rücken, den Nacken, das Haar. Auf – ab. Du fasst sie an ihren Hüften, drückst sie nach unten. Auf und ab. Du richtest dich wieder auf, leckst ihre Brüste und lässt dich wieder fallen. Auf – ab. Du hörst dich selber stöhnen und spürst, dass das Mädchen die Bewegungen beschleunigt. Auf – ab, auf – ab. Du versuchst, dich ihr anzupassen, es will dir nicht recht gelingen.
„Ruhig, ruhig", flüstert das Mädchen. „Lass mich nur machen." Was für ein liebes Mädchen! Wie schön es ist! Du siehst im Dunkeln die Augen und vergisst den Anblick nie mehr. Auf – ab. Du lässt die Arme neben den Körper sinken und schließt die Augen. Auf – ab. Du spürst ein Kribbeln zwischen den Zehen. Das Mädchen spürt es auch und ändert seinen Rhythmus. Auf – langsam. Du seufzt und bäumst dich auf, stößt den Atem aus und spannst die Muskeln. Auf – langsam. Du schaust sie an, sie schaut dir in die Augen. Auf – langsam ...

In dieser Szene scheinen alle Rhythmen zu stimmen. Die linearen Rhythmen des „auf und ab" und des „Auf – langsam" bilden einen Zwei-Viertel-Takt, auf den mehrere Takte Pause folgen. Eins-und-zwei-und (auf und ab). Pause. Eins-und-zwei-und. Pause. Die beiden Varianten des linearen Rhythmus („auf und ab" bzw. „Auf – langsam") stören einander nicht.

Dazu kommen aber noch die regelmäßigen zyklischen Rhythmen des wiederholten Streichelns, Leckens, Berührens, Schauens, Seufzens und Aufbäumens. Jeder Zyklus der Berührungen wird abgelöst von einem „Auf und ab". Danach beginnt das Streicheln von vorn: Es sind dieselben Bewegungen und trotzdem neu. Diese

zyklischen Rhythmen beeinträchtigen einander nicht, eine Strei-
chelbewegung geht bruchlos in die nächste über.

Der Wechsel zwischen linearen und zyklischen Rhythmen geschieht nicht nur in der geschilderten Szene wie von selbst, sondern auch im Text. Es ist, als wechselten sich der lineare und der
zyklische Rhythmus immer wieder zum richtigen Zeitpunkt ab.
Dieser Text *funktioniert*: Der Rhythmus der Bewegungen spiegelt
sich im Rhythmus der Sätze wider.

„Eine Erzählung kann nur funktionieren, wenn der Rhythmus
ihr untergeordnet ist", schreibt Thomas Verbogt in seinem Buch
Schrijven is ritme (Schreiben ist Rhythmus). „Der Rhythmus des
Satzes muss dem Inhalt etwas hinzufügen oder mit ihm identisch
werden."[68] Genau das ist bei Giphart der Fall. Der Rhythmus der
Sätze wird eins mit dem Rhythmus der sexuellen Handlungen. Die
Buchseiten triefen vor Erotik.

Das ideale Verhältnis zwischen linearen und zyklischen Rhythmen wird durch den gemeinsamen Rhythmus verstärkt, der sich
aus den Bewegungen des Jungen und des Mädchens zusammensetzt. „Das Mädchen ist verdammt gut ...", denkt der Junge zwischen einem „Auf – langsam" und einem „Ab – langsam". Als Ronald sich dem „auf und ab" des Mädchens anzupassen versucht,
droht der Rhythmus einen Augenblick lang aus dem Takt zu geraten. Seine Geliebte beruhigt ihn: „Lass mich nur machen." Als es
in seinen Zehen zu kribbeln anfängt, verändert sie den Rhythmus.
Das wiederholt sie einen Augenblick später, als es in seinen Schenkeln kitzelt, und dann wieder, als das Kribbeln sein Becken, seinen
Anus, seine Hoden erreicht. Jetzt wechselt sie zu einem fast mechanischen Rhythmus über, bei dem es nur noch um ein Auf-ab-
auf-ab geht. Sie unterdrückt einen Schrei. Der Protagonist ist entjungfert.

Das hat der Mann aus der Talkshow von Sophie Hilbrand mit Sicherheit nicht erlebt. Fast jeder, dem ich Giphards Szene zu lesen
gebe, erkennt die Situation wieder. Das liegt wohl daran, dass wir

instinktiv wissen, ob ein Rhythmus gut ist oder nicht. Ein guter Rhythmus erregt in uns ein Gefühl von Wohlbefinden, Genuss, Gesundheit, Harmonie. Einen solchen Rhythmus beachten wir nicht weiter, er bildet den unhinterfragten Horizont oder Hintergrund, vor dem sich die alltäglichen Ereignisse abspielen. Erst wenn der Rhythmus gestört wird, wenn sich Arrhythmie einstellt und wir Lustlosigkeit empfinden, Unbehagen oder Ärger, wenden wir uns dem Rhythmus zu.

Die Antwort auf die Frage, was denn einen guten Rhythmus ausmache, könnte also lauten: Ein guter Rhythmus ist ein Rhythmus, bei dem wir uns einfach wohlfühlen. Mit Betonung auf „einfach", denn ein guter Rhythmus fällt im Alltagsleben nicht auf. Er ist einfach da, weil er einfach gut ist.

Damit sind dann auch die Fragen nach dem guten Rhythmus oder nach den Ursachen einer Rhythmusstörung beantwortet. Die Ursachen für eine Arrhythmie oder einen gestörten Rhythmus liegen in einem zu hohen oder einem zu niedrigen Wiederholungstempo, in einer zu hohen oder zu geringen Variationsdichte und in einer mangelnden Ordnung.

Beim Mann aus der Talkshow fehlte es entweder ihm oder der Frau an Ordnung oder Takt, wodurch sowohl die linearen als auch die zyklischen Bewegungen ins Stocken gerieten. Möglich ist aber auch, dass beide das Tempo nicht halten konnten oder zwischen den Streicheleinheiten und den eher mechanischen Bewegungen kein ausreichender rhythmischer Wechsel stattfand. Vielleicht passten die Rhythmen, die dem Mann und der Frau von Geburt an mitgegeben worden waren, nicht zueinander oder sie mochten einander nicht genug, um den eigenen Rhythmus dem anderen unterzuordnen. Es könnten aber auch äußere Rhythmen die Rhythmen der beiden gestört haben. Jeder Rhythmus ist relativ, schreibt Lefebvre. Er steht immer in einer Beziehung zur Umgebung.[69] Wer weiß, vielleicht hat der Mann ja während des Schäferstündchens eine Musik aufgelegt, die genau zu seinem eigenen Körperrhythmus passte, dem der Frau aber vollkommen widersprach?

Was in diesem Fall wirklich die Ursache für den schlechten Rhythmus war, wird sich nicht mehr eruieren lassen. Was nicht weiter schlimm ist, da die Geschichte nur illustrieren soll, dass wir, ohne auf Worte zurückgreifen zu müssen, instinktiv *wissen*, was ein guter Rhythmus ist.

Vielleicht ist das der Grund, warum uns die Definition auch so schwerfällt. Am besten einigen wir uns auf die Feststellung, dass die Spannung (oder auch Ordnung) zwischen Variation und Wiederholung, zwischen zyklischen und linearen Rhythmen eine entscheidende Rolle spielt. Ist diese Spannung ideal, fühlen wir uns wohl.

Doch um diese Spannung zu erreichen, braucht es einen dritten, Ordnung schaffenden Begriff: Gesundheit oder normale Alltäglichkeit. Vielleicht aber auch Schönheit, Genuss, Hingabe oder etwas ganz anderes.

II

Ursprung und Funktion von Rhythmen

4

Heilige Unterbrechungen

Rhythmus und Religion

Am Ostersonntag werde ich vom Lärm einer Säge geweckt. Der Nachbar steht auf dem Balkon und sägt ein Brett durch. Ein wenig später höre ich, wie er mit einem Hammer Nägel ins Holz schlägt. Der ganze Innenhof dröhnt vom Lärm.

„So was gehört doch verboten", stöhne ich.

Mein Freund, ein Morgenmensch, grinst und sagt: „Soll ich ihn fragen, ob er das Kreuz von Jesus zimmert?"

„Nicht nötig. Das Kreuz wurde an einem Freitag gebaut."

Ich drehe mich um und döse wieder ein. Doch einen Augenblick später reißt mich die Nachbarin auf der anderen Seite aus dem Schlaf.

Sie steht auf dem Balkon und kreischt: „Hey, es ist Sonntagmorgen. Geht's auch ein bisschen leiser!"

Der Hammer des Nachbarn bleibt in der Luft hängen. Auf einmal ist es totenstill. Ich lausche gespannt, was jetzt passiert. Es passiert nichts. Beim Nachbar bleibt es ruhig. Die Nachbarin schließt ihre Balkontür.

Der Nachbar respektiert die Sonntagsruhe. Er hat keine Ahnung, ob die Nachbarin gläubig ist oder nicht. Ich nehme an, sie hat auf den Sonntagmorgen verwiesen, weil der Sonntag noch immer ein starkes Argument ist. Wenn sie gesagt hätte: „Hey, kannst du nicht aufhören, ich will ausschlafen", wäre das weniger schlagkräftig gewesen.

Sonn- und Feiertage sind besondere Tage. Auch für einen unreligiösen Menschen. Rudert man am Sonntagmorgen durch die Grachten von Amsterdam, hört man jedes kleine Geräusch, so still ist es. Schulen, Fahrradgeschäfte, Postämter, Banken, Werkstätten und

Rathäuser sind geschlossen. In den Krankenhäusern läuft nur der Notdienst. Frühaufsteher machen Sonntagsspaziergänge, joggen oder fahren Fahrrad. Langschläfer schlafen lange, brunchen spät und setzen sich dann in Schlafanzug und Morgenmantel vor den Fernseher oder Computer. Ein paar Leute gehen sogar in die Kirche.

Sonn- und Feiertage unterbrechen den Alltag. An diesen Tagen legt man die Arbeit nieder, manchmal sogar den Haushalt, um für nicht alltägliche Tätigkeiten Zeit zu haben. Sonn- und Feiertage sind der Entspannung vorbehalten: Familienbesuche, Sport, Kultur, Ausschlafen, Computerspiele, Herumhängen, Nichtstun. Kurz: alles, was sich von dem unterscheidet, was wir an Werktagen tun. Obwohl nur sehr wenige Menschen am Sonntag tatsächlich die Messe besuchen, arbeiten ungefähr 95 Prozent der Bewohner der Niederlande an Sonn- und Feiertagen nicht.[70]

Das Verhältnis von Sonn- und Feiertagen zu Werktagen ähnelt der geordneten Beziehung zwischen der zyklischen und der linearen Wiederholung, wie ich sie im vorigen Kapitel beschrieben habe. Der tägliche Sonnenauf- und Sonnenuntergang erschafft eine Linearität von mehr oder weniger gleich aussehenden Tagen. Diese unterscheiden sich nicht durch ein deutlich erkennbares natürliches Phänomen, wie dies bei Sommer und Winter der Fall ist. Ein Tag reiht sich gleichförmig an den anderen, was ziemlich langweilig sein kann.

Möglichkeiten, diesen Trott aus austauschbaren, sich ständig wiederholenden Tagen zu durchbrechen, bieten die Erstellung von Zyklen und die Benennung der Elemente, aus denen sie sich zusammensetzen. Die lineare Reihe

Tag-Tag-Tag-Tag-Tag-Tag-Tag-Tag-Tag-Tag-...

verwandelt sich in den Zyklus

Sonntag-Montag-Dienstag-Mittwoch-Donnerstag-Freitag-Samstag-Sonntag-Montag-Dienstag-...

76

Die Tage der ersten Reihe sehen alle gleich aus, während sich die der zweiten deutlich voneinander unterscheiden. Die Zyklen bringen Variation und damit eine Qualität in die ewig gleichen Tage. Eine weitere Qualität bildet zudem die Zuordnung einer bestimmten Bedeutung: Sonntag ist Ruhetag, Montag ist Waschtag oder erster Arbeitstag, Mittwoch der Tag, an dem ich zu Hause arbeite bzw. Kindertag, Freitag ist Fischtag oder der letzte Arbeitstag der Woche, und Samstag ist Einkaufstag oder Fußballtag.

Somit variiert die zyklische Wiederholung von Tagen mit ihren spezifischen bedeutungschaffenden Namen die Linearität der ewig gleichen, sich ständig wiederholenden Tage. Eine zusätzliche Bedeutungsdimension öffnet sich mit den stets wiederkehrenden Sonn- und Feiertagen, die sich gegenüber den übrigen Tagen durch das Aussetzen der Alltagsarbeit auszeichnen. Die arbeitsfreien Tage heben sich aus der Reihe von Alltagen hervor. An diesen zur Außerordentlichkeit geadelten Tagen lassen wir die Trivialität des Alltags hinter uns.

Das Besondere pflegen wir mit Ritualen und Zeremonien zu feiern: Das neue Jahr wird mit einem Feuerwerk begrüßt, haben wir Geburtstag, essen wir Kuchen, an Weihnachten wird ein Baum verziert und am Königstag kleiden wir Niederländer uns orangefarben.[71]

Dadurch, dass wir bestimmte Tage als außerordentliche oder nicht alltägliche aus dem Strom der gewöhnlichen Tage hervorheben und an ihnen mit lieben Menschen etwas Besonderes unternehmen, zeigen wir, dass uns diese Dinge und diese Menschen wichtig sind. Halten wir diesen rhythmischen Wechsel von Alltag und besonderen Tagen ein, bekennen wir uns zu altbewährten Werten wie Solidarität und Gemeinschaft.

Es war die Religion, die die Qualität des Alltagslebens dadurch erhöhte, dass sie gewisse Stunden, Tage oder Zeiträume zu besonderen Augenblicken erhob und dadurch vom gewöhnlichen Rest trennte. Schon seit Jahrtausenden rhythmisieren Rituale und andere religiöse Handlungen das Leben der Gläubigen und geben ihnen das Gefühl, Teil eines größeren Ganzen, Teil der göttlichen kosmischen Ordnung zu sein. Der Soziologe Émile Durkheim (1858–1917) behauptet in seiner Studie über die elementaren Phänomene des religiösen Lebens, dass sich alle Religionen zwischen Alltag und Nicht-Alltag, das heißt zwischen dem „Profanen" und dem „Sakralen", auf absolute Weise unterscheiden.[72] Absolut deshalb, weil wir auch heute noch vor einem solch heiligen Augenblick (einer Feierlichkeit, einem klassischen Konzert oder einem kollektiven Moment der Stille) das Handy ausschalten. Umgekehrt fänden wir es höchst unpassend, wenn jemand während einer Konferenz plötzlich anfinge zu beten.

Der von den Religionen geschaffene Unterschied zwischen Alltag und besonderen Augenblicken bringt nicht nur Variation in unser Leben, sondern verpflichtet uns auch dazu, diese ungewöhnlichen Momente zu feiern. Wie aber geht der moderne Mensch mit diesem rhythmischen Erbe um? Haben wir heutzutage noch ein Interesse daran, besondere Augenblicke gemeinsam zu begehen? Legen wir noch Wert auf eine scharfe Trennung zwischen Alltag und Nicht-Alltag?

Das Sakrale und das Profane

Alle Religionen, so definiert Durkheim, „setzen eine Klassifizierung der realen oder idealen Dinge, die sich Menschen vorstellen, in zwei Klassen, in zwei entgegengesetzte Gattungen voraus".[73] Etwas gehört der Wirklichkeit an oder jenem Bereich, der die Wirklichkeit übersteigt, das heißt dem Erhabenen, der Vorstellung oder dem Ideellen. Die Grenze zwischen diesen beiden Bereichen ist absolut; der eine Bereich umfasst alles Alltägliche, der andere alles Heilige. Durkheim glaubt, dass nichts derart radikal voneinander getrennt und einander gegenübergestellt wird wie das Profane und das Sakrale.[74] Nicht einmal Gut und Böse sind so strikt voneinander geschieden, weil sie demselben Bereich der Moral zugeordnet werden. Das Profane und das Sakrale jedoch gehören vollkommen getrennten Welten an, der alltäglichen Welt einerseits und der nicht alltäglichen andererseits. Man kann sich nicht in beiden Welten gleichzeitig aufhalten.

Religionen scheiden das Profane und das Heilige sowohl räumlich als auch zeitlich voneinander. Diese Trennung hat eine gemeinschaftsbildende Wirkung: Die Religionsanhänger werden in heiligen Räumen und während der heiligen Momente durch den Glauben und durch die gemeinschaftlichen Praktiken, mit denen sie dem Glauben Ausdruck verleihen, zusammengeschmiedet.[75]

Räumliche und zeitliche Markierungen helfen den Gläubigen dabei, sich dieser Trennung stets bewusst zu sein: Um die heiligen Räume wird eine Mauer gezogen, sie werden mit schweren Türen verschlossen. Beim Betreten sind rituelle oder zeremonielle Handlungen zu verrichten, außerdem werden die Gläubigen mithilfe von Glockengeläut oder mit dem Ruf des Muezzins zum Besuch des Gottesdiensts aufgefordert. Schon seit mehr als sechshundert Jahren markiert in Westeuropa das Läuten der Kirchenglocke den Moment, in dem die profane Zeit der Arbeit und des Haushalts endet und die heilige Zeit des Gottesdiensts beginnt.[76]

Nach Durkheims Ansicht ist das Wichtigste an diesen heiligen Räumen und Zeiten, dass sie den Gläubigen, die sich darin regelmäßig versammeln, ganz bestimmte Erfahrungen ermöglichen. Die immer gleichen rituellen und zeremoniellen Handlungen bilden das, was er den „Kult" nennt: „ein System von Riten, von Festen, von verschiedenen Zeremonien, denen allen gemeinsam ist, daß sie periodisch wiederkehren".[77] Der Kult stillt das Bedürfnis des Gläubigen, sich in regelmäßigen Abständen mit dem Erhabenen oder Nichtalltäglichen eins zu fühlen. Wer einmal eine Religion praktiziert hat, weiß, dass ein Kult Freude, innerliche Ruhe und Enthusiasmus mit sich bringt. Diese Erfahrung ist ein Ausweis des Glaubens, sagt Durkheim.[78] Aber auch für den Nicht-Religiösen spielt die Idee des Kults eine große Rolle, weil die Religion Quelle allen sozialen Lebens ist: „Wenn die Religion alles, was in der Gesellschaft wesentlich ist, hervorgebracht hat, dann deshalb, weil die Idee der Gesellschaft die Seele der Religion ist."[79] Durkheim schließt daraus, dass eine Gemeinschaft nur so lange existiert, wie sie die Notwendigkeit verspürt, in regelmäßigen Abständen die kollektiven Gefühle und Vorstellungen über das, was die Menschen verbindet, zu ehren und dadurch zu bestätigen.[80] Sobald die Gemeinschaft kein Bedürfnis mehr hat, zusammen Silvester und Neujahr, den Nationalfeiertag, den Sonntag oder andere außerordentliche Tage zu feiern, droht die Gefahr ihrer Auflösung.

„Zwei Arten des In-der-Welt-Seins"[81]

Der Religionshistoriker Mircea Eliade (1907–1986) wechselt nicht so leicht vom religiösen in den nicht religiösen Sozialbereich wie Durkheim. Doch auch er ist davon überzeugt, dass der Unterschied von Sakralem und Profanem für die Religionen typisch ist. Die beiden Bereiche sind für ihn „zwei Arten des In-der-Welt-Seins, zwei existenzielle Situationen, die der Mensch im Laufe seiner Geschichte ausgebildet hat".[82] Das Profane ist das alltägliche In-der-Welt-Sein, während dessen die Zeit weiterläuft. Das Sakrale dagegen unterbricht die Zeit, wodurch sich dem Gläubigen der Blick öffnet auf das Nicht-Zeitliche, das Göttliche, das Kosmische, kurzum: auf das Heilige.

Eliade widmet seine Forschungen der religiösen Erfahrung in verschiedenen historischen Perioden und Kulturen. In *Kosmos und Geschichte. Der Mythos der ewigen Wiederkehr* (1949) beschreibt er, wie sich primitive Völker am Kosmos orientieren, um überleben zu können, im Glauben, dass dort eine heilige, göttliche Ordnung existiere, die dem Menschen ein Vorbild sein könne. Durch die in regelmäßigen Abständen ausgeführte rituelle und feierliche Nachahmung der Erschaffung des Kosmos wird der einzelne Mensch in das Heilige der kosmischen Ordnung aufgenommen.[83] Aus diesem

Grund feiert man mit jeder menschlichen Schöpfung, ehelichen Vereinigung oder Eroberung eines neuen Terrains die Kosmogonie neu:

> Sich in einem Gebiet niederlassen, eine Wohnstatt bauen heißt also immer [...] eine lebenswichtige Entscheidung treffen. Denn es gilt, die Erschaffung der Welt zu übernehmen, in der man leben will, d. h. das Werk der Götter, die Kosmogonie, nachzuahmen.[84]

Während der rituellen Feiern werden die Teilnehmer mit dem mythischen Ereignis des „am Anfang" verbunden und damit wird der eintönige Lauf der gewöhnlichen Zeit unterbrochen. Früher wie heute versetzt ein Fest den Menschen aus dem Trott des täglichen Lebens in die heilige Zeit. Die Gefahren, die beim Übertritt von einer Zeit zur anderen entstehen, werden durch Rituale wie den Wechsel von Alltagskleidung zu Toga, das Anlegen eines Sonntagskleids oder eines neuen Anzugs gebannt, aber auch das Ausbringen eines Toasts bei einem Festessen erfüllt diesen Zweck.

In *Das Heilige und das Profane* überträgt Eliade das beim primitiven Menschen bestehende Verhältnis zwischen dem Sakralen und dem Profanen auf die Gegenwart. Auch der religiöse Mensch von heute hält durch das Begehen von Feiertagen wie Weihnachten oder Ostern die profane Zeitdauer an und fügt eine heilige Zeit ein.

Der nicht religiöse Mensch kennt kein Anhalten der Zeit und damit auch keine heiligen Intervalle, weil die Zeit für ihn weder Brüche noch Geheimnisse besitzt.

> Wie verschiedenartig die zeitlichen Rhythmen auch sein mögen, die er (der nichtreligiöse Mensch, M. H.) erlebt, wie unterschiedlich ihre Intensität auch empfunden werden kann, der nicht religiöse Mensch weiß, daß es sich immer um eine menschliche Erfahrung handelt, in die keine göttliche Gegenwart sich einschalten kann.[85]

Der nicht religiöse Mensch könne dem Alltagstrott nicht entgehen, da er es nicht vermag, die Alltagszeit periodisch wiederkehrend anzuhalten. Er werde nie einen Zugang zum Nichtalltäglichen oder Heiligen erhalten. Seine Zeit ist zur Eintönigkeit verdammt. Ohne die Unterbrechungen des Heiligen lebt er ein Leben, das mit der Geburt seinen Anfang nimmt und schließlich zum Tod führt.

Der rumänische Religionswissenschaftler verwehrt dem nicht religiösen Menschen damit die Möglichkeit, sich die Theorie des Sakralen und des Profanen auf eine neue Art und Weise anzueignen. Ein Wechsel von profanen und sakralen Zeiten ist den religiösen Sphären vorbehalten, und die Alltagszeit kann ausschließlich durch eine sakrale Zeit unterbrochen werden. Nicht heilige Unterbrechungen sind in seinen Augen keine wahren Unterbrechungen, weil sie dem Alltagsbereich entstammen. Ein Mensch, der nicht an Gottes Anwesenheit glaubt, kann die heilige Zeit des Nichtalltäglichen deshalb nicht erfahren. Für mich ist das ein Zirkelschluss.

Dieser löst sich jedoch auf, wenn man das Nichtalltägliche weiter fasst und auch auf das Nichtreligiöse erweitert, das heißt auf das Außergewöhnliche von weltlichen Festen zum Beispiel oder auf Augenblicke der Stille, besonders schöne Sonntagmorgen des Müßiggangs oder politische Demonstrationen, bei denen die Teilnehmer sich im Kampf gegen eine Welt ohne Hunger und Gewalt vereint fühlen. Außerdem feiern auch viele Nichtgläubige Weihnachten, Ostern und andere ursprünglich religiöse Feste. Sie treffen sich zum Tautreten am Himmelfahrtstag und zum Weihnachtsessen im Restaurant.

Eliade übersieht einen wichtigen Punkt: Es war ausgerechnet die Religion, die am Ende dazu führte, dass der Mensch sich von der „heiligen Ordnung" des Kosmos distanzierte. Denn ausgerechnet die Religion trieb die Entwicklung von Uhren, Kalendern und anderen Zeitmessern voran, wodurch sich der Mensch nicht länger an der kosmischen Ordnung orientieren musste. Die Klöster erfanden die Uhren und Kalender und damit auch den heutigen Lebensrhythmus, der weniger religiösen als nicht religiösen Zwecken dient.

Aus diesem Grund will ich mich nun diesen von der Religion eingeführten Mitteln zuwenden, die zur Folge hatten, dass der Mensch sich vom heiligen Kosmos ab- und anderen Lebensrhythmen zuwandte.

Die Abwendung vom Kosmos

Heute wird allerorten geklagt, dass wir unter dem Diktat der Uhr stehen. Es herrscht allgemein der Glaube, die öffentliche Uhr und der Kalender seien in der profanen Welt erfunden und verbreitet worden. Doch es waren die religiösen Institutionen, die im Kalender und in der Uhr geeignete Mittel erfanden, die genaue Abfolge von profanen und sakralen Zeiten festzulegen und eine gemeinsame Zeitordnung zu schaffen.

Tausende von Jahren hatten sich die religiösen Führer am Himmel orientiert, bevor sie schließlich nach irdischen Instrumenten der Zeiterfassung suchten. Eines dieser Instrumente war der julianische Kalender, den sich Julius Caesar 45 vor Christus ausdachte und der mehr oder weniger synchron mit den Bewegungen der Sonne und des Mondes verlief. Von nun an regelte nicht länger der Himmel das Alltagsleben des Menschen, sondern die Gesetzmäßigkeiten des Kalenders.[86] Seit dem 11. Jahrhundert tüftelten Klosterbewohner in ganz Europa an Konstruktionen, mit deren Hilfe die Zeit zwischen den Gebeten bestimmt werden konnte, und zwar auch nachts.[87] Ein Beispiel dafür ist der Kerzenwecker, bei dem Metallstifte in regelmäßigen Abständen in das Wachs einer Kerze gesteckt wurden und beim Abbrennen der Kerze in annähernd gleichen Zeitabständen klirrend in eine Schüssel fielen.[88]

Doch bald wurden solch primitive Konstrukte von mechanischen abgelöst. Im 13. Jahrhundert verfügten die Klöster bereits über Uhrwerke, die von Gewichten angetrieben wurden.[89] Oft waren das astronomische Uhren, die nicht nur die Stunden anzeigten, sondern auch die Mondphasen und die Position der Sonne im jeweiligen Tierkreiszeichen. Damit war der Blick zum Himmel überflüssig geworden.

In kürzester Zeit verbreitete sich das Uhrwerk auch außerhalb der Klöster. Im vierzehnten Jahrhundert führte man die Stunden gleicher Länge ein und hob damit die bisherige Einteilung in lange Sommer- und kurze Winterstunden auf. Dann wurden die ersten großen mechanischen Uhren mit Schlagwerk in die Kirchtürme eingebaut, anfangs ohne Zifferblatt, denn es reichte aus, die Glockenschläge zu zählen, um zu wissen, wie spät es war. Seit Ende des 15. Jahrhunderts beteiligten sich öffentliche Stadtuhren an der Zeitangabe. Sie standen oft mitten auf einem Platz der Stadt.

Aber auch außerhalb der Klöster wurden Zeitmessmethoden entwickelt, um den Rhythmus für das Gebet und andere religiöse Verpflichtungen diktieren zu können. Spätmittelalterliche Stundenbücher gaben an, welche Tageszeiten („Stunden" oder „horae") für das Gebet oder religiöse Übungen am besten geeignet waren. Auf den ersten Seiten befand sich meist ein Kalender, auf dem die Fest- und Heiligentage aufgezeichnet waren, die der Besitzer unbedingt einhalten sollte.[90]

Auch der gregorianische Kalender, der heute international als (säkularer) Standardkalender anerkannt ist, besitzt einen religiösen Hintergrund. Er verdankt seinen Namen Papst Gregor XIII., der 1582 den julianischen Kalender um zehn Tage verkürzte und eine neue Regelung für das Schaltjahr einführte.[91] Damit war das Problem, dass sich das Osterfest im Laufe der Jahrhunderte immer früher ins Jahr verschob, gelöst. Der gregorianische Kalender legte das Datum für den Ostersonntag fest: Er fällt nun jedes Jahr auf den ersten Sonntag nach dem ersten Vollmond im Frühling.

Noch immer verweisen die meisten Feiertage im säkularen modernen Kalender auf Ereignisse der christlichen Geschichte, u. a. auf Weihnachten (die Geburt Christi), Ostersonntag (Wiederauferstehung), Himmelfahrt (Christi Himmelfahrt) und Pfingsten (Entsendung des Heiligen Geistes).

Die Kalender der beiden anderen großen monotheistischen Religionen, des Judentums und des Islam, sind durch die Vorherrschaft des gregorianischen Kalenders auf dem Welttheater in den Hintergrund gedrängt worden. Aber obwohl der gregorianische Kalender fast überall für säkulare Zwecke eingesetzt wird, halten nicht nur Judentum und Islam, sondern auch viele andere Religionen für religiöse Zwecke am eigenen Kalender fest.

Die Verführung ist groß, mit dem Badewasser der Religion auch die Uhr, den Kalender und den periodischen Wechsel von profaner und sakraler Zeit auszuschütten. Der eingeschworene Atheist wird behaupten, solche Feiern der Ruhe und Gemeinsamkeit seien ein einschnürendes Korsett. Sie nehmen dem Individuum die Freiheit, seine Zeit selbst einzuteilen. Doch bevor wir diesen Schluss ziehen wollen, betrachten wir uns doch mal näher, welche Funktion die rhythmisch wiederkehrende Feier von außergewöhnlichen Augenblicken für Mensch und Gesellschaft überhaupt hat.

Die soziale Kraft religiöser Rhythmen

Die erste und meines Erachtens älteste Funktion der religiösen Rhythmen liegt darin, dass sie das Überleben der Gemeinschaft sichern und dadurch auch das Überleben des Individuums in ihr. Rhythmen von Tanz, Lied und Musik scheinen dabei stets mit religiösen Rhythmen verwoben zu sein.

Der berühmte Historiker William H. McNeill (1917–2016) glaubt, dass sich die Überlebenschancen in einer archaischen Jägergemeinschaft durch Tanzen erhöhten, da der Tanz die Jagd imitierte und die Jäger dabei lernten, sich aufeinander einzuspielen. Werden die Tanzrhythmen von mehreren Personen gleichzeitig ausgeführt, schafft dies (auch heute noch) emotionale Verbundenheit, und das Zusammenspiel dieser Personen verbessert sich. Beim stundenlangen gemeinsamen Tanzen werden die Grenzen des einzelnen Ichs überwunden, das sich in ein größeres Ganzes aufgenommen fühlt.

Deshalb spielte der Tanz, auch nachdem der Mensch Sprache entwickelt hatte, eine wichtige Rolle in religiösen Systemen und Praktiken.[92]

Die Überlebenschancen der frühen agrarischen Gesellschaften wuchsen, als Priester die Funktion des Rhythmusgebers übernahmen. Sie beobachteten die Bewegungen der Himmelskörper und berechneten anhand der daraus gewonnenen Erkenntnisse den richtigen Moment für das Ausbringen der Saat, für die Ernte und für den Aufbruch in den Kampf. Sie bestimmten auch kraft ihrer Autorität, wann ein Fest gefeiert werden sollte, wann man prassen und saufen durfte und wann gefastet werden sollte. Vermutlich retteten die Priester auf diese Weise die gemeinsamen Lebensmittelvorräte vor der Gier Einzelner,[93] wodurch Gemeinschaften mit Priestern überlebensfähiger gewesen sein dürften als Gemeinschaften ohne Priester.[94] Außerdem sicherten die Priester die Ordnung einer Gemeinschaft dadurch, dass sie die erhaltenden Gesetze und Regeln weitergaben, die ja in archaischen Zeiten noch nicht geschrieben vorlagen, sondern mündlich überliefert wurden. Damit war die Religion für Jahrtausende die wichtigste Quelle für die Rhythmen des menschlichen Lebens. Unterstützt wurden die archaischen Priester von den Astronomen, die, soweit man weiß, in frühen Zeiten stets im Dienst der Religion standen.[95]

Die religiöse Rhythmik der periodischen Feiern von Ruhe, Fest oder Gedenken stärkt außerdem den sozialen Zusammenhalt einer Gemeinschaft. Nicht nur weil Rhythmen auf emotionaler Ebene ein Gemeinschaftsgefühl erschaffen, sondern auch weil die Mitglieder dieser religiösen Gemeinschaften durch Tauf-, Ehe-, Begräbnis-, Initiations- und Einweihungsrituale aneinander gebunden und mit den gemeinsamen Werten vertraut gemacht werden.[96] Der „Kult" ist, um es mit Durkheim auszudrücken, ein Element der Gemeinschaft, er bildet ihre Einheit.[97] Eine solche Gemeinschaft, deren Mitglieder die Ansichten über die heilige und die profane Welt teilen und in gemeinschaftliche Praktiken überführen, nennt man eine Kirche. Zieht man aber dem Begriff der Kirche den allgemeineren der Gemeinschaft oder Gesellschaft vor, bedeutet das, dass auch in einer nicht religiösen Umgebung das Feiern von Geburtstagen, Feiertagen und Sonntagen eine sozial verbindende Funktion besitzt.

Rhythmen beeinflussen das körperliche und geistige Wohlbefinden der Mitglieder einer Gesellschaft positiv. Auf der Grundlage der Beobachtung der Sonne, des Mondes und der Sterne erstellten die Priester und andere religiöse Anführer Lebensrhythmen für ihre Gemeinschaften, die dem Wohlbefinden der einzelnen Mitglieder förderlich waren. Der Tag wurde durch Sonnenauf- und Sonnenuntergang präzise von der Nacht geschieden, dadurch konnten die Zeiträume für Wachsein und Schlafen eindeutig festgelegt werden. Auch den Wochenrhythmus haben wir den Priestern zu verdanken. Vor ungefähr fünftausend Jahren verehrten die Priester der sumerischen Kultur sieben große Götter, die über die natürliche Welt herrschten. Diese sieben Götter waren identisch mit den sieben beweglichen Himmelskörpern: Sonne, Mond, Merkur, Venus, Mars, Jupiter und Saturn, und, wie es der Zufall so will, auch mit den verschiedenen Mondphasen.[98]

Im jüdischen Kalender wird die Sieben-Tage-Woche an die Schöpfungsgeschichte aus der Genesis gekoppelt. Der Samstag wurde zum heiligen Tag, zum Sabbat. In der Feier des Sabbats unterscheiden sich die Juden von den Nicht-Juden:[99] Das Christentum feiert nach einer Sechs-Tage-Woche den Sonntag als Ruhetag,[100] der Islam beendet seinen eigenen Sieben-Tage-Zyklus mit dem Freitag, dem Tag des Gebets.[101]

Bei allen drei Religionen wird der eintönige Sieben-Tage-Rhythmus von einem Tag unterbrochen, der der sakralen Zeit angehört. Auch andere Kulturen kennen eine regelmäßige Einteilung der Tage, wobei es bis auf ein paar Ausnahmen fast immer auf eine Siebenerteilung hinausläuft. Immer gibt es Zeiten, die der Aktivität, und Zeiten, die der Stille oder Ruhe vorbehalten sind. Ein Tag pro Woche soll sich vom Rest der Tage unterscheiden. Offensichtlich ist es ein menschliches Bedürfnis, alle sieben Tage etwas Außergewöhnliches zu unternehmen.

Basierend auf den Beobachtungen der Sonne und des Mondes wurde das Jahr in Jahreszeiten und das Leben in Lebensphasen eingeteilt. Nicht nur in den bereits erwähnten Stundenbüchern, sondern zu allen Zeiten schufen die religiösen Führer eine Fülle von Vorschriften, was wann im Jahr zu erledigen sei. Die körperlichen Rhythmen, so zeigt sich dabei, richteten sich nach den Rhythmen der Himmelskörper.

Die religiöse Einteilung in Tage, Wochen und Jahre hielt sich strikt an die Trennung von Profanem und Sakralem, die jedoch Mensch und Gesellschaft nicht *nur* förderlich war. Durkheim unterscheidet positive und negative Formen des Sakralen. Das positiv Sakrale dient der physischen und moralischen Ordnung, stärkt das Wohlbefinden des Menschen und macht das Leben lebenswerter. Das negativ Sakrale bringt alles in Unordnung, verursacht Krankheit und Tod und stiftet zum Frevel des Heiligen an.[102] Die erste Form ist heilsam für den Menschen, die zweite sabotiert die heilsamen Kräfte.

Bei einem rituellen Fest kann es zu einem Ausbruch von Wut, Habsucht, Rache und anderen heftigen Gefühlen kommen, wonach die Gemeinschaft wieder zur Ruhe kommt. Wenn dieser Ausbruch aber Totschlag, Rache und noch größere Habsucht hervorruft, kann die Gemeinschaft daran zerbrechen.[103]

Daraus ergibt sich eine weitere Funktion der religiösen Rhythmen: die Schaffung von Disziplin. Die priesterlichen Rhythmen dienen dazu, die Mitglieder der Gesellschaft zu disziplinieren: Es gab für alles eine festgelegte Zeit. Es stand nicht an, Krieg zu führen, wenn es Zeit für Frieden war, oder üppig zu essen, nachdem die Zeit des Fastens angebrochen war. Allmählich entwickelte sich ein striktes Zeitregime: Zu verschlafen, wenn man die Messe einzuläuten hatte, wie dies Frère Jacques im französischen Kinderlied tut, war nicht geduldet.[104]

Ursprünglich wurde den Gemeinschaften die Disziplin von außen auferlegt, wobei die Priester als eine Art Durchreiche der göttlichen Ordnung fungierten. Doch mit der Zeit internalisierten die

Mitglieder der Gemeinschaft die Disziplinierung und es entstand eine Kombination aus „Fremdzwang" und „Selbstzwang", um die Begriffe des Soziologen Norbert Elias zu verwenden.[105] In vielen Fällen schien ein solcher Selbstzwang gar nicht mehr nötig zu sein, denn der Rhythmus wurde so verinnerlicht, dass die Menschen glaubten, er sei ihnen selbst oder ihrer Kultur eigen und mache sie zu dem, was sie sind.

Wir können den Rhythmus eines anderen nicht verstehen, ohne die Rhythmen seiner Kultur zu verstehen. Die Religionsanthropologin Fadwa El Guindi (* 1941) erforscht in ihrer Studie *By Noon Prayer* die Rhythmen des Islam und kommt zum Schluss, dass Religionen wie der Islam das Vermögen besitzen, Raum und Zeit zu einem Rhythmus zu verweben, den die Gläubigen, in diesem Fall die Muslime, „fühlen, erfahren, nach dem sie leben, mit dem sie denken und den sie verinnerlichen können".[106] Wer die Muslime begreifen will, muss zuerst den Rhythmus der islamischen Kultur begreifen lernen, so El Guindi.

Eine fünfte Funktion der religiösen Rhythmik besteht darin, dem Leben durch den Wechsel von profanen und sakralen Zeiten eine Bedeutung zu verleihen. Durch feste Lebensrhythmen und periodisch wiederkehrende Feiern erfährt der Mensch das Leben als sinnvoll. Genauer gesagt verhindern sie, dass der Mensch sich fortwährend die Frage nach dem Sinn des Lebens stellt. Wenn wir bereits beim Aufwachen wissen, was wir an diesem Tag tun müssen, gibt es keinen Grund, sich zu fragen, wozu das alles gut sein soll. Wir tun es einfach, basta.

Die bekanntesten Verse, in denen dieses Wir-tun-es-einfach am besten zum Ausdruck kommt, sind die des Predigers im Alten Testament, das auch den Juden ein heiliges Buch ist.

Ein Jegliches hat seine Zeit,
und alles Vornehmen unter dem Himmel hat seine Stunde.
Geboren werden und sterben,
pflanzen und ausrotten, was gepflanzt ist,

würgen und heilen, brechen und bauen,
weinen und lachen, klagen und tanzen,
Stein zerstreuen und Steine sammeln, herzen und ferne sein von
Herzen,
suchen und verlieren, behalten und wegwerfen,
zerreißen und zunähen, schweigen und reden,
lieben und hassen, Streit und Friede hat seine Zeit.
(Prediger 3:1–8, Lutherbibel, Ausgabe 1912)

Das Leben ist eitel, denn es vergeht nicht nur, sondern ist auch noch bedeutungslos; außerdem gibt es, wie es beim Prediger ebenfalls heißt, „nichts Neues unter der Sonne" (Prediger 1:9). Trotzdem war Gott so rücksichtsvoll, dem Menschen immer etwas zu tun zu geben. Alles Tun hat seine Zeit, weshalb im Umkehrschluss gilt: Das Nichtstun hat keine Zeit.

Eine letzte Funktion des Rhythmus liegt darin, ein Band mit dem Heiligen, dem Erhabenen oder dem Nichtalltäglichen zu knüpfen. In frühen Zeiten bestand dieses Band im Einssein mit einer größeren oder höheren Ordnung, die mithilfe von Ritualen und sakralen Gegenständen geschaffen wurde. Heute würden wir diese Verbundenheit mit einem größeren Ganzen eher „ökologisches Bewusstsein" oder „Holismus" nennen, sie besteht aus dem Bewusstsein, dass alles mit allem zusammenhängt. Doch kann die Verbundenheit mit dem Nichtalltäglichen oder dem Sakralen auch gewöhnlicher Natur sein. Durkheim verweist in diesem Zusammenhang auf Ideale, die uns mit einer Welt verbinden, die besser oder erhabener ist als unsere Alltagswelt.[107]

Neue Religiosität

Ein kritischer Kopf, der wenig mit Religion im Sinn hat, wird mir entgegenhalten, dass im 21. Jahrhundert von religiösen Einflüssen in Europa schwerlich die Rede sein kann. Mit der Industrialisierung, der Verwissenschaftlichung und der Mechanisierung des Weltbilds seien die Funktionen, die die Religion für das Überleben des Menschen hatte, das heißt sozialer Zusammenhalt und Wohlbefinden, Disziplinierung, Sinnstiftung und Verbundenheit mit dem Nichtalltäglichen, überflüssig geworden.

Diese „Säkularisierungstheorie" geht von einem engen Zusammenhang zwischen der Modernisierung, die im 17. und 18. Jahrhundert begann, und dem Schwinden der Religiosität aus. Je moderner die Gesellschaft, desto unreligiöser ihre Mitglieder. Seit einiger Zeit aber wird diese Schlussfolgerung infrage gestellt. Auch in der Spätmoderne hat die Religion noch eine gesellschaftliche Bedeutung. Sie ist dem Menschen weiterhin ein Bedürfnis, obwohl das religiöse Erleben nicht mehr so stark an Institutionen gebunden ist und sich mehr an dem orientiert, was man „Selbstverwirklichung und Selbstfindung"[108] bzw. „Sinnstiftung" nennen könnte.[109] In der gegenwärtigen Gesellschaft ist ein neuer „Megatrend Spiritualität" zu beobachten, der in der theologischen Literatur kontrovers diskutiert wird.[110] Religiosität wird damit mehr und mehr zur persönlichen Erfahrung des Individuums und zum Ausdruck einer Sinnsuche.[111]

Würde Mircea Eliade diese neue Religiosität noch als religiös bezeichnen? Hat die Suche nach einem wert- und sinnvollen Leben noch etwas mit der Erfahrung des Heiligen zu tun? Ich neige dazu, diese Frage zu verneinen. Nicht einmal die Spiritualisten setzen heute noch die „Anwesenheit eines Göttlichen" voraus. Aber hier steht nicht die Frage im Mittelpunkt, ob die moderne Religiosität etwas mit Gott oder dem Heiligen zu tun hat, sondern die Frage, warum wir trotz Säkularisierung und Individualisierung der Religiosität auch heute noch an den religiös begründeten Rhythmen festhalten. Eliade stellt fest: „[D]er profane Mensch bewahrt, ob er es will oder nicht, immer noch Spuren vom Verhalten des religiösen Menschen, nur sind diese Spuren ihrer religiösen Bedeutung entkleidet."[112]

Die Tatsache, dass wir uns weiterhin an der tradierten Ordnung der religiösen Rhythmusgeber orientieren, erklärt sich dadurch, dass auch heute noch sämtliche Funktionen, die oben im Zusammenhang mit dem rhythmischen Wechsel zwischen alltäglichen und nicht alltäglichen Stunden, Tagen, Wochen und Lebensphasen genannt wurden, eine große Rolle spielen.

Akkuaufladetage

Was hat es mit den Sonn- und Feiertagen auf sich? Der Sonntag als ungewöhnlicher Tag wird oft als religiöser Tag bezeichnet. Zu Recht, denn es sind vor allem die christlichen Parteien, die auf der Weiterexistenz der Sonntagsruhe bestehen.[113] Es gibt aber auch sehr viele nicht religiöse Menschen, die die Sonntagsruhe verteidigen und aus säkularen Gründen dafür plädieren, den Sonntag anders zu gestalten als den Donnerstag oder den Freitag: ohne Konsummöglichkeiten, nur den sozialen Aktivitäten und der Entspannung vorbehalten.[114]

Sonn- und Feiertage sind für viele Menschen Tage, an denen sie Dinge tun, die sie sonst nicht tun, Tage, an denen sie auf andere Gedanken kommen und das Leben genießen wollen, am liebsten ohne Arbeit und Haushalt. Man besucht eine Sonntagsmatinee, sieht fern, liest die Wochenendbeilagen der Tageszeitungen, besucht Freunde und Familie, macht einen Schaufensterbummel oder lümmelt den ganzen Tag im Morgenmantel in der Wohnung herum. Es gibt viele sonntägliche Aktivitäten, bei denen der Konsum ausnahmsweise nicht im Mittelpunkt steht, sondern Gemütlichkeit, Unterhaltung, Kontakt zu anderen Menschen, Entspannung, Musikhören, Filmeschauen, Museumsbesuche.

Sonn- und Feiertage haben in unserer Zeit eine neue Bedeutung erlangt. Man könnte sie „Akkuaufladetage" nennen, Tage, an denen wir uns erholen, herumlungern und den Alltag vergessen wollen.

Hier ist tatsächlich noch ein Wechsel von „profaner" und „sakraler" Zeit zu erkennen, aber in Form des Wechsels von gewöhnlicher und ungewöhnlicher Zeit. Dass wir diese Akkuaufladetage kollektiv zur gleichen Zeit feiern können, ist nur möglich, weil ungefähr fünf Prozent der Bevölkerung an diesen Tagen arbeiten. Das Bedienungspersonal in den Cafés bereitet alles vor, damit wir uns dort zum Brunch mit unseren Freunden treffen können. Lokführer und Zugbegleiter ermöglichen es uns, an diesen Tagen zu unseren Familien, in Vergnügungsparks oder einfach in die Natur zu fahren. Programmmacher stellen für uns ein Unterhaltungsprogramm zusammen. Museumswärter heißen uns im Museum willkommen. Servicepersonal bedient uns in Cafés und Restaurants. Musiker sorgen für die Entspannung, die durchs Ohr geht, Polizisten wachen über die Staus auf den Autobahnen und die Feuerwehr, Notärzte und Sanitäter, Ärzte, Pfleger und Krankenschwestern stehen für Notfälle bereit. All diese Leute müssen einen anderen Tag der Woche zu ihrem Akkuaufladetag wählen. Doch dieser Tag wird sich immer von einem Sonntag unterscheiden.

Erneute Aneignung

Wir befinden uns in einer Zeit des Übergangs. Heutzutage sind Kirche, Synagoge, Moschee und religiöse Gemeinschaften seltener der verbindende Faktor einer Gemeinschaft. Führt der zunehmende Mangel an religiös motivierter Gemeinschaftlichkeit zwangsläufig zu einem Verlust an weltlich motivierter Gemeinschaftlichkeit? Sind wir auf dem Weg zu einem politischen System, in dem die Menschen kaum noch über gemeinschaftliche, periodisch wiederkehrende Augenblicke verfügen, die der Ruhe, dem Feiern, dem Trauern vorbehalten sind?

Streng genommen gibt es in einer säkularisierten Welt keine heiligen Momente mehr. Alles kann jederzeit getan und erledigt werden, ungeachtet der Tages-, Wochen-, Jahres- und Lebenszeit. In einer 24-Stunden-Ökonomie braucht man zwischen alltäglichen und nicht alltäglichen Stunden keinen Unterschied mehr zu machen. Verspürt das Individuum ein Bedürfnis nach dem Nichtalltäglichen, kann es jeden beliebigen Moment zum besonderen Moment deklarieren.

Doch vieles, was das Leben schön, ungewöhnlich oder wertvoll macht, befindet sich außerhalb der Verfügungsgewalt des Individuums. Für ein Fest brauchen wir Freunde, Familie oder Bekannte, die bereit sind, ihren Alltag zu unterbrechen, um einen nicht alltäglichen Moment mit uns zu teilen. Stille kann nur entstehen, wenn eine Zeit abgesprochen wird, in der kein Lärm gemacht werden sollte. Dabei spielen auch Gewohnheiten eine große Rolle: Haben sich alle daran gewöhnt, dass am Sonntag Ruhe herrscht, fühlt man sich rasch gestört, wenn am Sonntagmorgen plötzlich losgehämmert wird. Meist genügt es, den Ruhestörer an diese Gewohnheit zu erinnern.

Wie aber könnte ein rhythmischer Wechsel zwischen normalen und besonderen Tagen in einer nicht religiösen Umgebung aussehen? Wie scharf wollen wir die Grenze zwischen dem Alltäglichen und dem Nichtalltäglichen ziehen? Nimmt die Qualität von Sonn- und Feiertagen ab, wenn an diesem Tag Rechnungen im Briefkasten landen, der Fensterputzer kommt, Bewerbungsgespräche geführt werden oder Kollegen E-Mails schicken?

Ein Rezept für den besten Wechsel zwischen Normalem und Besonderem gibt es nicht. Man müsste im Alltag selbst ausprobieren, wo die Grenze zwischen den beiden idealerweise verläuft und der Wechsel im Einzelnen zu bewerkstelligen ist, und außerdem herausfinden, ob sich dadurch die Lebensqualität erhöht. Vielleicht sollten wir uns auch die Frage stellen, ob es nicht das Beste wäre, den althergebrachten Unterschied zwischen dem Sakralen und dem Profanen beizubehalten und ihn für die moderne Gesellschaft zu modifizieren.

5

Ein göttliches Hopsasa

Rhythmus und Musik

[...] – und noch jetzt, nach Jahrtausende langer Arbeit in der Bekämp-
fung solchen Aberglaubens, wird auch der Weiseste von uns gelegentlich zum Narren des Rhythmus, sei es auch nur darin, dass er einen Gedanken als wahrer empfindet, wenn er eine metrische Form
hat und mit einem göttlichen Hopsasa daher kommt.[115]
Friedrich Nietzsche

Der August war ursprünglich ein Erntemonat. Sobald die Ernte
eingefahren war, wurde ausführlich gefeiert. Man aß, trank und
tanzte nach Herzenslust und überließ die Vorräte bis zum Winter
sich selbst.[116] Von diesen alten Erntefesten sind kaum noch welche
übrig. Allerdings werden in den Niederlanden zum Beispiel um die
Erntezeit herum auffällig viele beliebte Festivals, Freiluftkonzerte,
Bier-, Wein- und Oktoberfeste gefeiert.[117]

Auch die Tourneen der niederländischen reisenden Theaterge-
sellschaft *De Parade* erinnern noch an die Erntezeit. Die Tournee
durch das Land endet traditionell im Amsterdamer Martin-Luther-
King-Park. Hinter einem hohen Zaun werden Theaterzelte errich-
tet, dazu ein Karussell, ein aus Bierkästen erbautes Museum, ein
hoher, hölzerner Aussichtsturm und zahlreiche Trink- und Fress-
buden. Am Eröffnungsabend strömen Tausende Besucher herbei.
Ein einsamer, an der Amstel entlangfahrender Radler hört nur ein
einziges lautes Summen, aus dem ab und zu ein Song, ein Trommelwirbel oder Applaus hervorsticht.

Allerdings gibt es dort noch eine weitere, ungewöhnliche Attraktion. Mitten auf dem Gelände steht die „Stille Disco": ein Bretterboden, umgeben von einem mannshohen Maschendrahtzaun. Nachdem man Eintritt bezahlt hat, nimmt man einen schnurlosen Kopfhörer in Empfang und betritt die Tanzfläche. Haben sich genug Besucher eingefunden, legt ein Discjockey auf. Der Beobachter vor dem Zaun sieht, wie sich seine Lippen bewegen und die Leute auf dem Tanzboden mit den Köpfen nicken. Auf ein geheimes Kommando hin scheinen sich die Tänzer in Bewegung zu setzen, alle Körper zucken im gleichen Rhythmus, die Männer und Frauen blicken sich an, lachen und machen sich Zeichen. Dem Publikum, das das Schauspiel außerhalb des Käfigs sehnsüchtig und erstaunt verfolgt, schenken sie keinerlei Beachtung. Nach zehn Minuten findet das Bewegungsspiel ein abruptes Ende. Die Kopfhörer werden abgesetzt, die Discobesucher verlassen den Käfig und begeben sich zur nächsten Attraktion.

Solch eine „Stille Disco" zeigt, wie ein musikalischer Rhythmus eine Menschenmasse in Bewegung setzen kann. Es ist unmöglich, in der „Stillen Disco" still stehen zu bleiben. Es gibt immer wieder Leute, die dies versuchen und sich dabei gründlich blamieren. Eine Erfahrung, die ein Mensch lieber vermeidet. Das göttliche Hopsasa, wie Nietzsche den Rhythmus nennt, verwandelt selbst den weisesten Mann in einen Narren: Sogar er würde, ausgestattet mit einem Kopfhörer, in diesem Drahtkäfig anfangen herumzuhüpfen. „Ohne mich", denkt der Schlaue und macht um das Käfiginnere einen großen Bogen. Zu gut kennt er die magische Kraft der Rhythmen und deren Vermögen, Menschen miteinander zu verbinden und zu etwas zu bewegen, was sie vermutlich von sich aus nicht tun würden.

Musikalische Rhythmen können uns unterschwellig in Bewegung setzen: Schultern, Hüften, Rumpf, Arme, Hände, Beine, Füße, Kopf und Gehirnzellen, alles fängt an zu zucken. Warum haben Rhythmen eine derart große Macht über die Menschen? Sind wir uns dieses Mechanismus bewusst oder findet er in einem Bereich statt, auf den wir keinen Zugriff haben?

Doch musikalische Rhythmen setzen uns nicht allein in Bewegung, sie vermitteln auch Wahrheiten, Bedeutungen, Gefühle und Werte. Ohne es zu merken, sind wir Botschaften ausgesetzt, die die Rhythmen in sich bergen. Heißt das, dass wir die Rhythmen beobachten und uns und unsere Kinder besser von ihnen fernhalten müssen? Oder ist das Unsinn, und wir können uns sorglos jedem Rhythmus hingeben?

Magische Kräfte

Schon vor Tausenden von Jahren wusste der Mensch, dass die Rhythmen des Tanzes, der Musik, der Rezitation, des Gesangs und der Poesie magische Kräfte besitzen, die in uns ein ungewöhnliches Verhalten hervorrufen. „Der Rhythmus ist ein Zwang", schreibt Nietzsche in *Die fröhliche Wissenschaft*, „er erzeugt eine unüberwindliche Lust, nachzugeben, mit einzustimmen; nicht nur der Schritt der Füsse, auch die Seele selber geht dem Tacte nach, [...]"[118]

Mit Rhythmen kann man den Menschen zu Ordnung und Regelmaß verlocken, aber auch zu Chaos und Unordnung, das heißt, um es mit Nietzsches Begriffen zu sagen: sowohl zum Apollinischen als auch zum Dionysischen. Während im 4. Jahrhundert vor unserer Zeitrechnung Griechen wie Platon der Jugend am liebsten nur die Rhythmen der Ordnung und des Regelmaßes zugestehen wollten, findet Nietzsche in den Tragödien des 6. und 5. vorchristlichen Jahrhunderts Hinweise darauf, dass auch dionysische Rhythmen eingesetzt wurden, um bestimmte Ziele zu erreichen.

Rhythmen in Tanz und Musik dienen seit archaischen Zeiten dazu, heftige Affekte wie Angst, Wut, Wahnsinn oder Rachsucht auszulösen. Man glaubte, dass sich die Seele des Menschen durch die Konfrontation mit solchen Ausbrüchen reinigen würde und dass danach ins Innere des Menschen wieder Ruhe einkehrte. Rhythmus war allgegenwärtig, man betete im Rhythmus, man sang im Rhythmus, auch weil man überzeugt war, dass die Götter auf diese Weise dazu verführt werden konnten, dem Menschen zuzuhören. Die gesungenen und gesprochenen Rhythmen verzauberten die Götter, die dabei ihre Macht verloren und zu Werkzeugen des Menschen wurden. Sogar Apollo, der Gott des Rhythmus, wurde mithilfe von rhythmisch vorgetragenen, schmeichelnden Versen dazu verführt, die Göttinnen des Schicksals und der Zukunft zu beeinflussen, wobei auch er sich der Rhythmen bediente. Der abergläubische Mensch jener Zeit kannte kaum etwas Nutzvolleres als den Rhythmus:

> Mit ihm konnte man Alles: eine Arbeit magisch fördern; einen Gott nöthigen, zu erscheinen, nahe zu sein, zuzuhören; die Zukunft sich nach seinem Willen zurecht machen; die eigene Seele von irgend einem Uebermaasse (der Angst, der Manie, des Mitleids, der Rachsucht) entladen, und nicht nur die eigene Seele, sondern die des bösesten Dämons, – ohne den Vers war man Nichts, durch den Vers wurde man beinahe ein Gott.[119]

Dieses Grundgefühl, dass man mit Rhythmen alles erreichen kann, hält Nietzsche für unauslöschbar. Auch zu seiner Zeit, am Ende des 19. Jahrhunderts, sieht er, dass selbst die Weisen unter uns zum Narren des Rhythmus werden, und sei es auch nur, weil sie Gedanken oder Aussagen für wahrer halten, wenn sie rhythmisch vorgetragen werden. Welcher Philosoph setzt nicht gern Verse ein, um die Wahrheit seiner Gedanken zu unterstreichen? Haben damit die Dichter die Wahrheit gepachtet? Gewiss nicht, sagt Nietzsche, schon Homer habe davor gewarnt, dass viele Sänger lügen.

Noch heute setzt man auf den Rhythmus. Moderne Politiker, Pfarrer, Philosophen und Kampagnenführer glauben, dass ihre Botschaft nur in der richtigen Rhythmik vorgebracht werden müsste, um die Menschen von ihrer Wahrheit zu überzeugen. Zuhörer können sich Aussagen mit einem eindringlichen Rhythmus nun einmal besser merken als Aussagen ohne Rhythmus.

Das *Cogito ergo sum* doziert auch heute noch so mancher Philosophielehrer. Es handelt sich dabei um das kurze, rhythmische Statement von René Descartes (1596–1650), das die Gewissheiten der empirischen Wahrnehmung grundlegend erschütterte. Descartes hatte keine Ahnung, dass Schüler noch vier Jahrhunderte später diesen Spruch wiederholen würden und sich durch seine Rhythmik dazu verleiten lassen, ihn für wahr zu halten.

Rhythmische Sätze bleiben besser in unserem Gedächtnis haften. Jeder kann ohne großes Nachdenken folgende Werbesprüche ergänzen: „Quadratisch, praktisch, ... " oder „Wohnst du noch, oder ...?" Die Rhythmik dieser Slogans setzt sich im Langzeitgedächtnis fest, wodurch wir geneigt sind, auch ohne Prüfung zu glauben, dass die Schokolade wirklich gut ist und das Möbelhaus uns tatsächlich ein lebenswertes Leben bietet.

Doch die Rhythmik in den Botschaften macht uns nicht nur für die darin verborgenen Bedeutungen und Wahrheiten empfänglich, sondern sie vermag weitaus mehr. In Extremfällen erschafft der Rhythmus eine eigene Wirklichkeit: eine Welt, in der wir nur noch diese eine Schokoladenmarke verzehren oder nur einen einzigen Glauben für wahr bzw. nur eine Ideologie für akzeptabel halten.

Ein abschreckendes Beispiel dafür, wie der Rhythmus eine eigene Wirklichkeit erschaffen kann, ist der Film *Triumph des Willens* von Leni Riefenstahl. Die Regisseurin drehte den Film über den sechsten Parteikongress der NSDAP am 5. September 1934 in Nürnberg im Auftrag Hitlers. Bei einer der eindrucksvollsten Szenen werden die angetretenen „Arbeitsmänner" gefragt, woher sie denn stammen, und als sängen sie ein Lied, antwortet ein blutjunger Mann nach dem anderen: „Aus Friesenland. Aus Bayern. Vom Kaiserstuhl ..." Mit diesen Worten und ihrem Rhythmus soll der Zuschauer davon überzeugt werden, dass jede Region, jeder Dialekt, jeder Bewohner Deutschlands Teil der Bewegung ist. Unterstrichen wird diese „Wirklichkeit" durch die danach gesprochenen Worte: „Ein Volk, ein Führer, ein Reich, Deutschland!" Nachdem die Parteitagsbesucher mit diesem Rhythmus für weitere Botschaften empfänglich gemacht wurden, tritt Hitler vor, um sie auf ein vereintes Deutschland einzuschwören, für das sie alle kämpfen sollen. Wem die wichtige Rolle des Rhythmus bis dahin noch nicht aufgegangen ist, wird es spätestens dann begreifen, wenn Hitler sagt, dass ganz Deutschland „in stolzer Freude seine Söhne in euch marschieren sehen" wird.

Riefenstahl nimmt sich dieser Freude weidlich an: In den eindreiviertel Stunden, die der Film dauert, marschieren ununterbrochen Soldaten, Standartenträger, Trommler und Fackelträger vorbei. Fast alle Bilder sind mit Marschmusik unterlegt, gespielt von Trompeten, Trommeln und gelegentlich einer Querflöte. Der Film endet mit dem Horst-Wessel-Lied „Die Fahne hoch", das zwischen 1930 und 1945 die Hymne der NSDAP war.

Wer sich den Film ansieht, muss sich beherrschen, um den Fuß nicht im Rhythmus der Musik mitwippen zu lassen oder gar das Horst-Wessel-Lied mitzusummen. Wie sehr wir uns auch wappnen, wir werden vom geordneten und optimistischen Rhythmus der Marschmusik mitgerissen, empfinden nostalgische Gefühle bei den Bildern von lachenden, miteinander rangelnden und einander nass spritzenden jungen Männern. Die paradierenden Musikkapellen erregen im Betrachter das kindliche Verlangen, der Musik hinterherzuhüpfen.

Dem Zuschauer wird klar, dass die Rhythmik von Musik, Bewegungen und Paraden die Funktion hat, bei den Besuchern des Parteitags und beim Filmpublikum ein Gefühl der Verbundenheit zu schaffen, oder wie Hitler es im Film formuliert: „Ihr seid Fleisch von unserem Fleisch und Blut von unserem Blut. Und in euerm jungen Gehirn brennt derselbe Geist, der uns beherrscht." Diese Einheit beschränke sich nicht nur auf die irdische Ordnung, sondern umfasse auch eine spirituelle, größere Ordnung: „Es wird nicht so etwas aus Nichts, wenn diesem Werden nicht ein großer Befehl zugrunde liegt. Und diesen Befehl gab uns kein irdischer Vorgesetzter, den gab uns der Gott, der unser Volk erschaffen hat." Hitler beendet den Parteitag mit der Aussage, dass dieser für ihn, wie für viele, ein, „großes persönliches und geistiges Treffen" gewesen sei.

Heute wissen wir, was aus Hitlers Reich geworden ist. Leicht könnte man behaupten, dass zu viel Marschmusik und rhythmisches Marschieren in den Untergang führten, doch damit täten wir den musikalischen Rhythmen unrecht. Bevor ich mich dieser Frage widme, will ich zu erklären versuchen, woher die Magie der Rhythmen kommt. Wieso lassen wir uns unter dem Einfluss von musikalischen Rhythmen auf etwas ein, wozu wir uns sonst niemals bewegen lassen würden?

Warum wir verzaubert werden

Ein musikalischer Rhythmus besteht aus einem stets wiederkehrenden Wechsel von unterschiedlich langen (oder unterschiedlich betonten) Tönen innerhalb eines Taktes. Ein Rhythmus ist „die Stickerei auf dem Stramin des Taktes", definiert der ehemalige Konservatoriumslehrer Theo Willemze.[120] Eine solche Stickerei kommt dadurch zustande, dass man die Zählzeiten innerhalb des Taktes entweder verkleinert oder vergrößert und Noten kürzer oder länger dauern lässt.

Der wiederkehrende Wechsel von kürzeren und längeren Zählzeiten verknüpft das Gehörte zu einem größeren Zusammenhang. Wenn dieser Wechsel ständig in gleicher Weise wiederholt wird, sprechen wir vom Metrum, einer speziellen Form des Rhythmus.[121]

Hören wir die Trommel regelmäßig wiederkehrend eins-zwei, eins-zwei schlagen, erkennen wir darin den Rhythmus der Marschmusik. Wird der zweite Schlag bei einem sonst flachen Viervierteltakt nochmals aufgeteilt (eins-zweiund-drei-vier) wissen wir, dass dieser Rhythmus dem modernen *Dance* zuzuordnen ist. In Amy Winehouse' „Love is a losing game" den Viervierteltakt wiederzuerkennen, fällt keinem schwer.

Wie aber kann so etwas Einfaches wie der immer gleiche Wechsel von längeren und kürzeren Noten innerhalb des Takts einen so großen Einfluss auf uns haben?

Eine beliebte Erklärung lautet, dass musikalische Rhythmen den Körper in Schwingung versetzen. Wenn wir beim Lowland-, Sziget- oder auf irgendeinem anderen Festival in der Nähe der Lautsprecherboxen stehen, spüren wir, wie die Bassrhythmen unsere Eingeweide und unsere Nasenflügel erbeben lassen. Und das hohe „Ahahahahaha" der Königin der Nacht in Mozarts *Zauberflöte* klingt im Innenohr, im Gehirn und im Herz noch lange nach.

Der Körper ist ein Klangkörper, erklärt der französische Philosoph Jean-Luc Nancy (* 1940) in seinem Buch *A l'écoute* (2002). Der Körper vibriert und bewegt sich, weil die Rhythmen der Musik in den Hohlräumen des Körpers resonieren: im Bauch, in der Gebärmutter, den Organen. Die Rhythmen spielen auf dem Körper, als wäre er eine Gitarre, eine Trommel oder eine Geige. Bereits Tizians Gemälde *Venus und der Orgelspieler* (ca. 1550) illustriert die Beziehung zwischen musikalischem Klang und Körper, zwischen Schall und Resonanz. Der Orgelspieler, links auf dem Bild, wendet sich Venus zu, die nackt auf dem Bett liegt. Hinter ihrem Rücken genießt ein Cupido die Erregung der Lust, die die Szene beherrscht. Doch der Orgelspieler hat nur ein Auge für Venus' Bauch, den Hohlraum, in dem seine Orgelmusik resoniert. Nancy erklärt, dass das Ohr des Orgelspielers ihren Bauch öffne und dem Innen und Außen einen Weg bereite.[122] Der Körper verwandle sich in etwas Passives, in eine abwartende Frau, die gelassen ihre Höhlungen dem wollüstigen Blick des Musikers darbiete. Nancys Sicht auf den Körper ist sehr einseitig, denn ein Körper ist mehr als nur ein Hohlraum und auch mehr als nur ein Musikinstrument. Die die Hohlräume umgebenden Muskeln, Gewebe, Knochen können zwar vibrieren, besitzen aber auch eigene Rhythmen. Wenn die musikalischen Rhythmen und die des Körpers zusammenstimmen, herrscht eine Harmonie, die im Körper ein angenehmes Gefühl hervorruft: Eurythmie. Stören oder lähmen sich die Rhythmen gegenseitig, entsteht Disharmonie oder Arrhythmie. In einem solchen Falle würde Venus nicht nackt und abwartend auf dem Bett liegen, sondern sich bedecken, flüchten oder versuchen, den Rhythmus zum Schweigen zu bringen.

Auch bei Lefebvre ist ein Körper mehr oder weniger passiv hörbaren Rhythmen ausgesetzt, die sich ihm aufdrängen und die seine natürlichen Rhythmen verändern. Er benutzt ebenfalls ein Bild, um diesen Sachverhalt zu illustrieren, und vergleicht die vielfältigen natürlichen Rhythmen des Körpers mit einem ungeordneten Blumenstrauß, der sich erst unter der Einwirkung musikalischer Rhythmen zu einem schönen Bukett ordnet.[123] In der frühen Menschheitsgeschichte war es zunächst der Tanz, der eine solche „Neuordnung" im Körper zuwege brachte. [124] Beim Tanz verknüpfen sich körperliche Rhythmen eng mit musikalischen.

Am Ende weiß man nicht mehr, welche Bewegungen vom Körper selbst stammen und welche von der Musik herrühren. Drängt der Rhythmus der Housemusic dem Körper die gleitenden Bewegungen auf oder zwingt der tanzende Körper der Housemusic seine Rhythmik auf? Diktieren die marschierenden Soldaten der Marschmusik den strengen Rhythmus und den Takt oder verwandelt der Marsch die Menschen in marschierende Soldaten?

Diese Frage, wer zuerst da war: die körperlichen Rhythmen oder die musikalischen, gleicht der Frage nach der Henne oder dem Ei. Sie kann vorläufig nicht beantwortet werden. Nietzsche erweckt in seinen Nachlassschriften den Eindruck, er neige der ersten These zu: „Der gehende und sprechende Mensch [...] bestimmt die Grundformen der Musik", schreibt er. „Die Musik hat sich in ihrer Entwicklung an die anthropomorphischen Hauptäußerungen angeschlossen: Gang und Sprache."[125]

Aber die Tinte, mit der er dies schrieb, ist noch nicht trocken, da fügt er noch hinzu, er halte es für wahrscheinlicher, dass der Mensch nicht nur mit seinem Gang die Musik nachgeahmt, sondern sich auch mit seinen sprachlichen Sätzen an der Melodie orientiert habe. Treffe dies zu, sei der Mensch durch und durch eine

„Erscheinung der Musik". Nietzsche entscheidet sich jedoch nicht eindeutig für eine der beiden Theorien, doch falls die zweite zuträfe, wäre der Rhythmus fundamentaler als der Mensch oder der menschliche Körper, er wäre „die ursprünglichste Zeitempfindung, die Form der Zeit selbst".[126]

Damit würden die Rhythmen, die älter sind als der Mensch – die Rhythmen der Erde, des Mondes, der Sonne, ja des ganzen Kosmos –, das ursprünglichste Zeitempfinden darstellen. Nietzsche verweist in *Die fröhliche Wissenschaft* auf die Pythagoreer, die Anhänger des Pythagoras, die der Ansicht waren, dass musikalische Rhythmen mit ihrer auf Zahlen beruhenden Ordnung die Harmonie des Kosmos widerspiegeln und ihr entsprechen.[127] Auch spätere griechische Denker, unter ihnen Platon, sahen eine Korrespondenz zwischen den musikalischen Rhythmen und den Rhythmen der größeren, göttlichen oder kosmischen Ordnung.

Der Gedanke, dass die Rhythmen mit etwas in Verbindung stehen, was fundamentaler, größer oder ursprünglicher ist als der Mensch, bietet eine weitere, ebenfalls oft angeführte Erklärung für die magische Wirkung von Rhythmen: Die musikalischen Rhythmen knüpfen ein Band zwischen uns und etwas, was sich außerhalb des Sagbaren oder Denkbaren befindet. Wie dieses Außerhalb aussieht, kann man – weil es ja unsagbar ist – nicht beschreiben. Philosophen weichen deshalb auf Wörter wie „metaphysisch", „transzendent", „spirituell", „ursprünglich", „mythisch", „magisch" oder „mysteriös" aus.

In allen Fällen ist gemeint, dass wir in der Musik etwas erfahren, was sich nicht in Worte oder Gedanken fassen lässt. Falls wir es doch versuchen, etwa dadurch, dass wir rhythmische Figuren mit einem Ereignis in unserem Leben oder mit einem Vorfall in der Natur zu vergleichen versuchen, erniedrigen wir uns auf ein Niveau, so warnt uns Nietzsche, in dem das Mythische nicht mehr erfahrbar ist.[128] Der wahre Wert der Musik, und damit auch der Rhythmik, liegt darin, dass sie uns den dionysischen Spiegel vorhält, welcher uns den tragischen, sterblichen, erhabenen, selbstzerstörerischen, ekstatischen und unordentlichen Teil der Welt zeigt.[129]

Auch moderne Kulturphilosophen wie George Steiner schreiben der Musik das Vermögen zu, uns mit dem Unsagbaren zu verbinden.

Steiner hat sich in mehreren Büchern dem „Mysterium tremendum der Musik" gewidmet, wie er es in einem YouTube-Video in Anlehnung an Nietzsche nennt.[130] Mit seinem Lehrmeister teilt Steiner die Auffassung, dass die Musik uns mit etwas in Berührung bringt, was jenseits von Denken und Sprechen, ja sogar jenseits der Vernunft liegt. Die Lieder des Orpheus, die Pianosonaten von Schubert oder Schönbergs *Moses und Aaron*, um einige von Steiners zahlreichen Beispielen zu nennen, preisen die Intuition, die uns von dem Mysteriösen, dem Transzendenten zuteilwird:

> Auf so offensichtliche Weise, daß jede Aussage darüber ein müdes Klischee wird, doch von undefinierbarem und ungeheurem Wesen bringt Musik unser Sein als Menschen in Berührung mit dem, was das Sagbare transzendiert, was das Analysierbare hinter sich läßt.[131]

Steiner ist davon überzeugt, dass die Musik bei der Vermittlung metaphysischer Erfahrungen eine zentrale Rolle spielt. Zwar glauben viele, dass dies ausschließlich die Religion vermag, doch Steiner ist der Ansicht, dass sich das Mysteriöse genauso gut ohne religiöse Motive oder Rituale erfahren lässt. Für viele Menschen, die nicht gläubig sind oder jeden Glauben zurückweisen, ist die Musik eine ungeschriebene Theologie: Sie glauben an die übermenschlichen, dämonischen, tröstlichen, erhebenden oder niederschlagenden Kräfte der Musik.[132] Wer die Frage nach der Musik stellt, stellt die Frage nach dem Menschen, nach dem „Mysterium der Conditio humana", so Steiner.[133]

Steiner und Nietzsche könnte man vorwerfen, dass jeder, der den Begriff des „Mysteriums" gebraucht, an ein solches auch glauben muss. Doch das nicht in Worte und Gedanken zu Fassende der musikalischen Rhythmen braucht nicht zwangsläufig aus einem Mysterium zu bestehen. Rhythmen können auf etwas verweisen, das sich der Bedingtheit des menschlichen Seins oder der menschlichen Erkenntnisfähigkeit entzieht wie zum Beispiel die wahre Ordnung des Universums oder die Heftigkeit von Gefühlen.

Der niederländische Kulturphilosoph René Boomkens (* 1954) ist der Meinung, dass das Unsagbare, das auch er der Musik zuordnet, auf einer Kombination von Abstraktion und direkter Emotionalität beruht.[134] Er stellt fest, dass Musik, und vor allem Popmusik, einerseits mit *bedeutungsvollen* Emotionen und nicht zu artikulierenden Erfahrungen beladen ist, andererseits aber *bedeutungslos* ist, weil sie sich der konkreten gesellschaftlichen oder politischen Situation entzieht. Ein Popsong wird zwar meist mehr oder weniger regional produziert, doch löst er sich oft nach kurzer Zeit schon vom lokalen Kontext und schwärmt über die Radiosender und das Internet in die ganze Welt aus, wo er dann an den unterschiedlichsten Orten und bei den unterschiedlichsten Hörern Gefühle hervorruft. Boomkens nennt als Beispiel die Anfänge von Elvis Presley, der als einfacher *redneck* ein Studio in Memphis betrat und es mit einem Publikum in ganz Amerika verließ, das sich in rasender Geschwindigkeit auf ganz Europa und die übrigen Kontinente ausweitete. Ein anderes Beispiel für die Loslösung von einem spezifischen Kontext und der anfänglichen Bedeutung ist das Horst-Wessel-Lied. Überraschenderweise liegt dessen Komposition auch einem Lied zugrunde, das die Anarchisten und Kommunisten im Spanischen Bürgerkrieg (1936–1939) im Kampf gegen die Franquisten sangen – natürlich mit einem anderen Text.

Eine weitere Erklärung dafür, dass uns Rhythmen derart mitreißen können, lautet, dass sie uns mit Emotionen, Stimmungen und Affekten konfrontieren, die auf andere Weise nicht artikuliert werden können. „It [die Musik, M. H.] digs into our depths and expresses hidden movements of love and fear and joy that are inside us. It speaks to us and about us in mysterious ways", schreibt Martha Nussbaum, „exposing hidden vulnerabilities and, so to speak, laying our souls open to our view."[135] Sie weiß genau, dass diese Emotionen nicht unbedingt etwas mit unserem Leben zu tun haben.

Die Emotionen der Rhythmen können nicht nur aus einer dunkleren, wüsteren, bösartigeren Welt als unserer stammen, sondern auch aus einer helleren, angenehmeren oder lustvolleren. Manche Popsongs machen mit ihren Rhythmen gute Laune, wecken die Lebenslust und die Neigung, sich bei einem Konzert in der Gemeinschaft aus Gleichgesinnten aufzulösen. Beim Karneval können mithilfe von aufpeitschenden Rhythmen Aggressionen, Ängste oder Gefühle der Liebe erregt oder verstärkt und zur Entladung gebracht werden, wonach wieder Ruhe einkehren kann. Schließlich wusste man schon lange, so schreibt Nietzsche, dass man tanzen musste, „[w]enn die richtige Spannung und Harmonie der Seele verloren gegangen war", und zwar „in dem Tacte des Sängers, – das war das Recept dieser Heilkunst.[136]

Der Zuschauer vor dem Drahtkäfig der „Stillen Disco" fragt sich, ob das Ganze nicht vielleicht gefährlich sei. Denn dadurch, dass er von der Musik nicht affiziert wird, da sie ja für ihn unhörbar ist, erkennt er, wie die musikalischen Rhythmen wirken und Reaktionen bei den Tänzern hervorrufen, die diese nicht artikulieren, geschweige denn kontrollieren können. Besteht dadurch das Risiko, dass Rhythmen auch zu Bösem verleiten können?

Sklavische Rhythmen

George Steiner ist so ein Zuschauer vor der Disco. Als Anfang der Siebzigerjahre die Rhythmen des Pop, des Folks und des Rock 'n' Roll auf ihn eindringen, kann er sich nur wundern:

Ich bringe dies zu Papier in meinem Institutsarbeitsraum an einer der großen amerikanischen Universitäten. Leise vibrieren die Wände unterm Beat der Musik, die aus den Verstärkern kommt – aus einem ganz in der Nähe und aus mehreren fernern. Dieses Vibrieren der Wände teilt sich Tag für Tag dem Ohr der prüfenden Hand etwa achtzehn Stunden mit, manchmal auch vierundzwanzig. Solcher Beat nimmt buchstäblich kein Ende. Es macht nicht viel aus, ob es Pop, Folk oder Rock ist, was da gespielt wird. Was zählt, ist nur dieses alles durchdringende Pulsieren vom Morgen bis zum Abend, ja bis in die Nacht hinein, unterschiedslos gemacht durch die kalte Glut seines elektronischen Timbres. Ein Gutteil der Menschheit zwischen Dreizehn und etwa Fünfundzwanzig lebt heute beständig inmitten so konstanten Gedröhns.[137]

Rock und Pop erobern die Welt. Steiner stellt sich vor, dass die Triole, „der stampfende Dreitakt",[138] der an einem Winterabend im Nordosten der Vereinigten Staaten in sein Arbeitszimmer dringt, im selben Augenblick „ein Tanzlokal in Bogotà" durchhallt, „in Narvik aus einem Transistor" dröhnt, „in Kiew aus einer Jukebox, und aus einer elektrischen Gitarre in Benghasi".[139] Es erschreckt ihn, wie sehr die Popmusik das allgemeine Verhalten ändert, die Jugend in Subkulturen drängt und ihr spezifische Verhaltensweisen, Lebensstile und Trends aufzwingt. Was geschieht mit einer Psyche, die von den sich immerzu wiederholenden Rhythmen gesättigt ist? „Welche Empfindungszentren werden da angeheizt oder zum Ertauben gebracht?"[140]

Zwanzig Jahre später erstellt Steiner in seinem Buch *Von realer Gegenwart* das Konzept einer Jugend, die mithilfe guter Musik erzogen wird. Jeder junge Mensch soll ein Instrument lernen, soll lernen, die Musik auswendig zu spielen, und so oft wie möglich gute Musik hören. Durch das Auswendiglernen der Texte und Noten werde eine gemeinsame Musikkultur geschaffen, die ein Gegengewicht zum Alltag biete, so Steiner. Gute Musik ist intelligente Musik, die ein kritisches Urteil über den Kontext formuliert, in dem die Musik zustande kommt. Kritik leisten sowohl Komponist als auch Zuhörer.[141] Die Musik einer solchen imaginären Gesellschaft ist zwangsläufig eine erforschte, eine reflektierte und eine von wahren Meistern dargebrachte Musik.[142]

Steiners Ängste vor dem Einfluss der „hässlichen" musikalischen Rhythmen auf das Verhalten und den Lebensstil der Jugend und sein Plädoyer dafür, die Jugend mit guter Musik zu erziehen, sind ein fernes Echo der Bedenken, die Platon im 4. Jahrhundert vor unserer Zeitrechnung in seinen Dialogen zum Ausdruck gebracht hat.

In Platons *Politeia* (Buch III, 398–403)[143] unterhalten sich Sokrates und Glaukon darüber, wie die Kinder in der idealen Gesellschaft musikalisch erzogen werden sollen. Sie sind sich darüber einig, dass Rhythmen und Melodien frei sein müssen von allem überflüssigen Ballast, der einem geregelten und guten Leben im Wege steht. Eine gute Melodie solle auf die Leier, die Zither und die einfache Rohrflöte des Schäfers beschränkt bleiben. Andere Instrumente, vor allem wenn sie viele Saiten besitzen, machen die Melodie nur unnötig kompliziert.

Auch bei den Rhythmen ist Komplexität zu vermeiden, nur jene sind erwünscht, „die Zeitmaße eines sittsamen und tapferen Lebens sind" (399e). Jene Rhythmen sind schlecht, die „Gemeinheit, dem Mutwillen, der Wildheit und anderen Schlechtigkeiten angemessen sind" (400b). Ein guter oder schlechter Rhythmus lässt sich daran erkennen, welchem Stil er sich anpassen will, oder mit Platons Worten daran, „daß das Wohlanständige und Unanständige dem Wohlgemessenen und Ungemessenen folgt" (400c). Folglich, so Glaukon und Sokrates, zeugen stilvolle, melodiöse, graziöse, rhythmische Arten und Weisen des Sprechens von „Wohlgesinntheit und Güte der Seele"(400e). Diese solle die Jugend anstreben, und zwar in Form des „wahrhaft gut und schön der Gesinnung nach geordneten Gemüt[s]" (400e). Die Rhythmen der Musik, des Tanzes, des Liedes und der Poesie sollen einem sittlichen Lebensstil angemessen sein.

In den „Erwägungen über den Rhythmus" kommt Glaukon zum Schluss, dass „Unanständigkeit und Ungemessenheit und Mißtönigkeit [...] dem schlechten Geschwätz und der Übelgesinntheit verschwistert [sind]" (401a). Sokrates stellt sich die Frage, ob im idealen Staat alle Künstler einer Kontrolle unterstehen sollten.

Wäre es nicht gut, wenn man sie daran hindern würde, rhythmische Abbilder von schlechten Charakteren zu schaffen? Doch statt eines Verbotes sei es besser, Dichter, Musiker, Sänger und Tänzer zu suchen,

> welche eine glückliche Gabe besitzen, der Natur des Schönen und Anständigen überall nachzuspüren, damit unsere Jünglinge, wie in einer gesunden Gegend wohnend, von allen Seiten gefördert werden, woher ihnen auch immer gleichsam eine milde, aus heilsamer Gegend Gesundheit herwehende Luft irgend etwas von schönen Werken für das Gesicht oder Gehör zuführen möge und so unvermerkt gleich von Kindheit an sie zur Ähnlichkeit, Freundschaft und Übereinstimmung mit der schönen Rede geleitet (401c–d).

Gerade weil Rhythmen „unvermerkt" auf uns einwirken, das heißt, ohne dass wir es merken, zu Gleichheit, Liebe und Übereinstimmung führen, lässt Platon Sokrates sagen, dass der Jugend gute Rhythmen angeboten werden müssen. Setzen wir ihnen schlechte Rhythmen vor, werden sie ebenso unbemerkt Böses tun. Dass dies alles unbemerkt geschieht, liege daran, dass „Zeitmaß", also die Rhythmen, „und Wohlklang am meisten in das Innere der Seele eindringen" (401d). Eine richtige musikalische Erziehung mit guten Rhythmen führt somit zu einer guten und edlen Seele (401d), eine falsche Erziehung mit falschen Rhythmen zu einer hässlichen. Wer eine ordentliche musikalische Ausbildung genossen hat, weiß, welche Rhythmen er um ihrer Schönheit willen loben und welchen er somit Zutritt zu seiner Seele gewähren soll und welche er aufgrund ihrer Hässlichkeit meiden und verachten soll.

Auch in *Die Gesetze* (Buch II, 659–671) betont Platon den Wert einer guten musikalischen Erziehung.[144] Drei ältere Herren, der Kreter Kleinias, der Spartaner Megillus und ein Athener, führen während einer Wanderung auf Kreta ein Gespräch über die Gesetze, die sie in einer imaginären Kolonie mit dem Namen Magnesia einführen würden.

Wir enden stets am selben Punkt, stellt der Athener fest,

daß nämlich Erziehung das Hinziehen und Hinleiten der Knaben zu der vom Gesetz als richtig fertiggestellten Lehre ist, die auch von den Verständigsten und Ältesten durch Erfahrung als wirklich erkannt wurde (659d).

Durch eine gute Erziehung der Kinder könne verhindert werden, dass deren Seelen Gefallen an etwas finden, was ungesetzlich sei. Die wichtigsten Angelegenheiten müssten bei der Erziehung wie „Zaubergesänge[n] für die Seele" verpackt werden, damit die Jugend spielerisch zur richtigen Lebensweise gelange. Ein guter Gesetzgeber wird auch den Dichter zu dieser Arbeitsweise verpflichten und von ihm verlangen, dass er bei seinen rhythmischen Kompositionen die Haltung „besonnener, tapferer und in jeder Beziehung wackerer Männer darstellt" (66oc). Wenn die Aufforderung nicht fruchte, so meint der Athener, dann müsse der Gesetzgeber den Dichter zwingen, die richtigen Rhythmen in seinen Kompositionen zu verarbeiten.

Zunächst aber ist es die Aufgabe von Dichtern, Zuhörern und Schauspielern herauszufinden, worin die wahre Natur der Musik überhaupt bestehe, so der Athener (668c). Erst wenn sie die wahre Natur und die Bedeutung der Musik kennen, wenn sie wissen, wovon die Musik die Nachahmung darstellt, können sie beurteilen, ob die Musik ihren Zweck erfüllt (668d).

Musik ist anspruchsvoller als andere Nachahmungen des Guten oder Schönen, weil ein Irrtum hier den größten Schaden anrichtet: Lassen wir schlechte Musik zu, geben wir den schlechten Sitten freie Hand. Doch selbst Komponisten, Tänzer und Sänger, die eine gute Erziehung genossen haben, sind nicht perfekt und bei Weitem nicht so gut wie die Musen:

Niemals würden nämlich diese [die Musen, M. H.] einen so großen Fehlgriff begehen, mit der Rede von Männern die Körperwendung und

111

Tonweise von Frauen zu verbinden und umgekehrt mit der Tonweise und Haltung Freigeborener den Taktschritt von Sklaven und Handarbeitern, noch auch, während Taktschritt und Haltung von Freisinnigkeit zeugen, eine solchem Rhythmus widersprechende Tonweise oder Rede den Tanzenden in den Mund zu legen; [...] (669c)

Kleinias fragt erschrocken, ob der Athener aus Erfahrung spreche. Gebe es tatsächlich Orte, wo die Seele der Jugend durch Musik, Tanz oder Poesie verdorben werde? Er habe davon gehört, dass es in Sparta immer wieder „Neuerungen" auf dem Gebiet des Tanzes und der Musik gebe, die „nicht durch Gesetze herbeigeführt" werden, „sondern durch gewisse regellose Gelüste" (660b).

Der Athener beruhigt ihn, dass er keine wirklich existierenden Verhältnisse im Sinne gehabt habe. Außerdem, so fügt er noch hinzu, gebe es ja auch noch Fünfzigjährige mit genug feinem Gefühl für Rhythmus und Harmonie, sodass sie die wahre Beschaffenheit der Lieder und des Taktmaßes, das der Dichter zu Recht oder Unrecht mit ihnen verbindet, erkennen könnten (670b).

Doch die drei Griechen sind mit ihren Sorgen über die Wirkung von „schlechten" Rhythmen auf vor allem junge Menschen nicht allein. Heute hält der englische Philosoph Roger Scruton die Popmusik für ein Übel, das die Jugend daran hindere, ein Teil der musikalischen Kultur der Erwachsenen zu werden.[145] Davor sah bereits Theodor W. Adorno in den Rhythmen des Jazz reaktionäre Kräfte am Werke, die zu Banalität führen und unsere Freiheit beschneiden.[146]

Dennoch ist die Wahrscheinlichkeit groß, dass sich Steiner, Platon und die anderen Herren nach einigem Zögern ebenfalls in die „Stille Disco" begeben würden, nicht um die Musik dort zu genießen, sondern um herauszufinden, ob wahre Rhythmen auf die Jugend losgelassen werden oder falsche, verachtenswerte. Die „Stille Disco" ist eine moderne Variante von Platons Höhle. Die jungen Leute sind hier ebenfalls in einer Scheinwelt angekettet, wo ihnen die Sicht auf die wahre Welt verwehrt ist. Die vier Herren, die sich dieser Scheinwelt bewusst sind, werden daraufhin mit Sicherheit die Gelegenheit ergreifen, der Jugend klarzumachen, dass sie sich hässlichen und gefährlichen Rhythmen aussetzen, die Sklaven aus ihnen machen. Ein gut erzogener Mensch hört lieber keine komplexen, aufpeitschenden, Ekstase hervorrufenden, dem Hedonismus frönenden, die Selbstbeherrschung beeinträchtigenden, den Intellekt ausschaltenden und heftige Gefühle auslösenden Rhythmen, sondern gute und ernste Musik voller Disziplin, Ordnung und Regelmaß.

Dem Rhythmus lauschen

Während einer Amsterdamer Literaturveranstaltung wurde der Publizist Bas Heijne gefragt, wie sein Alltag als Autor aussehe. Heijne ziert sich zuerst etwas, gesteht dann aber, dass er sich jeden Morgen während der Arbeit Snap!s *Rhythm is a dancer* anhört. Der Song hat einen schnellen Rhythmus und ist im Moment sein Lieblingslied. Er gibt zu, dass es sich dabei um banale Musik handele, aber der schnelle Takt der Musik beherrsche für die nächsten beiden Stunden seine Gedanken und dadurch könne er ruhiger schreiben.

Heijne benutzt also die betäubende Wirkung der Tanzmusik, um sich beim Formulieren seiner erhabenen Ansichten weniger ablenken zu lassen. Das bringt uns zu Nietzsche zurück: Wir müssen das Dämonische der Rhythmik für unsere Zwecke nutzen, die Götter damit verführen und zu unserem Werkzeug machen!

Platon und Steiner beschränken das Urteilsvermögen darüber, was gute Musik ist, auf eine aus älteren Männern bestehende kulturelle Elite. Bedeutet das, dass wir nicht selbst herausfinden können, worauf die Wirkung der musikalischen Rhythmen beruht? Können wir wirklich nicht selbst entscheiden, wie wir die magischen Rhythmen benutzen wollen? Gerade weil die Rhythmen so viel vermögen, müssen wir selbst bestimmen können, wie wir damit unseren Alltag verbessern wollen. Um den Rhythmus zu verstehen, muss man von ihm erfasst werden, ihn von innen erkunden und erfahren, welche Bedeutungen und Wahrheiten er uns übermittelt. Bei der Gruppe Snap! heißt es:

> [...] Let the rhythm ride you, guide you
> Sneak inside you set your mind to move
> To its pulsation, bass vibrations
> Sense sensation – pause – is not implicit
> Mind and body must be free too
> Please take it all away, nothing to lose
> Everything to win [...]

Der Rhythmus ist in diesem Song ein Tänzer, der gemeinsam mit uns tanzt.[147]

Dadurch, dass wir uns diesem Tänzer anvertrauen, können wir die Bedeutungen und Wahrheiten des Rhythmus von innen erfahren und dann von außen überlegen, wie wir die gewonnenen Erkenntnisse für unsere Zwecke nutzen. Die Bedeutungen eines Rhythmus sind nicht für alle Zeiten festgelegt und auch nicht für alle gleich. Was für Steiner ein widerwärtiger, sklavischer Rhythmus ist, ist für Heijne ein angenehmes Mittel, zwei Stunden lang still sitzen zu können. Er diszipliniert sich, indem er sich bewusst dem monotonen Rhythmus eines Popsongs unterwirft. Er benutzt den „sklavischen" Rhythmus als Methode, mit der er ein selbst gestecktes Ziel erreichen will.

6

Die neuen Götter der Regelmäßigkeit

Rhythmus und Biologie

Musik und Religion gehören zu den ältesten Quellen sozialer Rhythmik. Die Biologie ist verglichen damit ein relativer Neuling. Vor allem in den letzten Jahren ist die Aufmerksamkeit für diesen Newcomer stark gewachsen. Plötzlich sprechen alle vom „Biorhythmus". Das Wort taucht überall auf: in Zeitungen, Gesundheitsrichtlinien, in den Schulen und im Fernsehen.

Wir wundern uns schon längst nicht mehr, wenn wir in Sportberichten lesen, dass Wettkampfsportler auf ihren Biorhythmus achten. Dieser kann schließlich ausschlaggebend dafür sein, ob sie Gold oder Silber nach Hause tragen. Das wissen wir seit den Olympischen Spielen in Peking. Da die Schwimmwettkämpfe am Morgen stattfanden, zu einer Zeit also, in der der Körper für Topleistungen noch nicht bereit ist, bestrahlte man die Schwimmer während des Frühstücks mit speziellem Licht, wodurch der natürliche Biorhythmus vorgezogen wurde.[148]

Bildungs- und Erziehungsinstitutionen erwägen ernsthaft, den Unterricht verstärkt den „Biorhythmen" der Kinder anzupassen. Da in der heutigen Gesellschaft viele Eltern Doppelverdiener sind, muss der traditionelle Stundenplan dringend modernisiert werden. Doch ein Ganztagsstundenplan stößt auf wenig Gegenliebe. Kinder brauchen Ruhepausen, finden die Eltern. Da ist ihnen der „biorhythmische Schultag", bei dem der Stundenplan auf den Biorhythmus des Kindes abgestimmt wird, doch lieber. Man hat herausgefunden, dass Kinder am besten zwischen 10 und 12 Uhr und 14 und 16 Uhr 30 lernen. Ein biorhythmischer Stundenplan verteilt die Fächer Mathematik und Sprachen auf diese Zeiträume. Am frühen Morgen und während der langen Mittagspause erhalten die Kinder Sportunterricht, können spielen oder sich mit anderen kreativen und erholsamen Tätigkeiten beschäftigen.[149]

„Biorhythmen" von Pubertierenden sind ein besonders beliebtes Thema im Unterrichts- und Erziehungswesen. Biologen haben herausgefunden, dass die biologische Uhr von Jugendlichen langsamer läuft als die der Erwachsenen, weshalb sie spät zu Bett gehen und morgens nur mit Mühe aufstehen.[150] Einige höhere Schulen in Deutschland, England und den Niederlanden bieten bereits biorhythmische Stundenpläne an: Dort beginnt man erst mit dem Unterricht, wenn die Jugendlichen wach genug sind, um den Unterrichtsstoff aufnehmen zu können, und bietet ein ausgewogenes Verhältnis zwischen An- und Entspannung.

Die „Biorhythmen" der Arbeitnehmer sind plötzlich auch für Arbeitgeber interessant. Das Institut für Arbeitswissenschaft rät den Arbeitgebern, den Angestellten nach seinem persönlichen Biorhythmus arbeiten zu lassen.[151] Der eine funktioniert am Morgen besser, während der andere am Abend höhere Leistungen erbringt. Arbeitgebern ist deshalb zu raten, sich mit ihren Arbeitnehmern darüber zu unterhalten, wann sie selbst die höchste Leistung erbringen. Für jeden Arbeitnehmer ließe sich ein eigener, flexibler Arbeitsplan erstellen, indem die Arbeitsbedingungen dem einzelnen Biorhythmus angepasst würden.[152]

Auch Verkehrspsychologen haben den „Biorhythmus" entdeckt. Ein gestörter Biorhythmus ist vermutlich die Ursache vieler nächtlicher Verkehrsunfälle, denn viele Nachtarbeiter haben nachweislich zwischen drei und vier Uhr morgens einen Leistungsabfall. Die Aufmerksamkeit lässt rapide nach. Schläfrigkeit und Übermüdung gehören zu den häufigsten Unfallursachen.[153] Auch wenn der ADAC nicht gerade davon abrät, nachts in den Urlaub zu fahren, so mahnt er doch dazu, dies nur ausgeruht zu tun.[154]

Woher kommt das plötzliche Interesse für den Biorhythmus? Ich kannte den Begriff bis vor Kurzem nur aus der Astrologie. Demnach verfügt jeder Mensch über drei unterschiedliche Biorhythmen von jeweils 23, 28 und 33 Tagen Länge. Die Rhythmen werden von den Bewegungen der Planeten und Sterne gesteuert, beginnen mit der Geburt und enden erst mit dem Tod.[155] Ausgehend vom Tag der Geburt berechnen Astrologen voraus, wie die emotionale, körperliche und geistige Verfassung einer Person an bestimmten Tagen sein wird. Mithilfe von zahlreichen Websites können wir diese Analyse jetzt auch online selbst durchführen. Astrologen verbinden jedes Element des menschlichen Körpers mit einem Planeten, weshalb vor einer Therapie zunächst der Stand dieses Planeten zu ermitteln ist, sodass danach das geeignete Heilmittel sowie dessen idealer Anwendungszeitpunkt gewählt werden können.[156]

Die astrologische Theorie der Biorhythmen gilt als widerlegt. Wenn heute von Biorhythmen und ihren Auswirkungen auf die Unfallhäufigkeit und sportliche, schulische oder berufliche Leistungen die Rede ist, dann meistens im nicht astrologischen, das heißt im wissenschaftlichen Sinne.

Der Zweig der Wissenschaft, der sich mit den Biorhythmen oder genauer mit der Erforschung der biologischen Zeit befasst, nennt sich Chronobiologie. Chronobiologen untersuchen die Veränderungen, die der menschliche Körper während eines Tages, einer Jahreszeit oder eines Jahres durchläuft, die Mechanismen, die diesen Veränderungen zugrunde liegen ("die biologische Uhren"), und die Wechselwirkung zwischen den Rhythmen des Körpers und seiner Umwelt.

1997 entdeckten Chronobiologen, dass der menschliche Körper zahlreiche biologische Uhren besitzt. Sie regeln die biologischen Rhythmen, das heißt die Rhythmen des Körpers: den Herzrhythmus, den Atemrhythmus, die Schwankungen der Körpertemperatur, den Menstruationszyklus, den Appetit, den Schlafrhythmus und viele andere Rhythmen mehr.

Das Bild der "Uhren" sollte nicht zu wörtlich genommen werden. Unser Körper besitzt keine tickenden Uhren, die die Minuten und Stunden zählen, keine Wecker, die klingeln, wenn wir zu Bett gehen, uns an den Tisch setzen oder aufs Klo gehen sollen, und auch keine rieselnden Sanduhren, die das Zeitmaß unseres Lebens umfassen. Die „Uhren" sind eher so etwas wie Stoffe oder Prozesse, die sich gegenseitig an- oder ausschalten und dadurch Organe, Muskeln oder Gehirnzellen aktivieren oder deaktivieren.[157] Die Interaktion unter den vielen Uhren stimmt die Prozesse im Körper aufeinander ab.

Die biologischen Uhren haben sich in einem sehr langen Evolutionsprozess gebildet. Chronobiologen entdeckten, dass der menschliche Körper bis hin zum Molekül von den Rhythmen des Kosmos dirigiert wird, vom Wechsel zwischen Tag und Nacht, von den Mondphasen, den Jahreszeiten, den Jahresrhythmen.

Obwohl die Chronobiologie eine wissenschaftliche Disziplin ist, beschränken sich viele Chronobiologen nicht darauf, Kenntnisse über die Biorhythmen zu sammeln, sondern raten den Menschen, ihr ganzes Leben nach den Biorhythmen auszurichten: Das sei gut für die Gesundheit, gut für die Gesellschaft und gut für die Wirtschaft. Das Wissen über Biorhythmen besitzt somit auch moralische, politische und ökonomische Aspekte.

Folgen wir unseren Biorhythmen, so verheißen uns die Chronobiologen in den Medien ein längeres und gesünderes Leben, bessere Laune und größere Leistungen im Sport, im Beruf und in der Schule. Im Folgenden zähle ich einige ihrer allgemeinen Forschungsergebnisse und Ratschläge auf.

Man lebt länger, wenn man ungefähr acht Stunden lang schläft. Man sollte weder kürzer noch länger schlafen. Auch wenn man nachts um zwei ins Bett geht, sollte man am nächsten Tag früh aufstehen. Chronischer Schlafmangel erhöht die Gefahr von Übergewicht und schwächt die körperliche Abwehr, wodurch man anfälliger für Krankheiten wird; außerdem werden Herz und Kreislauf dadurch stark in Mitleidenschaft gezogen. Ein ausgeglichener Wach-und-Schlaf-Rhythmus beugt Depressionen vor; nächtliche Schichtarbeit erhöht das Brustkrebsrisiko. Von einer ungestörten Nachtruhe der Bürger profitiert die Wirtschaft, und die Mitglieder einer Gesellschaft sind intelligenter und gesünder, wenn ihre biologischen und sozialen Uhren gleichauf laufen.

Alle diese Ergebnisse und Ratschläge gehen davon aus, dass ein Leben, das sich an den biologischen Rhythmen orientiert – vor allem am Tag-und-Nacht-Rhythmus –, der Gesundheit, der Lebensdauer, der geistigen Ausgeglichenheit und dem Leistungsvermögen förderlich ist. Das wiederum kommt der Wirtschaft und der ganzen Gesellschaft zugute.

Nichts anderes predigte Anfang des 20. Jahrhunderts bereits die Alternativmedizin, deren Anhänger schon damals behaupteten, dass es für den Menschen gesünder sei, in Harmonie mit dem Tag-und-Nacht-Rhythmus, dem Mondrhythmus, dem Jahreszeitenrhythmus und anderen kosmischen Rhythmen zu leben. Zu dieser Erkenntnis gelangten sie nicht aufgrund wissenschaftlicher Forschungen, sondern durch die Überzeugung, dass alles mit allem zusammenhänge, auch wenn sie nicht genau wussten, wie.

Erstaunlicherweise übernehmen die Chronobiologen heute die Rolle, die früher die Priester und andere religiöse Anführer innehatten: Sie diktieren den Lebensrhythmus. Nachdem die Religion den Menschen jahrtausendelang dazu ermahnt hat, für ein gutes und glückliches Leben die kosmische Ordnung zu respektieren, raten die modernen Chronobiologen nun zur Einhaltung der auf die uralten Rhythmen des Kosmos zurückgehenden biologischen Rhythmen.

Chronobiologen sind die neuen Hohepriester der kosmischen Rhythmik. Ähnlich wie der niederländische Naturwissenschaftler Jan Swammerdam, der im 17. Jahrhundert den Beweis für die Vorhersehung Gottes in der Anatomie einer Laus entdeckte, fand der moderne Chronobiologe den Beweis für die Notwendigkeit, den kosmischen Rhythmen zu folgen, durch zahlreiche empirische Studien in den Molekülen des menschlichen Körpers.

Warum aber setzen die Chronobiologen so großes Vertrauen in die biologischen Rhythmen und warum ist es so wichtig, alles über Biorhythmen und ihr Verhältnis zu den kosmischen Rhythmen zu wissen?

Die Suche nach den Biorhythmen

Chronobiologen sind keine Himmelsgucker. Sie suchten den Kosmos nicht nach Zeichen ab, die dem Menschen weissagen, wie er leben soll, sondern vertieften sich lieber in die lebendige Materie von Mensch, Tier, Pflanze und Mikroorganismus. Auf diese Weise fanden sie im letzten Jahrhundert den Beweis für etwas, was man schon seit Jahrhunderten vermutete, nämlich dass der Mensch eine eingebaute biologische Uhr besitzt.

Schon in der Antike ahnten die Ärzte die Existenz eines körperlichen Rhythmus. Sie hatten beobachtet, dass sich Krankheiten wie Fieber oder Kopfschmerzen im Lauf eines Tages verschlimmern oder verbessern konnten.[158] Es musste also einen Zusammenhang zwischen diesen Beobachtungen und den Bewegungen der den Tag-und-Nacht-Rhythmus bestimmenden Himmelskörper geben. Von einem engen Verhältnis zwischen Planetenstand und menschlichem Körper gingen auch die Astrologen aus, doch die Chronobiologie konnte die wissenschaftlichen Beweise dafür liefern, wenn auch das von der Wissenschaft entdeckte Verhältnis weitaus schwerer zu erklären war als das der Astrologen. Die biologische Uhr tickt nämlich weiter, auch wenn sie dem direkten Einflussbereich des Kosmos entzogen ist.

Der französische Astronom Jean Jacques d'Ortous de Mairan war der Erste, der das herausfand. Im Jahr 1729 führte er Experimente mit Mimosen durch. Mimosen sind sogenannte Heliotrope, das heißt, die Blätter öffnen sich bei Sonnenauf- und schließen sich bei Sonnenuntergang. De Mairan kam auf die Idee, die Pflanze in einen dunklen Raum zu stellen, und zu seiner Überraschung öffneten und schlossen sich die Blätter auch im Dunkeln. Es konnte also nicht die Sonne sein, die den Mechanismus auslöste. De Mairan schloss daraus, dass die Pflanze über so etwas wie eine innere Uhr verfügen musste, obwohl er nicht ganz ausschließen konnte, dass es außer dem Licht-Dunkel-Wechsel noch andere äußere Ursachen gab, die für die Bewegungen der Pflanze verantwortlich waren.[159]

Auch wenn die Lösung des Rätsels noch fern lag, breitete sich die Annahme einer inneren menschlichen Uhr als eines Instruments, das dem Körper einen Tag-Nacht-Rhythmus und einen Mond- bzw. Jahreszeitenrhythmus auferlegte, im Laufe des 19. Jahrhunderts rasch aus. Schon damals stützte man sich auf präzise physiologische Forschungen nach den Schwankungen von Körpertemperatur, Pulsschlag, Blutdruck und Herzaktivität.

Berühmt ist auch die Geschichte des britischen Armeearztes John Davy (1790–1868), der im Jahre 1845 acht Monate lang mehrmals am Tag seine Körpertemperatur maß. Thermometer waren damals schwer erhältlich und außerdem so lang und dick, dass sie in einer großen Kiste transportiert werden mussten. Hinzu kam, dass die Temperatur nur durch einen Arzt und *in situ* abgelesen werden konnte – das heißt, solange sich das Gerät im Mund, unter der Achsel oder im Anus befand. Damit Davy seine Körpertemperatur ermitteln konnte, ohne das Thermometer aus dem Mund nehmen zu müssen, konstruierte er ein 30 Zentimeter langes, gebogenes Gerät. Seine Ergebnisse notierte er in Diagramme, die ergaben, dass seine Körpertemperatur im Lauf eines Tages schwankte, mit einer Minimumtemperatur in den frühen Morgenstunden und einer Maximumtemperatur am späten Nachmittag.[160]

Solche Experimente untermauerten die These einer inneren Uhr des Körpers, doch blieb weiterhin unklar, wie die eingebaute Uhr sich zum Tag-und-Nacht-Rhythmus des Kosmos verhält und wo im Körper sie sich befindet. Die Beantwortung dieser Fragen nahm die Wissenschaft der Chronobiologie in Angriff, die in den Dreißigerjahren des 20. Jahrhunderts entstand.

In den Sechzigerjahren beschlossen die Chronobiologen des Max-Planck-Instituts de Mairans Mimosen-Experiment zu wiederholen. Allerdings mit Menschen. Der Wissenschaftler Jürgen Aschoff (1913–1998) hielt sich als Erster neun Tage in einem unterirdischen Bunker auf, der im bayerischen Andechs speziell für dieses Experiment gebaut worden war. Zwischen 1964 und 1989 ließen sich 474 Freiwillige in den Bunker sperren. Alle verbrachten die Tage und Nächte in Dunkelheit und vollkommen isoliert. Entweder taten sie einfach nichts oder sie schliefen. Doch selbst unter diesen extremen Umständen blieb ihr Tag-und-Nacht-Rhythmus, wie bei der Mimose, intakt. Der Beweis, den de Mairan noch schuldig bleiben musste, war erbracht: Der Mensch verfügt über eine innere Uhr.[161] Experimente, die statt in ständiger Dunkelheit in ständigem Licht durchgeführt wurden, ergaben ebenfalls ein Weiterticken der Uhr. Nur wo im Körper sich diese befand, war unbekannt.

Dieses Rätsel bestand bis in die frühen Siebzigerjahre. Damals entdeckten zwei amerikanische Physiologen, Friedrich K. Stephan und Irving Zucker, dass Ratten jedes Gefühl für Zeit verloren, wenn man ein winzig kleines Areal in ihren Hirnen ausschaltete. Der normale Schlaf-und-Wach-Rhythmus war von einem Augenblick auf den anderen verschwunden.[162] Im fraglichen Gebiet befindet sich der Nucleus suprachiasmaticus (NSC) – ein Häufchen Nervenzellen, das sich im Gehirn über der Stelle befindet, wo die Sehnerven sich kreuzen. Schnell war allen Beteiligten klar, dass es sich bei diesem Kern um die biologische Uhr handeln und dass er sich beim Menschen in derselben Region befinden musste.

Nun konnte man auch frühere Vermutungen verifizieren, wonach die innere Uhr ein selbstständiger Mechanismus war, da sie auch im Dunkeln weitertickte. Offensichtlich wird die Gehirnregion über die Sehnerven ununterbrochen mit Information über die Lichtverhältnisse in der Umgebung versorgt. Die Uhr tickt zwar bei vollständiger Dunkelheit weiter, doch kaum stellen sich die normalen Lichtverhältnisse wieder ein, passt sich die Uhr diesen wieder an. Diese Erfahrung machen wir nach einem Langstreckenflug. In den ersten Tagen nach dem Ortswechsel leiden wir unter einem Jetlag, weil die biologische Uhr noch im Biorhythmus des Orts weitertickt, an dem man längere Zeit verbracht hat. Doch nach wenigen Tagen stellt sie sich auf die veränderte Situation ein, und ein oder zwei Wochen später hat sich der Körper wieder problemlos auf den neuen Rhythmus eingespielt.

In den Siebzigerjahren machte man noch eine weitere Entdeckung: Die Steuerung der biologischen Uhr liegt in der DNS. Die
Biologen Ron Konopka (1947–2015) und Seymour Benzer (1921–
2007) erforschten Fruchtfliegen – beliebte Versuchstiere bei Biologen, weil sie sich so schnell fortpflanzen – und deaktivierten deren
biologische Uhr, indem sie ein Gen ausschalteten.[163] Danach zitter-
ten übrigens auch die Flügel der Fliegen nicht mehr. Der Beweis
war erbracht, dass die biologische Uhr von Genen gesteuert wird,
vom Erbmaterial also. Diese Gene nannte man „Uhren-Gene".

Ungefähr fünfundzwanzig Jahre später bestätigten Forschungen nicht nur, dass es Uhren-Gene auch bei Säugetieren gab, zunächst fand man sie bei den Mäusen,[164] sondern entdeckte auch,
dass es sie überall im Körper gab und nicht nur im Nucleus suprachiasmaticus des Gehirns, wie die Chronobiologen bis zu diesem
Zeitpunkt glaubten. Kurze Zeit später wies man die Uhren-Gene
auch beim Menschen nach,[165] und zwar in so ziemlich allen Kör-
pergeweben: im Herz, in den Lungen, der Leber, den Muskeln, den
Nieren und den Hoden.[166]

Der „Biorhythmus" oder die „biologische Uhr" der Chronobiologen gestaltet sich somit als ein komplexes, rhythmisches System,
das sich aus einer „zentralen Uhr" im Gehirn – dem Nucleus suprachiasmaticus – und zahllosen „peripheren Uhren" an anderen
Stellen des Körpers zusammensetzt. Alle Uhren bilden ein weitver-
zweigtes Netz, mit dessen Hilfe sie sich nicht nur gegenseitig an-
und ausschalten, sondern sich auch in ihren Aktivitäten bremsen
oder stimulieren.[167]

Mittels dieser zentralen Uhr stehen alle Uhren-Gene mit der Außenwelt in Kontakt. Über die Sehnerven empfängt die zentrale
Uhr Informationen über die Lichtverhältnisse in der Umgebung
und leitet diese an die Uhren-Gene im ganzen Körper weiter, worauf dieser mit einer Anpassung der körperlichen Prozesse re-
agiert: Wir atmen schneller, verdauen rascher oder schwitzen. Umgekehrt versorgen die peripheren Uhren-Gene die zentrale Uhr mit
Informationen über die Zustände des Körpers. Es kann passieren,

dass die zentrale Uhr das Signal zum Schlafengehen aussendet, dann jedoch von der Leber die Rückmeldung erhält, sie sei noch nicht so weit, da eine spät eingenommene fettige Mahlzeit sie dazu zwinge, für eine Weile auf Hochtouren weiterzuarbeiten. Der Körper solle den Schlaf noch ein wenig aufschieben, was prompt geschieht und woraufhin der betreffende Mensch einmal mehr die Erfahrung macht, schlecht zu schlafen, nachdem er zu spät eine zu reichliche Mahlzeit zu sich genommen hat.

Das Geniale an diesem System der zentralen und peripheren Uhren ist, einerseits ein Element des menschlichen Körpers zu sein, andererseits aber auch irgendwie über ihm zu stehen. Die zentrale Uhr ist der wichtigste Schalter dieses Systems, mit dessen Hilfe die Körperrhythmen sowohl untereinander als auch mit den Rhythmen der Umgebung synchronisiert werden.[168] Doch nicht nur diese Synchronisation, sondern auch das richtige Verhältnis zwischen Stabilität und Flexibilität sind unverzichtbar für das Überleben von Mensch und Tier.

Der zirkadiane Rhythmus

Wenn Arbeitgeber, Schulen oder Journalisten heute über Biorhythmen sprechen, dann meinen sie normalerweise nicht die Biorhythmen der Jahreszeiten, des Mondes, des Jahres oder des ganzen Lebens, sondern den Biorhythmus von Tag und Nacht, auch „zirkadianer Rhythmus" genannt.

Der Begriff des „zirkadianen Rhythmus" wurde 1959 vom rumänisch-amerikanischen Chronobiologen Franz Halberg (1919–2013) geprägt und bezeichnet den biologischen Rhythmus des menschlichen Körpers, der (circa) einen Tag (dia) bzw. 24 Stunden umfasst[169] und auf diese Weise eng mit der Erdumdrehung verbunden ist. Weil alle Organismen bis hinunter zu den primitivsten während einer Milliarden Jahre dauernden Entwicklung dem Einfluss von

Sonnenauf- und Sonnenuntergang ausgesetzt waren, folgen sie alle einem zirkadianen Rhythmus.

Der zirkadiane Rhythmus sorgt dafür, dass die Prozesse des Körpers den Anforderungen gewachsen sind, die das Leben während eines ganzes Tages an ihn stellt: Wenn es Abend wird, fährt das Gehirn seine Aktivität langsam herunter, damit wir im Bett liegend auch schlafen können. In der Nacht arbeiten unsere Nieren auf Sparflamme, damit wir nicht aufs Klo müssen. Am frühen Morgen steigt der Herzschlag und wir erwachen. Am Nachmittag wächst die Muskelspannung, damit wir auch nach einem anstrengenden Arbeitstag noch unser Kind in den Fahrradsitz heben oder während eines Abendempfangs einen kräftigen Händedruck geben können.

Der zirkadiane Rhythmus ist nicht bei allen Menschen identisch. Bei einigen dauert er exakt 24 Stunden, bei vielen aber etwas länger. Das macht den Unterschied zwischen einem Morgen- und einem Nachtmenschen aus. Während der Morgenmensch also einen zirkadianen Rhythmus von etwa 24 Stunden hat, besitzt ein Nachtmensch einen zirkadianen Rhythmus von ungefähr 25 Stunden. Während der Morgenmensch also abends fast immer zur selben Zeit müde wird, ginge der Nachtmensch lieber eine Stunde später zu Bett, als ihm die Uhr diktiert.[170]

Solche Schwankungen des zirkadianen Rhythmus sind aber auch vom Alter abhängig. Pubertierende sind oft Nachtmenschen, weil ihr „persönlicher" Rhythmus im Durchschnitt länger ist als 24 Stunden. Doch je älter ein Mensch wird, desto größer ist die Wahrscheinlichkeit, dass er zum Morgenmenschen mutiert, da sich der „persönliche" zirkadiane Rhythmus älterer Menschen in der Regel verkürzt.[171]

Warum es wichtig ist, über Biorhythmen Bescheid zu wissen

Warum sollten wir wissen, dass der menschliche Körper Biorhythmen besitzt und dass diese sich als Reaktion auf die Rhythmen des Kosmos gebildet haben? Die Frage, welchen Nutzen Wissen hat, lässt sich wissenschaftlich nicht beantworten. Das jedenfalls behauptet Max Weber in einem öffentlichen Vortrag mit dem Thema „Wissenschaft als Beruf", den er 1917 an der Münchner Universität gehalten hat.[172] Auf die Frage nach dem Nutzen von Wissen könne der Wissenschaftler höchstens antworten, dass Wissen nur um seiner selbst gesammelt werde. Doch dafür lassen sich keine wissenschaftlichen Belege finden. Ein Wissenschaftler fühle sich zwar dazu berufen, alles über die Welt, den Menschen und den Kosmos herauszufinden, doch eine Gewähr, dass sein Tun sinnvoll sei, habe er nicht.

Auch der moderne Chronobiologe, der alles über die Rhythmen des Kosmos und der lebendigen Organismen in Erfahrung bringen will, wird niemals wissenschaftliche Belege dafür finden, dass seine Erkenntnisse relevant sind. Allerdings ist er selbst vom Sinn seiner Tätigkeit überzeugt und zieht allerlei Argumente dafür heran, egal, ob moralischer, politischer oder wirtschaftlicher Art. Weber nennt solche nicht wissenschaftlichen Belege sinnvolle Argumente.[173] Argumente also, die dabei helfen sollen zu erkennen, was dem Leben einen Sinn verleiht. Auch Chronobiologen streben danach, mit ihren Erkenntnissen über die Lebensrhythmen Antworten auf das zu finden, was Weber die „für uns sehr wichtige[n] Fragen" nennt: Was müssen wir tun? Wie müssen wir uns verhalten? Wie sollen wir leben? Fragen, die nach Meinung Webers eher den Bereichen der Religion oder der Ethik zuzuordnen sind als der Biologie, Physik oder Chemie.[174]

Kein Chronobiologe sähe es gern, wegen seiner Aussagen und Empfehlungen für einen Priester oder Ethiker gehalten zu werden, er versteht sich als Wissenschaftler. Es liegt nicht in seinem Interesse, uns einen heiligen oder idealen Kosmos vorzuspiegeln, sondern einen entzauberten. Die Rhythmen der Erde, der Sonne und des Mondes entbehren in seinen Augen ebenso aller Heiligkeit wie deren Niederschlag im Rhythmus des menschlichen Körpers. Die Chronobiologie deutet damit die alte göttliche Ordnung des Kosmos in die profane Macht der Biorhythmen um.

Ein Chronobiologe versucht also, auf die „für uns sehr wichtigen Fragen" dadurch eine nicht religiöse und nicht moralische Antwort zu finden, dass er *Klarheit* schafft. Er führt Tatsachen, Erkenntnisse oder Argumente für und gegen einen bestimmten Standpunkt an, ohne dass dies seinen Forderungen Abbruch täte: Je mehr wir über die Biorhythmen, ihre Funktion und Auswirkungen auf unsere Gesundheit und unser Leistungsvermögen wissen, desto mehr sind wir verpflichtet, sie einzuhalten. Oder wie Weber sagt:

> Wir können so, wenn wir unsere Sache verstehen (was hier einmal vorausgesetzt werden muß) den Einzelnen nötigen, oder wenigstens ihm dabei helfen, sich selbst Rechenschaft zu geben über den letzten Sinn seines eigenen Tuns.[175]

Die Wissenschaft schreibt dem Einzelnen gewissermaßen als nicht göttliche Macht vor, wie er leben soll: Stelle fest, wie dein persönlicher Biorhythmus aussieht, und richte dein Leben danach aus.[176]

Ob es besser sei, nach dem Biorhythmus zu leben, ist zwar nicht wissenschaftlich bewiesen, dennoch sind dessen Auswirkungen auf unser Denken und unser Verhalten nicht zu leugnen. Dazu dürften die moralischen, politischen und wirtschaftlichen Aussagen der Chronobiologen genauso beigetragen haben wie die Empfehlungen zu den Lebensrhythmen, die die alternative Medizin seit geraumer Zeit ausgibt.

Alternative Gesundheitsbewegungen und Biorhythmen

1969 öffnete in Amsterdam das Meditationszentrum *De Kosmos* (Der Kosmos). Im Gebäude waren eine Sauna, Yoga-, Meditations- und Tanzräume, ein Buchhandel und ein großes Teehaus unterge- bracht, in dem auch makrobiotische Kekse, *Space-Cakes* und Fruchtsäfte angeboten wurden. Auch Nicht-Esoteriker waren herz- lich zu einem Besuch eingeladen, solange sie entspannt, *relaxed*, waren. In den Siebzigerjahren entwickelte sich *De Kosmos* zu ei- nem der größten esoterischen Zentren der Niederlande.

De Kosmos ist ein gutes Beispiel für den alternativen, spirituel- len Wind aus dem Osten, wie er in jenen Jahren unter der Jugend der westlichen Welt wehte. Ihrer Meinung nach orientierte sich die Schulmedizin zu sehr an den Naturwissenschaften und ließ es an Aufmerksamkeit für die Selbstheilungskräfte des Körpers fehlen. Man suchte das Heil in einem holistischen Ansatz, in den Idealen der Selbstverwirklichung und in alternativen Heilmethoden.[177] Ho- möopathie, Akupunktur, anthroposophische Medizin und Astro- medizin erlebten einen Höhepunkt an Popularität, und man hielt ein Leben in Harmonie mit dem Kosmos für eine der wichtigsten Voraussetzungen für die Gesundheit von Leib und Seele.

Grundlage der alternativen, holistischen Gesundheitskonzepte ist der Glaube, dass die wahren Heilkräfte einzig der Natur ent- stammen. Gesundheit kann erlangt werden, wenn man die Harmo- nie mit der Natur wiederherstellt. Ein Leben im Einklang mit den Rhythmen des eigenen Körpers, mit den biologischen und natürli- chen Zyklen, den Jahreszeiten und anderen Rhythmen der Erde und des Kosmos ist ein heilsames Leben.

Einer der entschiedensten Vertreter dieses Standpunkts ist Jere- my Rifkin (* 1945). In seinem Ende der Achtzigerjahre erschiene- nen Buch *Uhrwerk Universum* behauptet er ebenfalls, dass die Schulmedizin die Menschen von den natürlichen Rhythmen entfremdet und dass nur die holistische Heilmethode die Möglichkeit bietet, den Kontakt mit den natürlichen und biologischen Rhythmen wiederherzustellen:

> Die Patienten werden ermutigt, sich mit ihren eigenen Körperrhythmen zu identifizieren und mit, statt gegen den körpereigenen Heilungszeitplan zu arbeiten. Der Körper wird nicht isoliert behandelt, sondern als Bestandteil der größeren Umgebung, mit der er rhythmisch ständig zusammenlebt.[178]

Rifkin erwartet, dass die ökologischen, holistischen Heilmethoden die Schulmedizin mit der Zeit verdrängen werden.

Auch in den Niederlanden erfreut sich die Alternativmedizin seit Ende der Sechzigerjahre einer wachsenden Beliebtheit: alternative Gesundheitsläden, alternative Psychotherapien (Re-Birthing, Co-Counseling), alternative Ernährungs- und Heilmethoden (Makrobiotik, Biorhythmen, Reflexologie), Frauengesundheitszentren etc.[179] Diesen bisweilen doch sehr unterschiedlichen Ansätzen ist eines gemeinsam: Sie teilen die Kritik an der naturwissenschaftlichen, „abhängig" machenden Medizin und den Glauben an die Eigenverantwortlichkeit und an die Selbstheilungskräfte des Menschen.

Der Soziologe Colin Campbell (* 1940) führt den Erfolg des holistischen Gesundheitskonzepts ebenfalls auf eine Desillusionierung über die „kalten", „mechanischen" und „gefühlsarmen" herkömmlichen Heilmethoden und das wachsende Vertrauen in die Selbstheilungskräfte des ganzheitlich betrachteten Menschen zurück. Der Erfolg ist auch ein Beweis für die „Veröstlichung" des Westens, denn die meisten der alternativen Heilmethoden entstammen der traditionellen indischen, chinesischen oder japanischen Medizin.

Auch die den alternativen Heilmethoden zugrunde liegende Philosophie spiegelt das von den östlichen Weisheitslehren inspirierte Verhältnis zwischen Mensch und Natur wider: Die Natur ist nicht die Quelle der Krankheiten, sondern die Quelle der Heilung. Der

Mensch erkrankt nicht, weil ein Virus oder eine andere natürliche Kraft in den Körper eindringt, sondern weil sein Verhältnis zu den Energieströmen der Natur gestört ist bzw. weil er nicht in Harmonie mit den eigenen natürlichen Rhythmen oder denen seiner Umwelt lebt. Wer gesund werden oder bleiben will, sollte die natürlichen Kräfte nicht bekämpfen, sondern ihnen nachgeben und sie sich zunutze machen.[180]

Dahinter, so Campbell, verberge sich die Theorie von der universellen „Lebenskraft", die die ganze Welt einschließlich des Menschen durchdringe, die reich, mysteriös und komplex sei und außerdem dafür verantwortlich, dass alles mit allem eins sei: Der Mensch sei mit der Natur verbunden, nicht nur innerhalb seines Körpers, sondern auch durch das Verhältnis seines Körpers zur natürlichen Umwelt. Gleichzeitig aber sei er auch mit anderen Menschen, der Welt als Ganzem und vor allem mit dem Kosmos verknüpft. Wer gesund sein wolle, müsse herausfinden, worin die verborgene Bedeutung nicht nur des eigenen Lebens, sondern des ganzen Universums bestehe – ein Grund, warum die Astrologie sich wachsender Beliebtheit erfreut.[181]

Es ist interessant, dass das Misstrauen, das die alternativen Gesundheitskonzepte seit den Siebzigerjahren der Schulmedizin entgegenbringen, die Chronobiologie ausnimmt. Psychologie- und Ratgeberzeitschriften greifen ohne Vorbehalte auf deren wissenschaftliche Erkenntnisse über den Zusammenhang von Gesundheit, Biorhythmus und kosmischen Rhythmen zurück. Die frühere Skepsis ist einer begeisterten Aneignung ihrer Inhalte gewichen. Vorbehaltlos werden technische Geräte erworben und beworben, die auf der Grundlage von chronobiologischen Erkenntnissen entwickelt worden sind, wie der Lichtwecker (ein Wecker, der den natürlichen Sonnenunter- und Sonnenaufgang simuliert und so einen besseren Schlaf verspricht),[182] Armbänder, die den Schlaf-und-Wach-Rhythmus registrieren, oder die mobile Lichttherapie (eine Lichtquelle, die mit künstlichem Tageslicht Winterdepressionen vorbeugen soll).

Umgekehrt haben sich Mediziner und Biologen inzwischen aber auch den alternativen Heilmethoden geöffnet und machen sich nun ernsthaft Gedanken über die „persönliche" Natur des Menschen und sein Verhältnis zur ihn umgebenden Natur. Dazu hat der Wandel in der Schulmedizin ebenfalls beigetragen: Wissenschaftler und Ärzte haben in den letzten Jahrzehnten zunehmend an Autorität eingebüßt; die Patienten sind mündiger geworden und informieren sich oft zuerst im Internet über Krankheiten und Fragen der Gesundheit.[183] Alternative Heilmethoden wie Akupunktur, Kräutermedizin, Manualtherapie, Homöopathie und Yoga werden öfter verwendet als je zuvor. Und viele Millionen Menschen in der Welt versprechen sich davon Heilung von Krebs, Schlaflosigkeit, Nervenschmerzen, Depressionen, Kopfschmerzen, Beschwerden der Wechseljahre, Unfruchtbarkeit und anderem. Die alternativen Heilmethoden sind inzwischen so verbreitet, dass sich nicht nur die Schulmedizin, sondern auch die Behörden, die nationalen und internationalen Gesundheitsorganisationen und die Versicherer gezwungen sehen, auch solche Behandlungsmethoden zu berücksichtigen.[184] Die Chronobiologie ist ein Teil dieser Entwicklung, weshalb die Wirksamkeit von alternativen Behandlungsmethoden wie Hypnose, Yoga, Lichttherapie und Baldrian auf Schlafstörungen zu ihren Forschungsthemen gehört.[185]

Apollo und Dionysos

Heutzutage sind viele Wissenschaftler, Anhänger der Alternativmedizin, Schuldirektoren, Arbeitgeber, Sportärzte und Verkehrsforscher von der Existenz der Biorhythmen und der Notwendigkeit ihrer Einhaltung überzeugt.

Obwohl zwischen diesen Hohepriestern und den Biorhythmen eine enge Koalition herrscht und obwohl deren Theorie auf jahrtausendealten Erkenntnissen beruht, sind die Gegengötter noch längst nicht verstummt. Der Mensch neigt dazu, mehreren Göttern zu dienen – oder um es mit den Worten Nietzsches zu sagen: Wir verehren sowohl die Götter des Regelmaßes und der Ordnung als auch die Götter der Maßlosigkeit und des Chaos. Das apollinische Verlangen nach Ordnung und Regelmaß herrscht stets neben dem dionysischen Verlangen nach Chaos, Exzess und Unordnung.[186] Daran hat sich bis heute nichts geändert. Der apollinische Gott des Regelmaßes mag zwar der Hausgott der Chronobiologen und der Alternativmedizin sein, doch ihm stehen die dionysischen Götter des regellosen Lebens gegenüber. Sie verführen uns dazu zu essen, zu schlafen oder zu arbeiten, wann es uns beliebt, und flüstern uns ein, ganze Nächte durchzufeiern: „Sleep is overrated" lautet der Slogan einer bekannten Kaffeekette. Mit anderen Worten: Zu viel Regelmaß ist tödlich, denn es macht unser Leben unendlich langweilig.

7

Gefällt mir

Rhythmus und Technologie

„Nächtliches Lagerfeuer, Badeteich, frische Brötchen am Morgen, Zelten macht Spaß (nur schade, dass es hier keine Hotelbetten gibt), Rückenschmerzen." Die niederländische Ex-Politikerin Femke Halsema twittert täglich, sogar wenn sie auf dem Campingplatz ist.[187] Es gibt immer etwas, was man für so besonders hält, dass man es der ganzen Welt mitteilen will. Halsemas Twitterseite zeigt eine Abfolge winziger Momentaufnahmen aus ihrem Leben. Ein roter Faden ist in ihren Nachrichten, die kürzer als 140 Zeichen sein müssen, nicht zu entdecken. Als Leser hüpft man von Moment zu Moment.

Zwischen den Zeilen lesend, stellt man fest, dass das Twittern Halsemas Alltagsrhythmus gelegentlich aus dem Tritt bringt. „atn8. Gute Nacht!" schreibt sie eines Abends. Doch es folgen noch sieben Tweets: „So. Das war's. Seh euch bald wieder." „Gute Nacht!", klingt es entschieden im dritten Tweet. „Die Nacht ruft." Doch erst nach vier weiteren Tweets ist es endlich still.[188]

Twittern kann man dank des Smartphones. In Kombination mit sozialen Netzwerken wie Twitter, Facebook, Instagram oder LinkedIn ist es dem Smartphone-Benutzer möglich, jeden Moment seines Lebens unmittelbar mit Freunden, Familienmitgliedern, Bekannten und Unbekannten zu teilen. Dieser Informationsaustausch über Dinge, die man gerade macht, stärkt die soziale Bindung: Mit der digitalen Feier besonderer Augenblicke nehmen die Benutzer auf moderne Weise Anteil am Alltag ihrer Mitmenschen.

Darin ähneln die neuen sozialen Medien der Religion, bei der die Gläubigen die außerordentlichen, nicht alltäglichen Augenblicke ebenfalls feierlich miteinander begehen. Mit einem Unterschied: Während früher Priester oder die Kirche darüber entschieden, welche als sakrale oder profane Tage zu betrachten seien, bestimmen wir das heute weitgehend selbst und jeder für sich allein. Doch zur Feier lädt man dann alle ein: Wie es der Priester von seiner Gemeinde erwartet, hoffen auch wir, dass jeder der Eingeladenen dem Aufruf folgt, diesen außerordentlichen Moment mit uns zu teilen. Man gibt auf den sozialen Netzwerken das Datum seiner Geburt ein und wird am Geburtstag mit Glückwünschen überschüttet. Man teilt der WhatsApp-Gruppe mit, zu welcher Party man am Abend gehen möchte, und hofft, alle Freunde dort zu treffen.

Die neuen sozialen Medien ermöglichen nicht nur eine gemeinsame Feier von besonderen Tagen und Augenblicken, sondern helfen auch bei der Einhaltung von Verabredungen. Über Facebook bestätigen viele den Besuch einer Veranstaltung. Zahnarzt, Friseur und Restaurants schicken Nachrichten, um an Termine bzw. Reservierungen zu erinnern. Der digitale Kalender auf dem Smartphone meldet, dass man in einer Stunde vor dem Kino erwartet wird. Facebook mahnt, den Geburtstag des Neffen nicht zu vergessen.

Doch die sozialen Medien haben nicht nur einen positiven, das soziale Leben stärkenden Effekt, sondern können dieses auch negativ beeinflussen, weil sie keine Öffnungszeiten haben. Den rhythmischen Wechsel von „offen" und „geschlossen", wie er bei Kneipen, Kirchen und anderen Versammlungsorten üblich ist, gibt es hier nicht mehr. Man kann jederzeit bei seinen Mitmenschen anklopfen. Grenzenlose Zugänglichkeit führt zu grenzenloser Verfügbarkeit. Wir sind gewissermaßen ständig „eingeschaltet". Soziale Medien verführen uns dazu, unentwegt Nachrichten zu lesen oder selbst welche zu verfassen. „Freunde" verweisen uns ständig auf besondere Momente in ihrem Leben, und wir sind so höflich, sofort darauf zu reagieren. Es genügt ein Knopfdruck: „Gefällt mir!"

Jahrhundertelang regelte die Religion das Leben des Menschen, brachte Ruhe hinein, indem sie die Reihe normaler Tage periodisch mit heiligen Ruhe- oder Feiertagen beendete. Die neuen sozialen Medien machen es jedoch genau umgekehrt: Sie wollen alle normalen Tagen in Feiertage verwandeln. Es vergeht kein Tag, ohne dass eine Party, ein Geburtstag, eine Vorstellung, eine Krankheit, ein Todesfall oder etwas Ähnliches mit allen anderen „gefeiert" werden soll. Der periodische Wechsel von Alltag- und Feiertag weicht einem ununterbrochenen Nachrichtenstrom über „feierliche" Augenblicke. Wo es aber keinen Wechsel gibt, entsteht auch kein Rhythmus. Zu diesem Mangel an Rhythmus trägt die 24-Stunden-Ökonomie bei, bei der alles jederzeit verfügbar ist.

Welche Auswirkungen diese Arrhythmie der neuen sozialen Medien auf den Menschen hat, ist schwer abzusehen. Düstere Vorhersagen vermuten, dass wir apathisch werden, weil uns die Fülle an „feierlichen", stets unsere Aufmerksamkeit auf sich ziehenden Augenblicken auf die Dauer überfordert. Der norwegische Sozialanthropologe Thomas Hylland Eriksen (* 1962) glaubt, dass die Menschen darauf mit Fundamentalismus, extremem Opportunismus, einer Zunahme von Burn-outs bis hin zu einer freiwilligen Abkoppelung von der unendlichen Komplexität der Welt reagieren werden.[189] Er fürchtet, und beileibe nicht als Einziger, um unsere Fähigkeit zu Ruhe und Kontemplation.[190]

Kein Mensch wird bestreiten, dass die Rhythmen der neuen sozialen Medien Einfluss auf die bestehenden sozialen Rhythmen haben. Nur zu offensichtlich verliert der besondere Augenblick seinen Wert, wenn auf einmal jeder Augenblick besonders sein soll. Doch braucht man deshalb gegenüber den neuen sozialen Medien keine Zurückhaltung zu üben. Vielleicht ist die Inkompatibilität der beiden Rhythmen ja nur vorübergehend. Neue soziale Praktiken, neue Erfindungen wie die Geschirrspülmaschine, die Stereoanlage oder der Fernseher haben schon immer die Rhythmik des Alltags beeinflusst. Jedes Gerät verknüpft auf ganz spezifische Weise Zeit, Raum und Energie miteinander. Mit der Einführung der Waschmaschine wurde es beispielsweise überflüssig, die Wäsche am Sonntagabend in kochendem Seifensud einzuweichen.

Damit gehörte der Montag als Waschtag der Vergangenheit an. Durch die Stereoanlage war es möglich, sich Tag und Nacht im eigenen Wohnzimmer ein Konzert anzuhören, ohne das Haus verlassen zu müssen. Diese Neuerungen haben keinen dauerhaften Schaden angerichtet, die Rhythmen der Geräte, mit denen wir heute ganz ungehindert leben, kamen sich kaum in die Quere.

Gelegentlich geschieht dies aber dennoch: Der Rhythmus der Handys ist beispielsweise nicht zu vereinbaren mit dem Rhythmus des Autofahrens. Die Freisprechanlage hat das Problem nur bedingt gelöst. Ein anderes Beispiel: Nach Einführung der elektronischen Tickets im öffentlichen Verkehrsnetz der Niederlande stellte sich heraus, dass sich der Rhythmus des Ein- oder Auscheckens oft nicht mit der Konzentration vereinbaren lässt, die nötig ist, um in Bus, Tram oder Metro ein- oder auszusteigen, mit der Folge, dass viele Passagiere es vergessen.

Normalerweise dauert es eine Weile, bevor sich neue Geräte im Alltag etablieren. Von der Forschung bis zur Marktreife und zur allgemeinen Akzeptanz durch den Käufer durchläuft ein Gerät einen fortwährenden Prozess der Anpassung an die Umwelt, in der es eingesetzt werden soll. Umgekehrt aber passt sich die Umwelt auch den neuen Geräten an. Die Philosophin Valerie Frissen (* 1960) vergleicht diesen Prozess mit der Domestizierung eines verwahrlosten Hundes aus dem Tierheim:

Das Tier muss lernen, sich dem Geschehen im Haus anzupassen und den verschiedenen Personen, die dem Haushalt angehören, zu gehorchen.

Aber der Hund wird auch zum Hausgenossen. Die übrigen Bewohner müssen den Umgang mit dem Tier erst lernen, müssen herausfinden, dass der Hund Eigenheiten hat, auf die Rücksicht zu nehmen ist. Auf diese Weise hat man am Ende nicht nur einen braven, stubenreinen Hund, sondern einen ganz neuen Haushalt, der sich vom Haushalt vor der Ankunft des Hundes unterscheidet. Ganz ähnlich geschieht es mit technischen Neuerungen im Haus.[191]

Sobald ein Gerät im Haushalt „domestiziert" ist, gehört es zum normalen Leben. Warnungen vor der Einführung des Geräts wirken im Nachhinein lächerlich. Der in den Sechzigerjahren oft geäußerte Rat, sich vor Musikwiedergabegeräten wie Kassettenrekorder, Radio, Schallplattenspieler und Verstärker zu hüten, da sie zu einer Herabwürdigung und Entheiligung der Musik führen würden, erscheint heute reichlich übertrieben.

Störungen der Rhythmik des Alltagslebens durch die neuen sozialen Medien werden ähnlich vorübergehend sein. Der Prozess der „Domestizierung" ist in vollem Gange, wir können beobachten, wie die Benutzer sich die Neuen Medien und die Apparate aneignen und sie in ihre bereits existierenden Alltagsrhythmen eingliedern. Die „alten" Medien, die diesen Prozess bereits hinter sich haben, bilden die Grundlage für die dem Alltag Struktur verleihenden Rhythmen und wachen wie ein alter, domestizierter Hund über die Rhythmik des Lebens.

Die Rhythmen der „alten" Medien und Geräte

Eine solche „alte", dem Alltagsleben Rhythmus verleihende Technologie ist der Thermostat. Einmal programmiert, sorgt er dafür, dass uns die Abkühlung der Wohnung abends ins Bett treibt und die zurückkehrende Wärme am Morgen das Aufstehen erleichtert.

Heute gibt es Lichttechnologien, die einen solchen Tag-und-Nacht-Rhythmus noch verstärken. Man kann Farbe und Intensität des künstlichen Lichts der jeweiligen Tageszeit anpassen: am Morgen hell, kühl und blau, am Abend gedämpft, warm und rötlich.[192]

Inzwischen gibt es Wecker in allen Formen und Größen, die uns zu gewünschter Uhrzeit und wahlweise mit Geräusch oder Musik zum Aufstehen mahnen. Thermostat, Wecker und Lichttechnologie zwingen uns die Disziplin eines regelmäßigen Tag-und-Nacht-

Rhythmus auf. Dennoch liegt es in unserem eigenen Ermessen, ob wir den Thermostat, den Wecker und das Licht überhaupt einschalten und unter welchen Bedingungen wir sie einsetzen wollen. Zu oft überlassen wir das den Geräten selbst.

Wasch-, Geschirrspül-, Kaffee- und Brotbackmaschine sind weitere Beispiele für Haushaltsgeräte, denen wir unsere Rhythmik überlassen. Der Montag als Waschtag mag zwar der Vergangenheit angehören, doch nach wie vor waschen viele immer am gleichen Wochentag, vorzugsweise am Wochenende. Zahlreiche Küchengeräte helfen uns dabei, innerhalb einer halben Stunde eine Mahlzeit auf den Tisch zu zaubern. Die einfache Rhythmik von offenem Feuer und Kessel ist einer komplexeren gewichen, bei der wir gleichzeitig mehrere Gerichte zubereiten können.

Im Bereich der Medien ist bis heute der Fernseher der wichtigste Taktgeber. Noch 98 Prozent der Niederländer besitzen ein solches Gerät und schauen durchschnittlich ungefähr drei Stunden pro Tag fern.[193] Die Programmmacher berücksichtigen, dass während der Schlafstunden von 23 bis 7 Uhr und während der Arbeitszeit von 9 bis 18 Uhr nur wenig ferngesehen wird.[194] Die höchsten Einschaltquoten gibt es zwischen halb zehn und zehn Uhr abends. Vor allem am Sonntagabend schauen besonders viele Menschen fern. Ein extrem populäres Programm wie „Bauer sucht Frau" ergatterte in den Niederlanden deshalb einen Sendeplatz direkt nach den ebenfalls sehr häufig eingeschalteten Zwanzig-Uhr-Nachrichten.

Der einzelne Fernsehzuschauer hat kaum Möglichkeiten, das Timing der Fernsehprogramme zu beeinflussen, abgesehen von Zuschauerbriefen. Fernsehzuschauer erreichten dadurch immerhin, dass der Sendezeitpunkt für die Sesamstraße geändert wurde. Doch damit ist die Macht des einzelnen Zuschauers auf die Rhythmik der Fernsehprogramme auch schon erschöpft. Zwar hat inzwischen jeder die Wahl, sich Sendungen zu jedem gewünschten Zeitpunkt im Internet, in den Mediatheken oder auf Netflix anzusehen, doch das ist etwas anderes, als eine Sendung zum live gesendeten Zeitpunkt zu verfolgen.

Auch Verkehrsmittel – Autos, Züge etc. – besitzen eine rhythmusgebende Funktion. Sie sollen uns innerhalb eines bestimmten Zeitraums über eine bestimmte Distanz von einem Ort zum anderen bringen. Wollen wir Staus vermeiden, verlassen wir das Haus früher. Wollen wir Geld sparen, benutzen wir die Züge erst nach den morgendlichen Stoßzeiten, denn dann ist ein Zugticket in den Niederlanden günstiger. Während wir unterwegs sind, warten wir nicht nur, bis wir den erwünschten Zielort erreicht haben, sondern nutzen die Zugfahrt, um uns zu schminken, Musik zu hören, die Zeitung zu lesen oder einfach nur vor uns hinzuträumen. Obwohl wir keinen Einfluss auf die Abfahrtszeiten der Züge haben und auch die Bildung von Staus nicht kontrollieren können, haben wir die Freiheit zu entscheiden, ob, und wenn ja, wie und wann wir die sich uns bietenden Reisemöglichkeiten nutzen.

Die Rhythmen dieser ständig von uns benutzten „alten" Medien, Maschinen und Geräte bilden in ihrer Gesamtheit den *Hintergrundrhythmus* unseres Alltagslebens – das heißt, die rhythmischen Rahmenbedingungen, worin unsere täglichen Aktivitäten in einer bestimmten Reihenfolge ablaufen: aufstehen, frühstücken, uns an einen gewünschten Ort begeben, Verpflichtungen nachkommen (Arbeit, Schule, Betreuung der Kinder etc.), zu Mittag essen, wiederum den Verpflichtungen nachkommen, uns an einen gewünschten Ort begeben, einkaufen, kochen, zu Abend essen, Hausarbeit erledigen, erholen und entspannen (Fernseher, Computer, Sport oder Kultur) und schließlich schlafen. Arbeitstage wechseln sich ab mit freien Tagen, die einen ähnlichen Rhythmus besitzen, allerdings ohne Arbeit oder Schule.

Die Tatsache, dass der eine ein Morgen- und der andere ein Nachtmensch ist, hat kaum Auswirkungen auf die Hintergrundrhythmen. Zwar kann sich der Moment des Rhythmusbeginns ändern, sich mal nach vorn oder nach hinten verschieben, doch der Rhythmus selbst ändert sich kaum.

Die Hintergrundrhythmen der alten Medien und Geräte haben einen günstigen Effekt auf den Biorhythmus, denn sie bieten Ruhe und Regelmäßigkeit für das Einschlafen und Erwachen, die gemeinsamen Mahlzeiten, den Haushalt, fürs Arbeiten und Lernen, für die Körperpflege und für die sozialen Kontakte.

Das mag zwar alles ziemlich langweilig klingen, doch die meisten von uns sind mit diesen Hintergrundrhythmen der alten Medien und Geräte zufrieden, passen sie doch zu unserer Vorstellung von einem angenehmen Leben. Durch sie vermeiden wir es, dass sich die einzelnen Tagesordnungspunkte wie Schlafen, Essen, Unterwegssein, Haushalt und Freizeit gegenseitig in die Quere kommen. Außerdem gewähren sie uns einen angenehmen Wechsel von Zeiten der An- und Entspannung. Es ist noch gar nicht so lange her, da bewahrten uns diese Hintergrundrhythmen davor, ständig darüber nachdenken zu müssen, wann wir essen, konferieren oder Sport treiben sollen. Die täglichen Rhythmen verleihen uns zudem ein Gefühl von Kontinuität: Denn trotz der Vergänglichkeit von Zeiten, Menschen und Dingen geht das Leben weiter.

Die Rhythmen der „Neuen" Medien und Geräte

Aber wie stabil ist ein solcher Hintergrundrhythmus? Passt er noch zur heutigen Gesellschaft, in der die individuelle Wahlfreiheit ein derart hohes Gut ist? Sollten wir die „Neuen" Medien und Geräte weniger als eine Bedrohung der alten Hintergrundrhythmik verstehen denn als Chance, uns von dieser zu befreien? Schließlich leben wir in der Epoche der Smartphones, der Computer, des Internets, der Tablets, der E-Mails, der Pings, Tweets, SMS, Blogs, Apps, Games, der sozialen Netzwerke, des Onlinebankings, der Onlineshops und der interaktiven Online-Enzyklopädien.

All diesen Medien und Geräten ist gemeinsam, dass sie die 24/7-Eigenschaft besitzen, das heißt 24 Stunden pro Tag, 7 Tage pro Woche, 52 Wochen pro Jahr eingesetzt werden können. Mittels Satelliten ist der Globus von einem digitalen Netzwerk überzogen, wodurch der Mensch an fast allen Orten der Erde mithilfe der neuen Medien Informationen abrufen oder kommunizieren kann.

Eine digitale, globalisierte Gesellschaft, in der alles ständig „eingeschaltet" ist, wird „24/7-Netzwerkgesellschaft" genannt. Ermöglicht wird sie einerseits durch die Erdumdrehung, weil durch diese immer irgendwo Tag ist, wo die Menschen online sind, andererseits durch die technologische Entwicklung eines globalen digitalen Netzwerks.

Evolutionär betrachtet, bietet sich damit eine ganz neue Situation. Es herrscht auf der Erde nicht länger ein *ungleichzeitiger* Tag-und-Nacht-Rhythmus, der sich von Zeitzone zu Zeitzone unterscheidet, sondern eine *Gleichzeitigkeit*, bei der Zeit und Ort für eine Kontaktaufnahme mit einer anderen Person keine Rolle mehr spielen.

Der spanische Soziologe Manuel Castells (* 1942) prägte zur Erläuterung dieser Gleichzeitigkeit in der Netzwerkgesellschaft das Paradoxon der „zeitlosen Zeit".[195] Die Wanduhr wird überflüssig, sobald wir uns ins Internet einwählen.

Die Zeit ist in der 24/7-Netzwerkgesellschaft auch deshalb zeitlos, weil es keine selbstverständliche Chronologie mehr gibt. Was früher, jetzt oder später war, geht heute ineinander über. Wenn wir morgens das Smartphone aus seinem Standby-Schlaf wecken, können wir die Nachrichten, die in der Nacht eingegangen sind, in verschiedener Reihenfolge lesen: chronologisch geordnet nach dem Zeitpunkt ihres Eingangs, nach Relevanz oder nach dem Zufallsprinzip.

Das Verschwinden einer selbstverständlichen Chronologie lässt sich im Netz gut beobachten. Bei den Trefferlisten der Suchmaschinen wie Google oder Yahoo stehen Einträge aus verschiedenen Zeiten wild durcheinander.

Auch auf YouTube lässt die Chronologie zu wünschen übrig. Viele Videos erwecken den Eindruck, dass die Darbietungen live stattfinden, dabei stammen sie aus längst vergangenen Zeiten. Sänger bleiben auf diese Weise ewig jung, selbst wenn sie längst gestorben sind. Durch den Mangel an Chronologie lassen uns die neuen Medien glauben, alles sei ständig im Hier und Jetzt präsent und werde es auch auf ewig bleiben.

Eine Folge dieser zeitlosen Zeit ist, dass die lokalen Rhythmen an Bedeutung verlieren. Warum sollte man sich noch länger an die örtlichen Arbeits-, Schul- oder Schlafrhythmen halten, wenn man im Netz doch alles zu jedem beliebigen Zeitpunkt tun und erledigen kann? Bei Rechtsanwälten, Medienagenturen und im Beratungswesen ist es inzwischen gang und gäbe, auch am Abend und am Wochenende erreichbar zu sein. Privater und beruflicher Bereich gehen ineinander über. Die Arbeit hört auch nach Feierabend nicht auf. Manche Firmen bieten zur Kompensation gratis Sozialkontakte: „Für die harten langen Arbeitsstunden werden vor allem Anwälte und Berater mit einem reichen Angebot an Zerstreuung entschädigt: Segelregatten, Pokerturniere und Wettrennen, Weihnachtsessen, Sommerfeste und Bürokabarett. Das Blackberry bleibt währenddessen eingeschaltet."[196]

Für Internet und Mobiltelefonie wären feste Rhythmen hinderlich, da die Geräte ein flexibleres und effizienteres Arbeiten ermöglichen. Man kann nun überall und jederzeit arbeiten. Das hat enorme Vorteile: Berufstätige Eltern können von zu Hause aus arbeiten und sich gleichzeitig um die Kinder kümmern. Arbeitnehmer sind auch unterwegs erreichbar. Im Stau oder im Zug lässt sich prima die digitale Post erledigen. Wer zu Hause arbeitet, schont die Umwelt und hat das Gefühl, Kontrolle über die eigene Zeit zu haben.

Doch die Flexibilität hat auch Nachteile. Allein die technische Existenz der ständigen Verfügbarkeit bringt einen in Zugzwang, diese dem Chef und den Kollegen auch tatsächlich zu gewähren. Es ist normal geworden, ohne Mittagspause und bis in den frühen Abend hinein zu arbeiten.[197] Doch auch im Privatbereich soll man ständig erreichbar und flexibel sein. Da wird man unterwegs von der Familie angerufen, ob man noch schnell beim Supermarkt vorbeifahren und dies oder jenes mitbringen könne, oder das Abendessen wird verschoben, weil ein Familienmitglied sich überraschend verspätet.

Die durch die sozialen Medien ermöglichte Flexibilität ist nur ein Teil des allgemeinen Trends, feste Arbeits-, Schul- und Ladenöffnungszeiten, eindeutige Arbeits- und freie Tage abzuschaffen. An ihre Stelle tritt eine fließende Zeiteinteilung, bei der jeder selbst bestimmen kann, wann er was tun will. Flexzeit ist das Zauberwort der modernen Ökonomie. Das Individuum gewinnt zwar an Freiheit, wird jedoch gleichzeitig mit der schwierigen Aufgabe konfrontiert, ohne die Hilfe von Konventionen und gemeinschaftlichen Rhythmen einen persönlichen Lebensrhythmus zu finden.

Schwierig gestaltet sich diese Aufgabe deshalb, weil es keine Beschränkungen mehr für das Arbeitspensum gibt. Bei Rechtsanwälten und anderen Berufsgruppen bleibt der Hinweis darauf, dass Wochenende sei, meist folgenlos, und bei vielen Chefs gilt die Weigerung der Angestellten, Expressaufträge anzunehmen, als illoyal, da Geschäfte und Kindergärten ja bis spät geöffnet haben und ein gemeinsames Abendessen sowieso keine Selbstverständlichkeit mehr ist.

Informations- und Kommunikationstechnologien machen es möglich, immer mehr Arbeit in immer weniger Zeit zu erledigen. Computer werden leistungsfähiger und beschleunigen die Prozesse im Transportwesen, bei der Datenspeicherung, im Rechenwesen, bei Produktionsabläufen, in der Kommunikation und bei der Informationsübermittlung ständig. Die technische Beschleunigung zieht eine soziale Beschleunigung nach sich: Reorganisationen in der Berufswelt oder im Unterrichts- und Erziehungswesen werden in stets kürzeren Abständen durchgeführt; man wechselt den Arbeitsplatz häufiger. Elektronische Post wird schneller beantwortet als die gewöhnliche Post auf Papier. Selbstständige fühlen sich unter Druck gesetzt, Aufträge in immer kürzerer Zeit zu erledigen. Aus Angst, Kunden zu verlieren, bemühen sich Dienstleistungsunternehmen darum, immer schneller auf Anfragen und Reklamationen zu reagieren.[198]

Die Beschleunigung des sozialen Lebens wird auch durch die technischen Voraussetzungen zum Multitasking vorangetrieben, das heißt, wir können mehrere Dinge gleichzeitig tun: Mails lesen, im Internet surfen, WhatsApps verschicken, gamen, uns ein Tennisspiel ansehen und Musik hören. Im Grunde tun wir viel mehr, als man eigentlich in den 24 Stunden eines Tages tun kann.[199]

Die Sozialwissenschaftler Robert Hassan (* 1959) und Ronald Purser (* 1956), beide auf Medien und Zeitprobleme spezialisiert, sprechen im Zusammenhang mit der 24/7-Netzwerkgesellschaft von der Entstehung einer „beschleunigten zeitlichen Ökologie". Der massive Einsatz von neuen sozialen Medien führt zu einem Zeitempfinden, das zwar noch auf 24 Stunden basiert, aber auf hochkomprimierten. Man braucht eine Atomuhr, um die Geschwindigkeit von Computern zu bestimmen, bzw. eine Uhr, die Nanosekunden (das Milliardstel einer Sekunde) oder Pikosekunden (das Billionstel einer Sekunde) messen kann. Als Folge dieser Zeitkompression zerfällt die Zeit in der 24/7-Netzwerkgesellschaft in unzählbar viele Zeiteinheiten, und zwar in so viele, wie es Benutzer von Internet und Handys gibt. Jeder Benutzer lebt in seiner eigenen abgesplitterten Zeiteinheit, in der er die zeitlose Zeit nur für Augenblicke mit anderen Personen teilt. In dieser fragmentierten Zeit gibt es keine rhythmischen Rahmenbedingungen mehr, die dem Alltagsleben Struktur und Kontinuität verleihen können.

Auf Femke Halsema bezogen, könnte man sagen, dass sie mit jedem Tweet einen Augenblick lang Teil eines zeitlosen Nachrichtenstroms ist, der die ganze Welt überzieht. „Present" ruft sie von Moment zu Moment. Die Tweets sind lose Fragmente, in denen Anwesenheit simuliert wird, ohne in einer *acte de présence* wirklich greifbar anwesend zu sein. Mit dieser Anwesenheitsmeldung gliedert man sich während eines willkürlichen, diskontinuierlichen Moments in die zeitlose Gleichzeitigkeit der 24/7-Netzwerkgesellschaft ein.

Der isolierte Akt, *present* zu sein, verhält sich damit konträr zu der von den alten Medien und Geräten gebildeten Hintergrundrhythmik.

Die Erkenntnis, dass die Medien einen endlosen Nachrichtenfluss um die Erde schicken, ist nicht neu. Henri Lefebvre konstatierte dies schon in seiner Analyse der alten Medien wie Radio und Fernsehen und stellt sich die Frage: „Kann man sich eine solche Flut vorstellen, die sich über den Globus ergießt, ohne Ozeane und Wüsten auszusparen? (...) Um auf Knopfdruck Bilder zu sehen und Nachrichten von weither zu empfangen, genügt es, einen modernen Fernseher oder ein Radio zu besitzen."[200] Auch die Unterscheidung zwischen *present* und *présence*, der man in Theorien über die neuen sozialen Medien öfter begegnet, findet sich schon bei Lefebvre.[201]

In Lefebvres Argumentation spiegelt sich deutlich seine neomarxistische Gesinnung wider. Er behauptet, Radio und Fernsehen liefern ein alltägliches *present* und verwandeln das Alltägliche in ein Objekt, in eine Tauschware bzw. in etwas, was *dort present* – und nicht *hier* anwesend ist. Alles im alltäglichen Leben Dargestellte wird durch ein Produkt ersetzt – eine simulierte Wirklichkeit –, das wie eine „Ware" angeboten und eingetauscht werden kann.

Lefebvre gibt den Produzenten der Medien die Schuld am Verschwinden der Präsenz (der wahren Anwesenheit). Indem sie das Alltägliche in den Medien rhythmisch vergegenwärtigen, lösen sie die Rhythmen der unmittelbar greifbaren Anwesenheit auf. Die Produzenten wissen nur zu gut, wie sie Rhythmen am besten einsetzen.

Der Output (Rhythmus) ändert sich je nach Absicht und Tageszeit. Lebhaft und leicht, um die Menschen zu informieren und zu unterhalten, während sie sich selbst auf die Arbeit vorbereiten: Der Morgen. Sanft und zärtlich, wenn sie von der Arbeit zurückkehren, für die Zeit der Entspannung, den Abend und den Sonntag. Nüchtern, aber mit einem gewissen Nachdruck jenseits der Stoßzeiten, für diejenigen, die

nicht oder nicht mehr arbeiten. Auf diese polyrhythmische Weise verläuft ein Medientag.[202]

Nach Meinung Lefebvres „domestiziert" nicht nur der Benutzer die
Geräte wie Radio und Fernseher, sondern der Zuhörer bzw. Zuschauer wird auch vom Produzenten „gezähmt". Das mag zu Lefebvres Zeiten, als das Fernsehen und das Radio nur über begrenz-
te Kapazitäten und eine geringe Anzahl von Sendern verfügten,
noch gestimmt haben. Doch heute ist das Angebot derart reichhal-
tig und differenziert, dass die Sender um Einschaltquoten buhlen
müssen. Außerdem kann ein Zuschauer bzw. Zuhörer inzwischen
zu seiner Unterhaltung auch auf andere Medien zurückgreifen als
nur auf das Radio oder das Fernsehen. Der Benutzer bestimmt die
Rhythmen des Medientags mit.

Lefebvres Unterscheidung zwischen *present* und *présence*
scheint auf den ersten Blick auch heute noch fruchtbar zu sein.
Denn so sehr unterscheidet sich das Anwesendsein in Tweets oder
auf den Seiten der sozialen Netzwerke nicht vom älteren Anwesendsein in Radio und Fernsehen. Das Anwesendsein hat sowohl
in den alten als auch in den Neuen Medien möglicherweise einen
verfremdenden Effekt. Es simuliert eine Anwesenheit und schleust
sie in die normale, alltägliche Wirklichkeit ein. Wenn Halsema
twittert, sie habe Rückenschmerzen, sind wir geneigt, ihr eine er-
munternde Nachricht zukommen zu lassen: „Halt die Ohren steif!
Schön, dass es dir auf dem Campingplatz gefällt." Doch begegnen
wir ihr dann in der Realität, sind wir uns nicht mehr sicher, ob sie
wirklich auf dem Campingplatz war, und erkundigen uns lieber
nicht nach den Rückenschmerzen.

Der Gedanke, dass es zwei Welten gibt, eine, in der wir unsere
Anwesenheit nur kundtun, und eine, in der wir tatsächlich anwesend sind, legt die Existenz zweier deutlich voneinander getrenn-
ter, miteinander konkurrierender Welten nahe. Wir scheinen uns
davor zu fürchten, wie Alice im Wunderland in der neuen Welt der
Smartphones und sozialen Netzwerkseiten zu verschwinden. Die-

se Angst teilt der amerikanische Soziologe Ben Agger (1952–2015), der sich in seinen Forschungen der Beziehung zwischen Smartphone und Zeitempfinden widmet: „Mein Sohn hat keinerlei Erdung, abgesehen von seinen Sixties-Eltern, die ihm Struktur geben und ihn zu seiner Freiheit zwingen!" Wie Obama sei der Sohn im Besitz eines Blackberrys, erzählt er weiter, doch im Gegensatz zum amerikanischen Präsidenten stehe sein Sohn nicht mit einem Bein in der normalen, fest strukturierten Welt. Agger fürchtet, sein Sohn werde aufwachsen, ohne je die Grenzen zwischen privat/öffentlich, An-/Aus-Zeit und Arbeits-/Freizeit kennenzulernen, weshalb er es für eine Pflicht der Erziehungsinstanzen hält, den Kindern beizubringen, dass es außerhalb der Welt der neuen sozialen Medien noch ganz andere Zeit-Welten gibt.[203]

Die Vorstellung von den zwei Welten resultiert daraus, dass wir die neue Welt als merkwürdig oder uneigentlich empfinden und dass ihre Medien, Technologien und Geräte uns im Unterschied zu den vertrauten Fernsehern, Stereoanlagen und Radios als unalltäglich und wie aus einer anderen Welt stammend vorkommen. Die alten Medien gehören zu unserer Welt und passen zu dem, was wir sind.

Doch können wir auch bei den neuen sozialen Medien beobachten, wie sie sich langsam, aber sicher in etwas Normales verwandeln und sich in die „wirkliche" Welt eingliedern: Wie Frissens Hündchen werden sie allmählich gezähmt. Die Domestizierung ist keine Einbahnstraße, sondern beruht auf einer Wechselwirkung zwischen alten und neuen Rhythmen. Die wichtigsten Akteure in diesem Domestizierungsprozess sind die Benutzer und die Entwickler. Benutzer versuchen, die alten und neuen Rhythmen klug zu kombinieren, während die Entwickler nach kreativen Lösungen suchen, um die neuen Medien den Wünschen und Bedürfnissen des Benutzers anzupassen.

Nicht so wild

Die neuen sozialen Medien sind wie dionysische Götter, die uns gegen die apollinischen Götter des Regelmaßes aufhetzen. Sie zeigen uns, wie vergnüglich ein ungeregeltes Leben sein kann, in dem man essen, trinken, schlafen, arbeiten und feiern darf, wann es einem beliebt, und man sich um einen Tag-und-Nacht-Rhythmus, um Schul- und Arbeitsrhythmen nicht zu scheren braucht.

Ist es aber tatsächlich so verwerflich, Anhänger der Götter des ungeregelten Lebens zu sein? Das hängt ganz davon ab, welche Werte wir als Individuum oder als Kultur hochschätzen.

Wenn „Gesundheit" oder „Sicherheit" ganz oben auf der Werteliste stehen, ist es sinnvoller, Apollo zu dienen. Ein ungeregeltes Leben stört den Biorhythmus und birgt Gesundheits- und Sicherheitsrisiken.

Steht „Konsum" oben an, dann sind eher die Götter des ungegelten Lebens gefragt. In deren Sinne handelte die Gemeinde Amsterdam, als sie zehn Lokalen die Erlaubnis erteilte, 24 Stunden pro Tag geöffnet zu sein. Von der Erweiterung der Öffnungszeiten verspricht sich die Stadt Impulse für das Nachtleben, für das Gaststättengewerbe und für den Tourismus. Dabei ist bekannt, dass durch die nächtlichen Öffnungszeiten Gesundheit und Verkehrssicherheit junger Leute beeinträchtigt werden.

Steht „Vergnügen" ganz oben, haben beide Götter die gleiche Chance, verehrt zu werden, denn sowohl ein geregeltes als auch ein ungeregeltes Leben können angenehm sein. Außerdem ist es durchaus möglich, Zeiten des regelmäßigen mit Zeiten ungeregelten Lebens abzuwechseln. Das geschah jahrhundertelang mit dem Karneval, der den regelmäßigen Takt des Arbeitslebens unterbrach.

Der Kampf zwischen apollinischem Regelmaß und dionysischer Unregelmäßigkeit geht auch dann unentschieden aus, wenn das Kriterium der „Zeit" die Werteliste anführt. Manche arbeiten am besten unter vollkommen regelmäßigen Bedingungen, für andere ist das weniger wichtig.

Wem „das soziale Leben" am Herzen liegt, der schätzt die Regelmäßigkeit gemeinsamer Mahlzeiten, Sportaktivitäten, Ruhetage, Geburtstage oder Feiertage. In unregelmäßigen Abständen immer wieder umständlich neue Verabredungen treffen zu müssen, ist ihm ein Graus. Doch das wird sich vermutlich ändern, denn durch die Smartphones ist es ein Leichtes geworden, sich mit Freunden zu verabreden.

Bei der Domestizierung der neuen sozialen Medien ist es unerlässlich, dass Benutzer und Entwickler ihnen neue Bedeutung und einen neuen Wert verleihen. Kriterien wie Spaß, Gesundheit, Sicherheit, Konsum, Zeit und soziales Leben spielen bei der Aneignung und Entwicklung der neuen sozialen Medien eine große Rolle. Benutzer und Entwickler suchen nach neuen Möglichkeiten, diese Kriterien umzusetzen, indem sie zum Beispiel Apps und Software entwerfen bzw. benutzen, die die Gesundheit verbessern. Beispiele dafür sind die Apps, die sich merken, wann man zu Bett geht oder aufsteht, sodass mit einem Blick erkennbar ist, ob man gerade seinen Biorhythmus strapaziert oder nicht. Ein weiteres Beispiel ist Software, die die Computerbenutzer daran erinnert, dass es wieder mal an der Zeit sei, eine Pause einzulegen, weil sie schon viel zu lange hinter dem PC sitzen, oder Fitness- und Jogging-Software für das Smartphone, die während des Sports hilfreiche Instruktionen gibt. Benutzer können weitaus unterhaltsamer und entspannter reisen, wenn sie unterwegs mit ihrem Smartphone benutzerspezifisch programmierte Radioprogramme, Podcasts oder gespeicherte Musik hören, über Facebook oder WhatsApp sich mit Freunden unterhalten, im Internet surfen oder Freunde und Familienmitglieder anrufen können.[204] Weniger als ein Viertel der Reisenden ist der Ansicht, während der Reisezeit für den Chef arbeiten zu müssen.

Andere Beispiele zeigen, dass die neuen sozialen Medien auch eingesetzt werden, um den traditionellen Wechsel von Ruhe und Aktivität, Alltag und Nicht-Alltag aufrechtzuerhalten. So wie einst die alten Medien Radio und Fernsehen die bestehenden Hintergrundrhythmen zwar veränderten, aber gleichzeitig auch auf unterhaltsame Weise bestätigten, können wir heute beobachten, wie die die Regelmäßigkeit aushöhlenden Kräfte der neuen sozialen Medien langsam, aber sicher domestiziert und in die bereits existierenden Rhythmen eingegliedert werden.

Mein Sohn gehört der Generation an, die mit den digitalen Medien aufwuchs. Vor Kurzem erzählte er mir, ihm sei erst auf dem Gymnasium klar geworden, dass es Menschen gebe, die nicht fünf Tage in der Woche in der Schule oder auf der Arbeit verbringen. Der Wochenrhythmus aus frühem Aufstehen und frühem Schlafengehen war für ihn so normal, dass er nicht im Traum daran dachte, es könne Menschen mit einem anderen Lebensrhythmus geben. So groß können also die Auswirkungen der neuen sozialen Medien auf die Schüler gar nicht sein, wenn dadurch nicht einmal die den Schülern achtzehn Jahre lang eingebläuten althergebrachten regelmäßigen Rhythmen von Schule, Arbeit und Schlaf erschüttert werden können. Diese Rhythmen stecken zu tief in unserem Körper und in unserer Kultur drin. Selbst den fanatischsten Twitterern setzen Körper und Kultur Grenzen. Wer nicht aufhören kann, wird auf die Dauer entweder todmüde oder ist irgendwann der Letzte seines Freundeskreises, der noch online ist.

Selbst ein Dauer-Twitterer wie Femke Halsema gönnt sich und ihren mehr als 100.000 Freunden in der Nacht eine Pause. Mit einem angenehmen Nebeneffekt: Aufgrund der in regelmäßigen Abständen wiederkehrenden Unterbrechung des Nachrichtenstroms ist der erste Tweet am Morgen etwas Besonderes, und man erwartet ihn mit Spannung.

8

Unstatthafte Mischungen

Rhythmus: Natur und/oder Kultur

> Sobald ein feines Weberschiffchen Himmel, Industrie, Texte,
> Seelen und moralisches Gesetz miteinander verwebt, wird es
> unheimlich, unvorstellbar, unstatthaft.
> Bruno Latour[205]

Mexiko-Stadt: Als die 33-jährige Radrennfahrerin Leontien van Moorsel die höchstgelegene Radrennbahn der Welt betritt, herrschen 17 Grad, und es ist windstill. Heute, am 1. Oktober 2003, wird sie versuchen, den Stundenweltrekord zu brechen. Diesen hält zu diesem Zeitpunkt Jeannie Longo, die im Dezember 2000 auf derselben Bahn in den erforderlichen 60 Minuten 45 Kilometer und 94 Meter zurückgelegt hat.

Zwei Jahre vorher hatte van Moorsel auf der Radrennbahn von Manchester bereits den Versuch unternommen, ihrer Rivalin Longo den Titel abspenstig zu machen, musste sich damals der dreifachen Olympiasiegerin aber noch geschlagen geben. Heute, nach einer intensiven Trainingsperiode, in ein Trikot gehüllt, für dessen Entwicklung der Sportbekleidungshersteller anderthalb Jahre aufgewendet hat, und mit einem im Windkanal erprobten Fahrrad will sie beweisen, dass sie die schnellste Stundenfahrerin der Welt ist.

Wer den Stundenweltrekord brechen will, hat das Glück, dass er selbst bestimmen kann, wann er das Rennen fahren will. Van Moorsel entschied sich dafür, den Rekordversuch während ihrer Menstruation zu unternehmen.

„Während der Periode zum Stundenweltrekord" titelte die nie-derländische Tageszeitung *De Volkskrant* drei Tage vor dem Ren-nen. Bei früheren Wettkämpfen hatte van Moorsel die Erfahrung gemacht, dass ihre Schmerzgrenze am dritten Tag ihrer Menstrua-tion am höchsten liegt. Das ist der Tag des Zyklus, an dem man Flügel bekommt und „über sich selbst hinauswächst".[206]

Kurz vor dem Wettkampf scheint ihr das Schicksal noch einen Strich durch die Rechnung zu machen. Die Sportlerin stürzt wäh-rend des Warming-ups, doch nach einigen ermunternden Worten ihres Ehemanns Michael Zijlstra gewinnt van Moorsel ihr Selbst-vertrauen zurück. Beim Start steigt sie voll in die Pedale. Die Stra-tegie geht auf: Zehn Minuten später ist sie schneller als Longo und baut ihren Vorsprung in der restlichen Zeit sogar noch aus. Nach 60 Minuten hat van Moorsel 971 Meter mehr hinter sich gebracht als Longo und erhöht damit den Stundenweltrekord der Frauen auf 46 Kilometer und 65 Meter.[207]

Mit dem Timing für ihren Weltrekord widerlegt van Moorsel die weitverbreitete Meinung, Frauen seien während ihrer Periode we-niger leistungsfähig. Die Radrennfahrerin war in dieser Zeit in Bestform. Kein Wunder, dass nach dem Rennen einige Kommen-tatoren die Frage aufwarfen, ob man die Menstruation jetzt als eine Art Doping betrachten müsse.[208] Diese Frage stellt den be-kannten Gegensatz von Natur und Kultur auf den Kopf. Hat van Moorsel auf ihre „Natur" gehört, als sie den Rhythmus ihres Mens-truationszyklus einsetzte, um gegen alle Schmerzgrenzen den Stundenweltrekord für sich zu entscheiden, oder war die Höchst-leistung nur das Resultat eines gerissenen Trainer-Kalküls?

Wie bereits erwähnt, vertreten viele Autoren, die sich dem The-ma Zeit widmen, die Auffassung, dass wir die gesündesten und besten Leistungen erbringen, wenn wir uns nach den natürlichen Rhythmen unseres Körpers richten. Uhren, Kalender und compu-tergesteuerte Technologien stören die natürlichen Rhythmen. Durch die künstlichen Rhythmen der Kultur entfremden wir uns von uns selbst, sie sind Feinde der organischen Rhythmen des Körpers. Doch die Meinung, die Natur biete uns nur Gutes und Uhren bzw. Kalender seien etwas Widernatürliches, stellt eine sehr romantische, ja sogar karikierende Auffassung der Natur dar. In der alltäglichen Wirklichkeit unterscheiden sich das „Natürliche" und das „Künstliche" nicht in dem Maße, wie es die Vertreter dieser Meinung gern hätten. Die Bereiche von Natur und Kultur stehen sich zwar gegenüber, gehen jedoch ineinander über und beeinflussen einander. Kulturelle Rhythmen haben Auswirkungen auf die natürlichen Rhythmen, mehr noch: Sie entscheiden darüber, wie wir über Natur denken. Wir reden von „Naturgebieten", obwohl sie von Menschen angelegt wurden, nennen eine Geburt „natürlich", nur weil sie zu Hause stattfindet, und halten Taubheit, schiefe Zähne und Demenz für „unnatürlich". Der Menstruationszyklus – der natürliche Rhythmus par excellence – kann von den Frauen manipuliert werden: Es kommt oft vor, dass unter den enormen physischen Anstrengungen eines Dauertrainings die Regel bei weiblichen Topsportlern ausbleibt. Bringt man die Menstruation wie im Falle von van Moorsel mit Doping in Verbindung, dann ist sie nicht länger als ein natürliches Phänomen zu betrachten, sondern als ein kulturelles, vom Menschen gesteuertes.

Umgekehrt nehmen viele Rhythmen, die wir für natürlich halten, Einfluss auf die Kultur: Keiner würde leugnen, dass die Rhythmik des Treppensteigens kulturell bestimmt sei. Doch dabei vergessen wir, dass sich die Höhe der Treppenstufen, und damit deren Rhythmik, aus dem Schrittrhythmus entwickelt hat, mit dem der durchschnittliche Mensch einen Berg besteigt. Ist damit die Rhythmik des Treppensteigens ein natürliches oder ein kulturelles Phänomen? Hat sich der Körper der Treppe angepasst oder die Treppe dem Körper? Entfremdet die Treppe uns von uns selbst, weil ihr Rhythmus dem natürlichen Rhythmus unseres Körpers zuwiderläuft? Oder ist die Treppe als etwas zu betrachten, was uns täglich an die archaischen Zeiten erinnert, als wir noch barfuß durch Berg und Tal streiften?

Es ist unmöglich, Natur und Kultur strikt voneinander zu trennen, das heißt, sie von den gegenseitigen Einflüssen zu „reinigen", zu „purifizieren". Das jedenfalls behauptet der Wissenschaftsanthropologe Bruno Latour. Er liefert eine ganze Reihe empirischer Beispiele, um zu zeigen, dass es eine Vielzahl von Mischformen (Hybride) zwischen Natur und Kultur gibt, das heißt zwischen dem, was vom Menschen gemacht ist, und dem, was nicht vom Menschen geschaffen ist. Wir werden, wie er es formuliert, „von Embryonen im Reagenzglas, Expertensystemen, digitalen Maschinen, Robotern mit Sensoren, hybridem Mais, Datenbanken, Drogen auf Rezept, Walten mit Funksendern, synthetisierten Genen, Einschaltmessgeräten etc. überschwemmt".[209] Wie sehr wir auch versuchen, Natur und Kultur voneinander zu scheiden: Die Zahl der Hybride nimmt in rasendem Tempo zu.

Wollen wir etwas von den wechselseitigen Beziehungen der zahlreichen Rhythmen begreifen, die im Körper, um ihn herum und durch ihn aktiv sind, können wir uns nicht gänzlich von den Begriffen „natürlich", „biologisch" oder „kulturell" verabschieden. Welche Rhythmen wurden vom Menschen gemacht und welche nicht? Wie stabil sind diese Rhythmen? Wie veränderlich sind sie? Auf welche Rhythmen würden wir nur ungern verzichten? Welche Mischungen zwischen biologischen und sozialen Rhythmen sind denkbar? Wie können wir die unterschiedlichen körperlichen Rhythmen so miteinander vermengen, dass wir uns energiegeladen, ausgeglichen und gesund genug fühlen, um all das zu tun, was wir gern tun möchten?

Doch zunächst will ich klären, welche körperlichen Rhythmen es überhaupt gibt.

Der Biologe

Bittet man einen Biologen oder einen Bewegungswissenschaftler, etwas über die Rhythmen des menschlichen Körpers zu erzählen, wird er schon nach kurzer Zeit auf den bereits erwähnten zirkadianen Rhythmus zu sprechen kommen. Dieser Rhythmus befindet sich in jedem Organ des menschlichen Körpers, in jeder Zelle, in jedem Molekül und wiederholt sich in einem Zeitraum von (circa) einem Tag (dia) ständig.

Der Biologe wird weiter erklären, dass sich die körperlichen Rhythmen im Laufe vieler Jahrmillionen unter dem Einfluss der Erd- und Mondbewegungen gebildet haben. Unser Wach-und-Schlaf-Rhythmus wird noch heute von der Erdumdrehung gesteuert: Durch die Rotation wird es auf der Erde in unabänderlichen Abständen hell und dunkel. Der Körper weiß genau, wann am Tage und wann in der Nacht die Nieren, das Herz, die Leber, die Muskeln oder die Gehirnzellen aktiv oder passiv sein sollen.

Auch der weibliche Menstruationszyklus entwickelte sich unter Einfluss der Himmelskörper und ist nach wie vor vom Zyklus des Mondes abhängig. Die menschliche Fruchtbarkeit, Abwehr, Krebsanfälligkeit, Temperatur und das Gewicht sowie der Verdauungsprozess schwanken ebenfalls im Rhythmus der Bewegung der Erde um die Sonne: Je nach Jahreszeit verringert oder erhöht sich die Gefahr für Brustkrebs, Herz- und Gefäßkrankheiten, Atemwegserkrankungen, Geschlechtskrankheiten, Sterblichkeit und Depression.[210] Auch unser Sexleben unterliegt dem Rhythmus der Jahreszeiten, wodurch im Lauf des Jahres mal mehr, mal weniger Kinder geboren werden.

Wie kann das sein, wenn doch die Menschen in der Mehrheit selbst darüber entscheiden, wann sie ein Kind zeugen wollen? Was die Zeugung eines Menschen eindeutig zu einem Element der menschlichen Kultur macht. So viel Einfluss können die Jahreszeiten darauf doch nicht haben, denn der Großteil der Menschheit lebt in Städten, in denen Heizung und künstliches Licht eine Selbstverständlichkeit sind. Die Statistiken sprechen aber eine andere Sprache: Noch immer werden im Spätsommer die meisten Kinder geboren. Dem fern von der Natur lebenden Menschen mag seine Entscheidungsfreiheit noch so teuer sein: Was die menschliche Fortpflanzung betrifft, steht er gewissen Reizen weitgehend machtlos gegenüber.

Wie schwierig es uns tatsächlich fällt zu glauben, dass biologische Rhythmen unser Fortpflanzungsverhalten steuern, zeigen die Folgen des größten Stromausfalls in der Geschichte der Stadt New York, der sich am 9. November 1965 ereignete. Die ganze Stadt lag im Dunkeln. Neun Monate später berichteten die Ärzte in der *New York Times* von einem erstaunlichen Geburtenanstieg. Die Erklärung lag nahe: der Stromausfall! Die New Yorker seien angeblich früher als sonst zu Bett gegangen, und was dort passiert sei, könne man sich lebhaft vorstellen. Doch so plausibel die Erklärung aus soziologischer Sicht klingen mag: Sie entspricht nicht den Tatsachen. Als der Demograf Richard Udry (1929–2012) einige Jahre später die Zahl der Geburten aus dem Jahr 1965 mit der Geburtenrate anderer Jahre verglich, stellte er fest, dass bei der New Yorker Geburtenrate jedes Jahr im August ein leichter Anstieg zu verzeichnen ist. Offensichtlich lieben sich die New Yorker jeden Spätherbst öfter als im Sommer oder im Winter.[211] Seine Analyse deckt sich mit anderen Studien, die ebenfalls zum Resultat kommen, dass gegen Jahresende mehr Kinder gezeugt werden. Offensichtlich können die Menschen in einer Zeit, in der man sich aktiv für oder gegen Kinder entscheidet, nur schwer akzeptieren, dass die Jahreszeit dabei eine Rolle spielen soll.

Doch nicht nur die Bewegungen von Erde und Mond üben einen Einfluss auf den menschlichen Körper aus, sondern auch die zehn- bis elfjährigen Sonnenzyklen, während deren die Sonne eine erhöhte Aktivität aufweist und mehr kosmische Strahlung in den Kosmos und auf die Erde schickt. Die erhöhte Strahlung beeinträchtigt die Gesundheit und damit auch die Lebenserwartung des Menschen: Wer während des Höhepunkts eines Sonnenzyklus geboren wird, stirbt durchschnittlich anderthalb Jahre früher als jemand, der vor oder nach einem solchen Höhepunkt das Licht der Welt erblickt.[212] Auch andere kosmische Zyklen haben Auswirkungen auf die menschliche Physiologie, doch weiß man darüber noch sehr wenig.

Jeder Biologe wird uns sagen, dass das ganze Leben ein Rhythmus sei, der mit jedem Neugeborenen neu beginne: Geburt, Wachstum, Hoch-Zeit, Verfall und Tod. Diese körperliche Rhythmik konfrontiert uns mit der Endlichkeit der individuellen Existenz: Wir sind für kurze Zeit jung, dann wenige Jahrzehnte fruchtbar, haben körperlich gesehen unsere beste Zeit schon hinter uns, bevor wir die Hälfte unseres Lebens erreicht haben, bauen geistig nach dem fünfzigsten Lebensjahr ab, und sterben müssen wir schließlich alle. Zwar wehren wir uns gegen die mit dem Alter zunehmenden körperlichen Beeinträchtigungen, müssen uns ihnen aber am Ende doch geschlagen geben.

Vom Standpunkt der menschlichen Evolution aus betrachtet, haben diese körperlichen Rhythmen einen Sinn, denn sie sichern uns in einer bestimmten Umgebung das Überleben als Art. Rhythmen des Herzes, der Gebärmutter, der Eingeweide, der Augen und des Gehirns sind optimal auf den Rhythmus von Tag und Nacht, Mond und Jahreszeiten abgestimmt. Auch die zahlreichen Rhythmen innerhalb des Körpers konnten und können sich während der langen Evolution optimal aufeinander einspielen.

Das Wunder des komplexen Zusammenspiels erstaunt vor allem angesichts der Entwicklung des Fötus in der Gebärmutter: Nachdem sich die befruchtete Eizelle in die Gebärmutterwand eingenistet hat, fängt bereits nach einem Monat ein winziges Herz zu schlagen an, es bildet sich das Gehirn, Ansätze für Hände und Füße werden sichtbar, ein Gesicht mit Nase, Augen, Lippen und Ohren formt sich. Nach dem zweiten Monat besitzt der Embryo bereits Zehen und Finger. Dank der Rhythmik dieses Prozesses entwickelt sich alles genau zum richtigen Zeitpunkt der Embryogenese. In den nächsten Monaten entfaltet sich Schritt für Schritt der ganze Organismus, der dann nach insgesamt neun Monaten in einem Prozess, in dem das richtige Timing das Wichtigste ist, geboren wird. Schon der dramatische Moment, wenn sich während des Geburtsvorgangs der Blutkreislauf des Neugeborenen auf seine Umwelt einstellt, ist ein Beweis für die Komplexität des rhythmischen Zusammenspiels im menschlichen Körper.

Bekäme ein Komponist den Auftrag, diesen vielschichtigen Entwicklungsprozess mit allen Nuancen, Kettenreaktionen, Momenten des perfekten Timings und der Improvisationen musikalisch wiederzugeben, wäre es fraglich, ob es ihm gelänge, die komplizierte und harmonische Polyrhythmik des in der Gebärmutter heranwachsenden Organismus in einer Partitur auch nur annähernd wiederzugeben.

Die harmonische Polyrhythmik des Körpers hat sich im Lauf der Evolution buchstäblich in unser Erbmaterial eingeschrieben und wird von den Eltern an das Kind weitergegeben. Heißt das, dass wir unausweichlich an diese Rhythmen gebunden sind? Dass die Rhythmen des Schlafens, Wachens, Essens, Verdauens, der Menstruation, Fruchtbarkeit und Geburt evolutionsbedingte, unabänderliche biologische Tatsachen sind, die wir nicht verändern können? Nicht ganz, denn das ist nur die eine Hälfte der Geschichte.

Der Soziologe

Fragt man Soziologen, Anthropologen oder Pädagogen nach den Rhythmen des menschlichen Körpers, werden sie sagen, dass der menschliche Körper von Kindheit an in einem bestimmten Rhythmus trainiert wird. Kaum ist das Kind geboren, wird es schon in das Schema gepresst, alle drei Stunden die Brust zu bekommen und nachts möglichst durchzuschlafen. Ein paar Nickerchen am Tage sind am Anfang noch erlaubt, doch damit ist spätestens in der Grundschule Schluss.

Schon in den ersten Lebensjahren lernt das Kind, dass alles zu seiner Zeit erfolgt: Es gibt eine Zeit fürs Aufstehen, eine Zeit für den Kindergarten, eine Zeit für den Topf, eine Zeit fürs Draußenspielen, eine Zeit fürs Heimgehen, eine Zeit fürs Fernsehen, eine

Zeit fürs Essen, eine Zeit fürs Zähneputzen und eine Zeit fürs Schlafengehen.

Der Körper des Kindes wird dressiert und in dieser Dressur den sozialen Rhythmen angepasst, die es für ein reibungsloses Zusammenleben in der Gesellschaft, der Familie oder der Schule präparieren. Kein Elternteil kann es sich erlauben, nächtelang durchzuwachen, weil das Kind nicht schläft, und von keinem Lehrer und keiner Lehrerin ist zu erwarten, einen guten Unterricht zustande zu bringen, wenn die Eltern es versäumt haben, ihren Kindern beizubringen, dass es eine Zeit fürs Spielen und eine fürs Lernen gibt.

Während dieses Lernprozesses gewöhnt sich unser Körper so sehr an diese soziale Rhythmik, dass er sie sich vollkommen aneignet. Wir haben gelernt, zu bestimmten Zeiten zu essen und aufs Klo zu gehen, also bekommen wir zu festgelegten Zeiten Hunger und unser Stuhlgang wird zu bestimmten Zeiten aktiv. Wir werden spontan müde, weil der Körper es gewöhnt ist, immer zur selben Zeit schlafen zu gehen, und wir bekommen dann Lust auf Kaffee, wenn der Körper üblicherweise eine Dosis Koffein erhält.

Somit entscheiden soziale Gewohnheiten über die Rhythmik unseres Körpers; doch weil wir uns diese Gewohnheiten buchstäblich einverleibt haben, erfahren wir die Rhythmik in Form von Hunger, Durst, Müdigkeit, Wachheit und Drang zum Stuhlgang als etwas zu unserem Körper Gehörendes. Obwohl sie ein Produkt der sozialen Disziplinierung ist, erscheint sie uns als Authentisches und Natürliches. Lefebvre und Régulier behaupten, dass das „Subjekt" im Alltag alles, was sich aus den sozialen Beziehungen ergibt, für notwendig und absolut, essenziell und authentisch hält.[213]

Die Rhythmen, die wir uns im Leben, aber vor allem in der Kindheit angeeignet haben, sind deshalb auf der einen Seite das Persönlichste, was wir besitzen, auf der anderen aber das Äußerlichste und am meisten vom sozialen Umfeld Bestimmte. Zwar ahnt man, dass unendlich viele Menschen um elf Uhr nachts im Bad vor dem Spiegel stehen und sich die Zähne putzen, dennoch hat man den

Eindruck, der einzige Mensch auf der Welt zu sein, der in diesem Augenblick vor dem Spiegel steht und sich die Zähne putzt.

Nach Meinung des Soziologen Norbert Elias ist das Erlernen von sozialen Rhythmen während der Kindheit Teil eines langwierigen Zivilisationsprozesses. In diesem Prozess haben sich im Lauf der Zeit Erkenntnisse und Normen herausgebildet, die von früheren Generationen auf die folgenden übertragen wurden und werden. Die Kinder der heutigen technologischen Gesellschaft haben gelernt, immer zu wissen, wie spät es ist, und zu tun, was von ihnen zu diesem bestimmten Zeitpunkt erwartet wird. Sie haben ein derart umfassendes und zwangsgesteuertes Zeitbewusstsein entwickelt, dass es ihnen schwerfällt, sich eine Zeit ohne diese Rhythmen vorzustellen.[214] Für uns ist es vollkommen normal, einen Wecker zu benutzen, um rechtzeitig in der Schule oder auf der Arbeit zu sein, in einen Kalender alle unsere Termine einzutragen und unsere Blase erst dann zu leeren, wenn uns eine Toilette zur Verfügung steht. Wir finden es vollkommen „natürlich", dass die Nachtruhe aus einer ununterbrochenen Ruheperiode von ungefähr sieben bis acht Stunden besteht. Das war jedoch nicht immer so, in früheren Zeiten unterbrachen die Menschen mehrmals pro Nacht ihren Schlaf und standen auf.[215]

Die aus dem Zivilisationsprozess resultierenden sozialen Rhythmen sind uns zur zweiten Natur geworden, obwohl sie keineswegs Teil der menschlichen Natur sind. Sie sind, so Elias, ein „Teil des sozialen Habitus, der eine Eigentümlichkeit der Individualität jedes Menschen ist".[216] Als Individuum entscheiden wir, wann wir den Wecker stellen wollen, doch dieser individuelle Akt ergibt sich aus einer sozialen Disziplinierung, die uns diktiert, stets rechtzeitig auf der Arbeit oder in der Schule zu erscheinen. Diese Disziplinierung fordert eine Kontrolle über den Körper: Er muss sich den sozialen Rhythmen unterordnen, die sich im Lauf der menschlichen Entwicklung gebildet haben. Haben wir uns den sozialen Habitus einmal zu eigen gemacht, vergessen wir seine soziale Abkunft als etwas Angelerntes. Als Folge davon hält der Mensch diese angelernten Rhythmen für einen Teil seiner natürlichen Ausstattung, und sie erscheinen ihm als genauso unabdingbar und unausweichlich wie genetisch bedingte körperliche Rhythmen.

Ein Beispiel dafür, wie unausweichlich angelernte Rhythmen sein können, weshalb wir sie für etwas Eigenes, Vertrautes und Selbstverständliches halten, findet sich in Mario Vargas Llosas Roman *Lob der Stiefmutter*. Der Held der Geschichte, Don Rigoberto, zieht sich jeden Abend zur gleichen Stunde in sein Badezimmer zurück. Es bereitet ihm ein besonderes Vergnügen, sich ausführlich der Pflege eines bestimmten Körperteils zu widmen. Am Montag sind es die Hände, am Dienstag die Füße, am Mittwoch die Ohren, am Donnerstag die Nase, am Freitag die Haare, am Samstag die Augen und am Sonntag die Haut. Während dieser Abendtoilette gibt er sich auch mit voller Leidenschaft seiner Verdauung hin.

Don Rigoberto will die Rhythmen seines Körpers kennenlernen, will ihnen folgen, will sie kontrollieren – das unaufhaltsame Wachstum der Haare, der Hornhaut und der Nägel, den täglichen Drang, sich zu entleeren, den unumkehrbaren Alterungsprozess. Er versteht es als das Streben nach ethischer und ästhetischer Perfektion:

Der eiserne Wille, der willkürlichen Launen seines Körpers Herr zu werden und ihn mit Hilfe verschiedener Verfahren der Entfernung, Beschneidung, Ausscheidung, Befeuchtung, Reibung, Scherung, Glättung usw., die er mit der Zeit beherrschen gelernt hatte wie ein Meister sein Handwerk, zu einer Existenz zu zwingen, die gewissen ästhetischen Normen gehorchte und bestimmte, von seinem [...] souveränen Geschmack gesetzte Grenzen nicht überschritt, isolierte ihn vom Rest der Menschheit und erzeugte bei ihm jenes wunderbare Gefühl [...], aus der Zeit herausgetreten zu sein. Es war mehr als ein Gefühl: eine körperliche Gewißheit."[217]

Don Rigobertos sozialer Habitus ist bis ins Detail perfektioniert, und gerade diese Perfektion lässt ihn glauben, sein Habitus sei als höchster Ausdruck der Kultur und Meisterschaft Teil seiner Individualität. Durch diese Individualität, glaubt Don Rigoberto, unterscheide er sich von anderen Menschen, ja sie erhebe ihn sogar über diese hinaus – während die anderen Menschen vermutlich gleichfalls der Meinung sind, ihre Mitmenschen zu übertreffen, wenn sie ihren Körper mithilfe von sozial entwickelten Rhythmen unterwerfen.

Sind soziale Rhythmen aber so unausweichlich wie biologische Rhythmen, gibt es auch im sozialen (oder kulturellen) Bereich kaum Spielraum, sich ihnen zu entziehen. Das Kind, das sich den angelernten Rhythmen verweigert, der Verwirrte, der sich die Nächte um die Ohren schlägt, der Essgestörte, der Verliebte, der vor Verlangen alle Zeit vergisst, sie alle gehören einer anderen Wirklichkeit und einer anderen Alltäglichkeit an, das meinen jedenfalls Lefebvre und Régulier.[218] Die Nichtalltäglichkeit hält kein Mensch lange durch: Das Gewissen, der Verstand, die Vernunft werden ihn nach kurzer Zeit zur Ordnung rufen. Und wenn nicht, dann tun dies sein Arbeitgeber oder Schulleiter, seine Freude oder Familienmitglieder.

Es sieht nun ganz so aus, als dränge uns auch der Soziologe dazu, die angelernten körperlichen Rhythmen des Schlafens und Wachens, Essens und Trinkens, Verdauens und Ausscheidens unbedingt einzuhalten. Soziale Rhythmen sind so verstanden Elemente einer harten Wirklichkeit, an der wir weder als Individuum noch als Generation etwas ändern können. Doch auch das ist nur eine Hälfte der Geschichte.

Ein feines Weberschiffchen

Biologen haben normalerweise mit Soziologen so wenig am Hut wie Soziologen mit Biologen. Doch beim Thema Rhythmus ist eine Zurückhaltung gegenüber dem anderen Fachgebiet nahezu ausgeschlossen, denn die körperlichen, von den kosmischen Bewegungen abhängigen Rhythmen haben vieles mit den körperlichen, sozial erlernten Rhythmen gemeinsam. Es stellt sich also die Frage, ob sich der Tag-und-Nacht-Rhythmus des Körpers oder die von Jahreszeit zu Jahreszeit schwankende Geburtenrate sowohl auf die Bewegungen der Himmelskörper als auch auf soziale Gewohnheiten zurückführen lassen. Ist es nicht merkwürdig, dass beide Disziplinen fast dieselben Richtlinien für ein besseres und gesundes Leben erstellen? Das heißt: sechs bis acht Stunden Schlaf pro Nacht, Anspannung am Tag und Entspannung in der Nacht, zu regelmäßigen Zeiten schlafen zu gehen, zu regelmäßigen Zeiten aufzustehen, regelmäßig zu essen, zu trinken, sich zu bewegen und aufs Klo zu gehen.

Ein Beispiel genügt, um zu zeigen, wie schwierig, wenn nicht gar unmöglich es ist, festzustellen, ob ein körperlicher Rhythmus seinen Ursprung in der Natur oder in der Gesellschaft hat. Im Sommer 2010 besuchte ich West-Cornwall, das im äußersten Westen Englands liegt. Meine Wanderung durch eine beeindruckende Landschaft endete im Badeort St. Ives, wo sich seit Langem eine Künstlerkolonie befindet. Mitten in der kleinen Stadt steht die Parish Church. Dort besuchten wir an einem Sonntagabend ein Konzert mit dem Cornish-Männerchor.

Ich muss zugeben, dass wir kichern mussten, als wir die Kirche betraten: ein Amateurmännerchor – wir erwarteten nicht viel und setzten uns ans Ende einer Kirchenbank, um uns unauffällig wieder davonstehlen zu können. Vor dem Altar standen zwanzig Männer im Alter von ungefähr sechzig bis fünfundachtzig Jahren. Alle trugen sie blaue Anzüge. Da trat eine alte zerbrechlich wirkende Dame in einem schwarzen Kostüm und einem roten Schal aus dem Seitenschiff und setzte sich in eine Bank, die parallel zum Seitenschiff stand. Nach ein paar kurzen einführenden Worten vom örtlichen Pfarrer ging die alte Frau nach vorn, hob die Arme und gab den Männern das Startzeichen. Und auf einmal war der Kirchenraum mit den wunderbarsten Klängen erfüllt. Die Lieder der Männer handelten von der Zeit, als sie jung waren und sich in Mädchen verliebten. Sie sangen vom Meer, von den hohen Wellen, vom

Sturm, von sanftem Regen, von der Sonne und dann wieder von der Liebe zu den Frauen.

Ein abgemagerter, vornübergebeugter Mann, mehr tot als lebendig, trat vor und sang mit einer Stimme, die so tief und vibrierend war, dass sie in unsere Körper eindrang. Einen Moment lang schien das Meer selbst in unseren Seelen zu wogen.

Man erklärte uns hinterher, dass Cornwall für seine Chöre berühmt sei. Die meisten Orte an der Küste besitzen einen eigenen Chor, und es findet ein jährlicher Sängerwettstreit statt. Die Kinder wachsen mit dieser musikalischen Tradition auf. Historiker führen die jahrhundertealte Geschichte des Cornish Liedes auf das Rudern zurück: Der Fischfang war hier lange Zeit eine der wichtigsten Einkommensquellen. Die Rhythmen der Lieder dienten dazu, die Geschwindigkeit des Fischerboots beizubehalten und den Ruderern den Takt vorzugeben, damit sie die Riemen gleichmäßig durchs Wasser zogen.

Womit wir wieder beim Unterschied zwischen sozialen und natürlichen Rhythmen angelangt sind: In welches Lager sind die Rhythmen des Cornish-Liedes nun einzuordnen? Sind sie ein Resultat spezifischer Arbeits- und Ruderbedingungen oder ein Ergebnis ganz bestimmter natürlicher Bedingungen?

Soziologisch erklärt sich der Rhythmus der Lieder aus dem Rudern: Die materiellen Arbeitsumstände diktierten die rhythmischen Bewegungen des Körpers und damit den Rhythmus des Gesangs. Der Rhythmus des Ruderboots ist ein vom Menschen erfundener Rhythmus, bei dem Arme, Beine, Rücken, Muskeln, Atmung und Herzschlag der Fischer von außen gesteuert werden. Er wird, so würde es uns der Soziologe erklären, von den Fischern entweder als angenehm oder als störend empfunden, je nachdem, ob der künstlich vorgegebene Rhythmus gerade mit den natürlichen oder biologischen Rhythmen ihrer Körper harmoniert oder nicht.[219]

Aus biologischer Perspektive betrachtet, ist der Gesangsrhythmus der Männer das Ergebnis natürlicher Rhythmen von Körper, Meer, Wetter, Sonne und Mond. Es wären dann die Rhythmen der

Wellen und die Rhythmen der Männerkörper, die die Bootsgröße, die Position der Sitzbänke und der Riemen und dadurch den Rhythmus des Ruderns bestimmen. Sind alle Rhythmen im Einklang, ruft dies bei den Fischern Empfindungen von Schönheit und Wohlbehagen hervor, die sich im Rhythmus der Lieder niederschlagen.[220]

Wie aber kann ein und dasselbe Phänomen einmal als Resultat natürlicher und ein andermal als Resultat sozialer Disziplinierung interpretiert werden?[221] Wie wäre es, einmal über den Gegensatz von Natur und Kultur hinauszudenken? Was, wenn beide Erklärungen für das Cornish-Lied zutreffen? Was, wenn sie sich ergänzen, wenn beide Hälften der Geschichte zusammen ein plausibles Ganzes ergeben?

Fassen wir doch mal die Lieder der alten Männer in Anlehnung an Latour als Hybride auf, als eine Mischung aus natürlichen und angelernten Rhythmen, mal von der Gesellschaft und mal von der Natur entwickelt. Es besteht kein Zweifel, dass die Rhythmen des Singens zu kulturell begründet und angelernt sind, um rein natürlicher Abkunft zu sein. Anderseits haben sie zu viele Grundlagen in den natürlichen Gegebenheiten, als dass sie rein kultureller Abstammung sein könnten.[222] Im Rhythmus des Liedes treffen die vom Menschen erfundenen Rhythmen des Ruderboots und die natürlichen Rhythmen der Wellen und der Körper aufeinander.

Latour macht es sich zur Aufgabe, ein solches Zusammentreffen von Natur und Kultur zum Ausgangspunkt zu nehmen, um bestimmte Phänomene besser erklären zu können.[223] Auf den Rhythmus des Gesangs bezogen, würde das bedeuten, dass man die Phänomene nicht länger von den Extremen her erklärt – die Natur einerseits und die Kultur andererseits –, sondern von innen heraus, von dort, wo sich Natur und Kultur vereinigen, und dass man sich erst danach zu den Extremen hinbewegt.

Für die körperlichen Rhythmen bedeutet das, dass sie sowohl auf natürlichen als auch auf gesellschaftlichen Gegebenheiten beruhen. Wollen wir die Rhythmen des menschlichen Körpers verstehen, müssen wir uns dorthin begeben, wo die Mischungen entstehen, bevor sie ihrerseits – oft viel später – wiederum zu einem Element der Natur oder der Gesellschaft werden.[224] Obwohl die ersten Menschen noch nicht über eine Sprache verfügten, mit der sie über Natur oder Kultur hätten sprechen können, besaßen ihre Körper bereits Rhythmen, die es ihnen ermöglichten, in der Natur zu überleben und sich deren Rhythmik und der Rhythmik der Mitmenschen anzupassen. Vielfach lässt sich erst im Nachhinein klären, ob ein Rhythmus des Körpers natürlichen Gegebenheiten oder der Anpassung an die soziale Umgebung entspringt. Doch oft ist das unmöglich, da die unterschiedlichen Rhythmen auseinander hervorgingen.

Bei der Ursachenforschung nach der Entstehung moderner körperlicher Rhythmen stößt man oft auf eine Mischung aus vielfältigen biologischen, technologischen, religiösen, moralischen und ökonomischen Elementen, bisweilen auch aus unterschiedlichen historischen Zeiten. In ähnlicher Weise sieht Latour seinen Körper zusammengesetzt: „Manche meiner Gene sind 500 Millionen Jahre alt, andere 3 Millionen, andere 100.000 Jahre, und meine Gewohnheiten staffeln sich von einigen Tagen zu einigen Tausenden von Jahren."[225] Auf die körperlichen Rhythmen übertragen, bedeutet das, dass ihre Anfänge ungefähr hundert Millionen Jahre in die Vergangenheit zurückreichen (was man aber erst seit der Entdeckung der Uhren-Gene weiß, also noch nicht so lange).[226] Die soziale Gewohnheit, nach festen Rhythmen zu leben, dürfte zwischen ein paar Tagen und ein paar Tausend Jahren alt sein. Dennoch wird die Rhythmik des modernen Körpers von beiden gleichermaßen bestimmt: von den uralten, aber erst kürzlich entdeckten Uhren-Genen einerseits und von den nicht so alten Gewohnheiten andererseits.

Warum aber wollen wir unbedingt in Erfahrung bringen, wie groß der Beitrag der Natur oder der Gesellschaft am Rhythmus des Liedes ist? Sollten wir nicht lieber untersuchen, wie der Rhythmus des Liedes die Rhythmen von Meer, Atmung, Stimmbändern, Regen, Riemen, Ruderboot, Arbeitstag und Fischernetz in sich vereint? Was, wenn es nicht nur zwei Arten gibt, die Wirklichkeit zu betrachten – zwei „variable Ontologien",[227] um es mit Latour auszudrücken –, sondern eine ganze Fülle davon?

Könnten wir für den „Rhythmus" eine solche variable Ontologie in Anspruch nehmen? Könnte der Begriff des Rhythmus einen Denkraum öffnen, der über den Unterschied von Natur und Kultur hinausgeht? Ist der Rhythmus vielleicht „ein feines Weberschiffchen", das „Himmel, Industrie, Texte, Seelen und moralisches Gesetz miteinander verwebt"?[228]

Jenseits von Natur und Kultur

Auch Leontien van Moorsels Entscheidung, den Weltrekord während ihrer Periode zu fahren, ist weder ein rein natürlicher noch ein rein kultureller (technologischer) Akt. Die Grenze zwischen Natur und Kultur lässt sich auch hier nicht scharf ziehen. Allein die Voraussage, wann ihre Menstruation genau einsetzen wird, erfordert einen vom Menschen erstellten Kalender und eine von Menschen erkannte Beziehung zwischen den Mondphasen und den vaginalen Blutungen der fruchtbaren Frau. Ohne Kalender und menschliche Erkenntnisfähigkeit würde van Moorsel nicht wissen, dass der 1. Oktober 2003 der dritte Tag ihrer Menstruation sein würde. Doch rein kulturell bestimmt ist das Zusammentreffen von Menstruation und Rennen nun auch wieder nicht, denn das „mond-liche" Bluten ist keine Erfindung des Menschen, sondern entspringt der vom Menschen nicht geschaffenen Natur.

Van Moorsel hat mit dem technologischen Einsatz ihrer natürlichen Menstruation eine Mischung von Natur und Kultur kreiert, die es ihr ermöglicht, das angestrebte Ziel zu erreichen. Das naturalistische Argument „Frauen erbringen während ihrer Menstruation schwächere Leistungen" ignoriert sie und entscheidet aufgrund ihrer Erfahrung und ihres Wissens über den eigenen Körper, mit welcher Kombination aus „natürlichen" und sozialen Rhythmen sie über sich selbst hinauszuwachsen vermag.

Van Moorsels Kombination ist nur eines unter vielen Beispielen, wie biologische und soziale körperliche Rhythmen miteinander vermengt werden können. Es gibt so viele Kombinationsmöglichkeiten, wie es Ziele gibt.

Lehrkräfte, die ihren Schülern etwas beibringen wollen, können ihre biologischen Rhythmen mit denen der Kinder vermischen, die diese von ihren Eltern gelernt haben, aber auch mit den Rhythmen der Lernprozesse, mit musikalischen Rhythmen, Rhythmen der Außenwelt, Rhythmen von Computern und anderen Geräten. Außerdem können sie die Kinder einem Rhythmus des periodischen Wechsels von An- und Entspannung aussetzen.

Der persönliche Biorhythmus eines berufstätigen Elternteils setzt sich zusammen aus den Rhythmen von Partner und Kindern, von Beruf, Schule und Kindergarten. Hinzu kommen die angelernten Rhythmen der gemeinsamen Mahlzeiten, der Ruhe- und Schlafzeiten, der benutzten Haushaltsgeräte, der öffentlichen Verkehrsmittel und der Rhythmus des sozialen Umfelds.

Der Rhythmus eines älteren Menschen weist eine Mischung aus den Rhythmen des Schlafens, Essens, der Ruhe, der sozialen Kontakte, der Hobbys und anderer Tätigkeiten auf, ergänzt durch Rhythmen, womit er seinen Körper und seinen Geist fit halten möchte.

All diese Beispiele setzen ein selbst gestecktes Ziel voraus, das man stets beachten sollte, will man sich für bestimmte Rhythmen entscheiden. Dabei ist zu klären, wie veränderlich oder unabänderlich, wie stabil oder instabil sie sind, und auf welche Weise man am besten biologische, soziale, kulturelle, ökonomische, musikalische und andere Rhythmen zu kombinieren hat, damit man gesund, energiegeladen und ausgeglichen seine Ziele und Wünsche verwirklichen kann, denn das „Auswählen macht die Zeiten und nicht die Zeiten das Auswählen", sagt Latour.[229]

Von alten zu neuen Rhythmen

9

Mal mehr, mal weniger

Rhythmen und (Selbst-)Dressur

> Jene Geste hatte nicht eine Essenz der Dame enthüllt, man könnte
> eher sagen, die Dame habe mich die Anmut einer menschlichen
> Geste erkennen lassen. Denn eine Geste lässt sich weder als Aus-
> druck des Individuums noch als dessen Schöpfung betrachten [...],
> ja nicht einmal als dessen Instrument; im Gegenteil: Es sind die
> Gesten, die uns als ihre Instrumente, ihre Träger, ihre Verkörpe-
> rungen benutzen.[230]

Diese Regeln stammen aus dem Roman *Unsterblichkeit* von Milan
Kundera. Auf den ersten Seiten des Romans treffen wir auf eine
Frau zwischen sechzig und fünfundsechzig, die am Rand eines
Schwimmbeckens entlanggeht. Sie kommt am jungen Bademeis-
ter vorbei, der ihr gerade Schwimmunterricht erteilt hat. Kaum ist
sie an ihm vorbei, dreht sie sich noch einmal um und winkt ihm
lächelnd zu. Das Herz des Erzählers, der die Szene beobachtet,
krampft sich zusammen: Es sind das Lächeln und die Geste einer
Zwanzigjährigen![231]

Zunächst hält der Erzähler den Charme der Geste für den Ausdruck der Essenz dieser Frau. Die Geste ist ihr derart eigen, dass sie
einen Moment lang aus aller Zeit fällt und unabhängig von ihrem
Alter existiert. Doch wenige Seiten später revidiert der Erzähler
seine Meinung: Nicht wir sind es, die die Gesten benutzen, um
unserer Essenz Ausdruck zu verleihen, sondern die Gesten benutzen uns.

Menschen setzen dauernd irgendwelche Gesten ein. Sie gestiku-
lieren mit Armen, Fingern, Schultern, Kopf und manchmal sogar
mit Hüften oder Beinen. Gesten haben immer eine Bedeutung,
wollen etwas bezwecken. Um ein bedächtiges „Ja" zum Ausdruck
zu bringen, bewegt man den Kopf auf und ab. Will man sich verabschieden, wedelt man mit der Hand hin und her. Ein sinnlicher
Mensch dreht beim Gehen die Hüften. Jede Geste hat ihren eigenen Rhythmus und ihre eigene Bedeutung. Sie sind keine Eigenschaften des Menschen, sondern dieser hat sie sich in einem langwierigen Prozess angeeignet. Durch wiederholte Übung schleifen
sich die Gesten ganz allmählich in den Körper ein.

Lefebvre stellt fest, dass jene Gesten und Bewegungen am ehes-
ten für „natürlich" gehalten werden, die sich perfekt und scheinbar
mühelos den etablierten Gewohnheiten und Modellen anpassen.[232]
Wir empfinden Gesten als „natürlich", wenn sie anmutig ausgeführt werden und der Gelegenheit angemessen erscheinen. Doch
auch der Erzähler in Kunderas Roman stellt am Ende fest, dass
Gesten nicht natürlichen Ursprungs sind. Nur weniges ist uns so
angelernt wie Gesten. Sie ähneln darin der Sprache. Auch bei der
Sprache glauben wir oft, sie käme aus unserem tiefsten Selbst.
Doch müssen wir das Sprechen und Schreiben erst mühsam lernen. So wie wir schließlich eine Sprache beherrschen, deren Vokabular sich in Wörterbüchern niedergeschlagen hat, lernen wir mit
der Zeit das Vokabular einer Gestik, die am Ende normal und „natürlich" erscheint.

Doch das, was wir für natürliche Gesten halten, kann sich im
Lauf der Zeit ändern. Die Geste, womit Marlon Brando in *Der Pate*
seine Zigarette raucht, galt seinerzeit als Ausbund natürlicher Grazie. Doch seit Filmstars auf der Leinwand nicht mehr rauchen dürfen, halten wir die rhythmisch wiederkehrende Geste, mit der die
brennende Zigarette aus dem Mund gezogen und wieder hineinge-
steckt wird, eher für unnatürlich.

Um seinen Bewegungen eine „natürliche" Grazie zu verleihen,
bedarf es mehr als bloßer Kenntnisse. Schlittschuhlaufen könnte

man theoretisch aus einem Buch lernen, doch benötigt man viele Winter Übung, bevor man die Bewegungen tatsächlich auch anmutig ausführen kann. Selbst simpelste Gesten wie das zum richtigen Augenblick mit der richtigen Grazie ausgeführte Winken bedürfen eines Trainings. Ein kleines Kind weiß noch nicht, wie und wann es am besten winkt. Erst durch wiederholte Übung, durch Dressur, lernt es, sich in Gesten auszudrücken. Je öfter und länger eine Geste trainiert wird, desto geschmeidiger und „natürlicher" sieht sie am Ende aus.

Lefebvre beschreibt Dressur als ein Abrichten eines anderen „Lebewesen[s], indem man es bestimmte Handlungen, bestimmte Gesten oder Bewegungen wiederholen lässt".[233] Dadurch, dass man immer wieder auf die Bewegungen oder das Verhalten eines Menschen einwirkt, trainiert man ihm die neue Art des Bewegens und des Verhaltens an. Geschieht dies lange und regelmäßig genug, erscheinen diese Bewegungen und Handlungen in ihrer Durchführung vollkommen „natürlich". Die Schönheit, mit der ein gut trainierter Schlittschuhläufer die Bahn entlangsaust, wirkt vollkommen natürlich, obwohl die Bewegungen das Ergebnis jahrelangen Trainings sind.

Aber Dressur kann mehr, als Gesten und Bewegungen natürlich erscheinen zu lassen. Dressur hilft beim Überleben. Durch Übung und Training lernt ein Kind eine Fülle von Gesten und Handlungen wie Gehen, Waschen, in einer Pfanne rühren oder links-rechts-links zu schauen, bevor es die Straße überquert. Ohne solche Dressur könnte es nicht selbstständig agieren. Wiederholt das Kind gewisse Bewegungen ständig, bereitet es Körper und Geist auf die Gefahren und Möglichkeiten der Außenwelt vor.

Doch die Dressur mag für das menschliche Überleben noch so notwendig sein: Bei der Sprache und der Philosophie hat die rhythmisch wiederholte Übung einen schlechten Ruf. Das beginnt schon bei der Definition des Begriffs. Der Duden definiert „dressieren" als: „(abwertend) jemanden durch Disziplinierung zu einer bestimmten Verhaltensweise bringen."[234] Wikipedia versteht „Dressur" ausschließlich als „die Erziehung von Tieren" und setzt es synonym zum Abrichten.[235] Gibt man „Dressur" bei Google ein, listen sich zunächst fast ausschließlich Treffer bezüglich des Dressurreitens auf. Eine Dressur des Menschen taucht in den Suchmaschinen des Internets so gut wie nicht auf.

Trotzdem macht jeder, der das Geigespielen, das Zimmern, das Schlittschuhlaufen oder Schreiben richtig gut erlernen will, die Erfahrung, dass der Körper die zu lernenden Bewegungen als umso „natürlicher" empfindet, je tiefer sie sich in Körper oder Geist eingeschliffen haben. Durch die rhythmische Wiederholung eines bestimmten Verhaltens, bestimmter Gesten und Bewegungen über einen längeren Zeitraum hinweg verwandelt man sich in eine Person, die über die damit verbundenen Fähigkeiten verfügt. Je tiefer sich die Bewegungen einprägen, desto seltener muss man darüber nachdenken: Körper und Geist handeln automatisch wie von einem Piloten gesteuert.

Dass man auf diese Weise handeln kann, ohne nachzudenken, dürfte der Grund sein, warum die Dressur von vielen Philosophen so verteufelt wird. Ein dressierter Mensch ist in ihren Augen ein willenloser Spielball gesellschaftlicher Mächte, die ihm Zucht, Ordnung und Gehorsam aufzwingen.

Der wichtigste Vertreter dieses Verständnisses von Dressur ist Michel Foucault (1926–1984). In *Überwachen und Strafe* (1975) skizziert er ein deprimierendes Bild moderner Gesellschaften, in denen die Dressur eingesetzt wird, um Soldaten, Kinder und Gefangene gemäß einer vorherrschenden Vorstellung von Zucht und Ordnung zu kneten.

Merkwürdigerweise liefert derselbe Foucault nur zehn Jahre später, 1984, Vorlagen für Dressurformen, mit deren Hilfe ein Mensch seinem Leben Schönheit verleihen kann. Sowohl der althergebrachte Ratschlag, wonach Ruhe und Tätigkeit einander in regelmäßigen Abständen abwechseln sollten, als auch die Ansicht, dass rhythmisch wiederholte Übung Kunst hervorbringt, tauchen im Zusammenhang mit der Selbstdressur immer wieder auf.

Worin aber unterscheiden sich die beiden Formen der Dressur? Ist Selbstdressur tatsächlich besser als eine Dressur, die durch Eltern, Schulen, Arbeitgeber oder Regierung erfolgt? Warum ist es notwendig, dass wir uns selbst bestimmte Lebensrhythmen auferlegen? Wie können wir dies am besten tun? Und trifft vielleicht das Gegenteil ebenfalls zu, nämlich dass die von außen auferlegte Dressur unter Umständen eine größere Freiheit des Handelns bedeutet?

Doch zunächst will ich die von außen auferlegte Dressur einer näheren Betrachtung unterziehen.

Rhythmen der Dressur

Foucaults *Überwachen und Strafe* beginnt mit einer grauenerregenden Szene. Am 2. März 1757 wird Robert François Damiens, der einen Anschlag auf König Ludwig XV. verübt hatte, vor dem Haupttor der Kirche von Paris öffentlich hingerichtet. Auf einem Karren stehend, wird er zum Schafott gefahren; er trägt nur ein Hemd und in der Hand eine brennende Fackel. Dort wird ihm zuerst mit glühenden Zangen das Fleisch aus Brust, Armen, Schenkeln und Waden gerissen, die rechte Hand, die die Mordwaffe geführt hat, wird mit Schwefel verbrannt und auf die offenen Wunden geschmolzenes Blei, siedendes Öl, brennendes Pechharz und mit Schwefel geschmolzenes Wachs gegossen. Danach vierteilen Pferde seinen Körper, dessen Glieder und Rumpf verbrannt werden und die Asche in alle Winde zerstreut.[236]

Achtzig Jahre später, so schreibt Foucault, erstellte der Reformpolitiker Léon Faucher für das Jugendgefängnis von Paris neue Regeln, in denen der Tagesablauf durch eine detaillierte Zeitplanung minutiös geregelt wird:

Art. 17. Der Tag der Häftlinge beginnt im Winter um sechs Uhr morgens, im Sommer um fünf Uhr. Die Arbeit dauert zu jeder Jahreszeit neun Stunden täglich. Zwei Stunden sind jeden Tag dem Unterricht gewidmet. Die Arbeit und der Tag enden im Winter um neun Uhr, im Sommer um acht Uhr.

Art. 18. *Aufstehen.* Beim ersten Trommelwirbel müssen die Häftlinge aufstehen und sich stillschweigend ankleiden, während der Aufseher die Türen der Zellen öffnet. Beim zweiten Trommelwirbel müssen sie auf sein und ihr Bett machen. Beim dritten ordnen sie sich zum Gang in die Kapelle, wo das Morgengebet stattfindet. Zwischen jedem Trommelwirbel ist ein Abstand von fünf Minuten.

Art. 19. Das Gebet wird vom Anstaltsgeistlichen verrichtet, worauf eine moralische oder religiöse Lesung folgt. Diese Übung darf nicht länger als eine halbe Stunde dauern.

Art. 20. *Arbeit.* Um Viertel vor sechs im Sommer, um Viertel vor sieben im Winter gehen die Häftlinge in den Hof, wo sie sich waschen müssen und eine Zuteilung von Brot erhalten. Unmittelbar darauf formieren sie sich zu Werkstattgruppen und begeben sich an die Arbeit, die im Sommer um sechs Uhr beginnen muß und im Winter um sieben Uhr.

Art. 21. *Mahlzeit.* Um zehn Uhr verlassen die Häftlinge die Arbeit, um sich in den Speisesaal zu begeben; im Hof waschen sie sich die Hände und ordnen sich zu Abteilungen. Nach dem Essen bis zwanzig Minuten vor elf Uhr Erholung.

Art. 22. *Schule.* Beim Trommelwirbel um zwanzig vor elf formieren sich die Abteilungen, man geht zur Schule. Der Unterricht dauert zwei Stunden, die abwechselnd dem Lesen, dem Schreiben, dem geometrischen Zeichnen und dem Rechnen gewidmet werden.

Art. 23. Um zwanzig Minuten vor ein Uhr verlassen die Häftlinge in Abteilungen geordnet die Schule und begeben sich zur Erholung in den Hof. Beim Trommelwirbel um fünf vor eins formieren sie sich wieder zu Werkstattgruppen.

Art. 24. Um ein Uhr müssen sich die Häftlinge in die Werkstätten begeben haben: die Arbeit dauert bis vier Uhr.

Art. 25. Um vier Uhr verlassen die Häftlinge die Werkstätten und begeben sich in den Hof, wo sie sich die Hände waschen und zu Abteilungen für den Speisesaal formieren.

Art. 26. Das Abendessen und die darauffolgende Erholung dauern bis fünf Uhr: zu diesem Zeitpunkt kehren die Häftlinge in die Werkstätten zurück.

Art. 27. Die Arbeit endet im Sommer um sieben Uhr, im Winter um acht Uhr; in den Werkstätten gibt es eine letzte Brotzuteilung. Eine viertelstündige Lesung, die irgendwelche lehrreichen Begriffe oder einen wichtigen Charakterzug zum Gegenstand hat, wird von einem Häftling oder einem Aufseher durchgeführt, worauf das Abendgebet folgt.

Art. 28. Um halb acht Uhr im Sommer, um halb neun Uhr im Winter, müssen die Häftlinge in den Zellen sein, nachdem sie sich im Hof die Hände gewaschen haben und dort die Bekleidung kontrolliert worden ist. Beim ersten Trommelwirbel entkleiden sie sich, beim zweiten legen sie sich zu Bett. Die Türen der Zellen werden geschlossen und die Aufseher machen die Runde in den Korridoren, um sich der Ordnung und Stille zu vergewissern."[237]

Öffentliche Hinrichtung versus Zeitplanung, ein größerer Unterschied ist kaum denkbar. Foucault beschreibt, wie es innerhalb eines Jahrhunderts zu einem Umdenken im Strafsystem kam. Reformer setzten sich dafur ein, dass Verbrecher wie Menschen behandelt werden sollen und nicht wie Abschaum. Es sei besser, man rufe die Verbrecher innerhalb der Gesellschaft zur Ordnung, statt sie auszustoßen, in ein Loch zu werfen oder auf das Schafott zu führen. Die Delinquenten sollen dazu erzogen werden, sich nach ihrer Gefangenschaft wieder in die Gesellschaft einzugliedern.

Die Disziplin, die am Ende des 18. Jahrhunderts in die Gefängnisse eingeführt wurde, hielt auch in Institutionen wie Armee, Krankenhäusern und Schulen Einzug, man nahm Abstand von den Leibstrafen und ging dazu über, die Delinquenten nutzvoll einzusetzen.

Überwachen und Strafe ist vor allem für die Beschreibung der räumlichen Mittel bekannt, womit die Gefangenen dressiert werden. Der Höhepunkt ist das Panopticon, ein rundes Gefängnis, bei dem die Zellen kreisförmig um einen zentral gelegenen Wachturm geordnet werden. Dieses Ende des 18. Jahrhunderts von Jeremy Bentham (1748–1832) erdachte Kuppelgefängnis ist so konstruiert, dass jede einzelne Gefängniszelle fortwährend unter Beobachtung steht. Die Gefangenen können jedoch nicht erkennen, ob der Wachturm besetzt ist oder nicht. Sie fühlen sich ständig beobachtet, wodurch sie das wachsame Auge internalisieren und sich so verhalten, als wäre der Turm ständig besetzt.

Weniger bekannt, doch für das Thema Rhythmus genauso aufschlussreich sind Foucaults Beschreibungen der zeitlichen Mittel, womit Gefangene, Soldaten, Kranke und Kinder zu gehorsamen Subjekten dressiert werden.

Die oben erwähnte Zeitplanung, die Léon Faucher für die jugendlichen Gefangenen erstellte, regelt die Rhythmen für die Tages-, Wochen- und Jahreseinteilung und ordnet jedem Zeitraum eine bestimmte Aufgabe zu. Foucault erklärt, dass die Zeitplanung ein Erbe der Klöster ist:

> Jahrhundertelang waren die religiösen Orden Meister der Disziplin: sie waren die Spezialisten der Zeit, die großen Techniker des Rhythmus und der regelmäßigen Tätigkeiten.[238]

Gefängnis, Armee und Schule übernehmen die Zeitplanung und modifizieren sie für ihre eigenen Zwecke: Die Stunden werden in Viertelstunden, Minuten und Sekunden unterteilt, und man nimmt mehr als in den Klöstern Rücksicht auf die natürlichen Kräfte der Körper. Es werden für diese Anpassung außer „1. Zeitplanung" weitere neue Zeitverfahren entwickelt: „2. Die zeitliche Durcharbeitung der Tätigkeit"; „3. Die Zusammenschaltung von Körper und Geste"; „4. Die Zusammenschaltung von Körper und Objekt" und „5. Die erschöpfende Ausnutzung".[239]

Die „zeitliche Durcharbeitung der Tätigkeit" bedeutet, dass Dauer und Reihenfolge von Tätigkeiten in ein strenges Zeitschema gepresst werden. Jede Geste wird zergliedert, für jedes einzelne Körperteil wird geprüft, wie lange der Bewegungsablauf am besten dauern sollte. Marschierende Soldaten müssen dem Zeitschema gehorchen, das präzise festlegt, wie groß ein Schritt vorwärts sein darf oder wie das Gewehr präsentiert werden muss. Auch der Körper der Schüler wird bis auf den einzelnen Finger den Forderungen des Unterrichts angepasst.

Die „zeitliche Durcharbeitung der Tätigkeit" sollte die Zeit kapitalisieren, um sie so gewinnbringend wie möglich zu nutzen. Zu diesem Zweck teilte man jede „Dauer" in sukzessive Zeitabschnitte (zum Beispiel in Schuljahre), die dann nach der zunehmenden Komplexität geordnet wurden und mit einer Prüfung abzuschließen waren. Jede Reihung verschiedener Dauern wurde dann wiederum zum Element einer längeren Reihung von Dauern, worin jedes Individuum seinen Platz zugeordnet bekam.[240] Noch heute schauen jeder Abiturient und jede Abiturientin auf eine lange Reihe von Schuljahren zurück, in denen sie mithilfe von erfolgreich bestandenen Prüfungen, Studienarbeiten und Examina stets von neuem Zugang zur nächsten, höheren Ebene erlangten.

Die „Zusammenschaltung von Körper und Geste" zielt auf die beste Beziehung zwischen der Geste und der Gesamthaltung des Körpers. Damit ein Kind ordentlich schreiben lernt, reicht es nicht, wenn man nur seine Hand trainiert: Der ganze Körper muss miteinbezogen werden. „Ein disziplinierter Körper ist der Träger einer leistungsstarken Geste", sagt Foucault.[241]

Bei der Zusammenschaltung von Körper und Objekt definiert Disziplin „jedes Verhältnis, das der Körper mit dem manipulierten Objekt eingehen muss".[242] Wie eine Waffe präsentiert wird oder ein Stift eingesetzt wird, erfordert eine genaue Codierung der Tätigkeiten, die der Körper in Beziehung zum Gegenstand ausführen muss. Um ein optimales Verhältnis zwischen Körper und Objekt zu erreichen, werden die Bewegungen des Körpers und die des Gegenstands in Einzelteile codiert und in eine festgelegte Reihenfolge gebracht.

Das Ziel all dessen liegt in einer „erschöpfenden Ausnutzung".
Die Dressur orientiert sich an maximaler Geschwindigkeit und maximaler Effizienz. Da man das meiste aus der Zeit herausholen will, wird die Uhr-Zeit in immer kleinere Fragmente zerhackt, in die man immer mehr hineinstopft. Jeder Moment, egal wie klein, wird erschöpfend ausgenutzt.

Der Körper des Kindes, des Soldaten oder des Gefangenen verändert sich unter dem Einfluss dieser fünf Techniken von Rhythmus und Regelmaß. In der Dressur wird ein neuer Körper geschaffen: ein trainierter Körper, der den Erfordernissen der Schule, der Armee, des Gefängnisses, der Gesellschaft angepasst ist. Foucault ist ebenfalls der Ansicht, dass der Körper durch die Dressur an „Natürlichkeit" eher zu- als abnimmt. Dressur bedeutet nichts anderes, als die natürlichen Kräfte des Körpers optimal zu nutzen.

Aber diese „Natürlichkeit" ist im Grunde eine Form der Unterwerfung: Der Körper wird den Kräften untertan gemacht, die maximalen Gewinn aus dem Körper zu ziehen versuchen. Foucault beruft sich auf *Das Kapital* von Karl Marx (1818–1883), um zu zeigen, wie der Körper unter Einfluss der Techniken von Rhythmus und Regelmaß zu einem kleinen Rad in der Maschine umgeformt wird. Bereits im achtzehnten Jahrhundert entstand „ein militärisches Träumen von der Gesellschaft":

> Dieses berief sich nicht auf den Naturzustand, sondern auf die sorgfältig montierten Räder einer Maschine; nicht auf einen ursprünglichen Vertrag, sondern auf dauernde Zwangsverhältnisse; nicht auf grundlegende Rechte, sondern auf endlos fortschreitende Abrichtungen; nicht auf den allgemeinen Willen, sondern auf die automatische Gelehrigkeit und Fügsamkeit.[243]

Mit anderen Worten: Die Dressur besteht aus der Unterwerfung des menschlichen Körpers unter einen permanenten Zwang und aus einem unaufhörlichen Training. Beides dient der Absicht, den

Körper in das gehorsame Rädchen einer Maschine zu verwandeln. Doch das reicht Foucault zufolge noch nicht: Auch der Geist muss dieser „militärischen" Dressur unterzogen werden. Der Gefangene lernt unter dem Einfluss der Dressurmittel, sich selbst für abweichend zu halten und sich den Mächten zu unterwerfen, die einen besseren Menschen aus ihm machen.

Foucault bietet in *Überwachen und Strafe* keinen Ausweg aus diesem allgegenwärtigen Zwang zur Dressur. Die die Dressur ausübenden Mächte sind überall am Werk, bis zu einem gewissen Grade sogar anonym. Die Zeitplanung durch die Schule, den öffentlichen Verkehr, die Krankenhäuser oder den Beruf ist das Ergebnis einer Vielfalt von (anonymen) Akteuren. Und jeder Einzelne von uns arbeitet an der Durchsetzung dieser Zeitplanung mit. Selbst wenn wir uns ihr verweigern, indem wir zum Beispiel die Schule schwänzen, unterstreichen wir deren Rolle, denn ein Schulschwänzer wird bestraft, wodurch uns und ihm klargemacht wird, dass an den existierenden Schulzeiten nicht zu rütteln ist.

Die Unmöglichkeit, der Dressur zu entgehen, verärgerte die Leserschaft von *Überwachen und Strafe*. Im *NRC Handelsblad* von 1976 schrieb die Juristin Jacqueline Soetenhor de Savornin Lohmann: „Mich stört am meisten die Aussichtslosigkeit von Foucaults Aussagen. Wenn die Bedingungen unseres Lebensinhalts strukturell derart festgelegt sind, sind wir ja nur noch Marionetten." Sie wirft dem Autor vor, er vergesse, dass das Leben nicht nur aus der Disziplinierung durch Wissen und Macht bestehe, sondern dass auch das *savoir-vivre*, das Wissen, wie man leben solle, eine nicht zu verachtende Rolle spiele.[244]

Selbstdressur

Was Soetenhorst nicht ahnen konnte, war, dass Foucault dieses *savoir-vivre* zum Hauptthema seines Buches *L'usage des plaisirs* machen würde, das 1984 kurz vor seinem Tod erschien.

Foucault absolviert Ende der Siebzigerjahre einen Zeitsprung: Er wendet sich der griechischen Kultur des 4. Jahrhunderts vor unserer Zeitrechnung zu und findet dort eine Kultur, in der die freien Bürger an sich selbst arbeiten und sich selbst verändern wollen, ohne dabei von anderen bevormundet zu werden. Die Selbstdisziplin der alten Griechen basiert nicht auf der Gehorsamkeit gegenüber einer existierenden Ordnung, sondern auf der Aufmerksamkeit für sich selbst, den eigenen Körper und die Außenwelt, das heißt für das Klima, den Rhythmus der Tages- und Jahreszeiten. Die Frage, wie man die Beziehung zu seinem eigenen Selbst gestalten solle, stand im Mittelpunkt aller Verpflichtungen, deren man sich unterzog.

Medizinische und philosophische Bücher lieferten das unerlässliche Wissen für einen vernunftbetonten Umgang mit den persönlichen Lebensbedingungen. So gab es Vorschriften für die Ernährung, für den Alkoholgenuss und das Sexleben (unbeschränkt im Winter, maßvoll im Sommer), Ratschläge für guten Schlaf und für die Leibesübungen. Wichtige Prinzipien dieser „Diätetik" waren Kompensationen einerseits und Nachahmung andererseits: Eine kalte Jahreszeit wurde durch eine „Diät der Erwärmung" und unbeschränkten Geschlechtsverkehr kompensiert, eine warme Jahreszeit durch eine kühlende Diät und weniger Sex. Im milden Frühling riet man zu einer leichten Diät, und ein starker Winter erforderte starke Menschen, die sich beherzt der Kälte aussetzten.[245]

Die Diäten verbieten oder erlauben nichts, sondern raten mal zu einem Mehr und mal zu einem Weniger. Dieses Mal-mehr-mal-weniger richtet sich nach den Rhythmen der Jahreszeiten, nach den Rhythmen des Wetters, des Tages oder des Alters.

Der Bewohner der griechischen Antike, den Foucault uns in seinem Buch vorstellt, achtet auf sich, seinen Körper und seine direkte Umgebung. Er setzt seiner Selbstbildung ein Ziel und beschließt anhand dieses Ziels, welchen Regeln und Übungen er sich unterwerfen will, um die angestrebte Veränderung zu erreichen.[246] Die wichtigsten Ingredienzien dieser altgriechischen Diätetik sind die Einhaltung selbst gesetzter Regeln und ständiges Arbeiten an sich selbst. Das Ziel einer Diät besteht nicht darin, „das Leben in seiner Dauer und in seinen Leistungen auf das Äußerste zu steigern", sondern sie soll „es vielmehr in den ihm gesetzten Grenzen nützlich und glücklich machen".[247]

Die antike Diätetik mag zwar ein anderes Ziel haben als die moderne Dressur, dennoch unterscheiden sich die alten Vorschriften zur optimalen Tageseinteilung auffällig wenig von denen der modernen Dressur. Über die Verhaltensweisen (die „Diät), denen die Griechen bezogen auf Speise und Trank, Wachen und Schlafen, sportliche Betätigung und sinnliches Vergnügen wie den Geschlechtsverkehr folgen, schreibt Foucault:

So gesehen enthält die Diät einen detaillierten Zeitplan: die Diätetik des Diokles folgt denn auch genau dem Lauf eines gewöhnlichen Tages vom Erwachen bis zum Abendessen und zum Einschlafen: die ersten Übungen, die Waschungen und das Abreiben des Körpers und des Kopfes, die Spaziergänge, die privaten Tätigkeiten und das Gymnasion, das Mittagessen, die Mittagspause, dann neuerlich das Spazierengehen und das Gymnasion, die Salbungen und die Einreibungen, das Abendessen.[248]

Die Übereinstimmungen zwischen den Regeln des Diokles von Karystos (neben Hippokrates der bekannteste Arzt aus der Antike) und den Regeln, die Faucher für die Jugendgefängnisse erstellte, lassen vermuten, dass die Maxime, am besten nach festen, in Zeitpläne gefassten Rhythmen zu leben, zu allen Zeiten ausgegeben wurde.

Foucault sieht dennoch große Unterschiede zwischen den in der Antike aufgestellten medizinischen und philosophischen Zeitregeln und der modernen Zeitplanung, die seit dem Ende des 18. Jahrhunderts in Gefängnissen, Schulen und in der Armee herrschte. Während die Menschen der Moderne mithilfe von Codes und Vor-

schriften zur Einhaltung der Regeln gedrängt und bisweilen sogar
gewaltsam gezwungen wurden, verstanden die antiken Griechen
die Regeln lediglich als Richtlinien oder Vorschläge zu einer vernünftigen Lebensgestaltung.

Foucault blieb nicht genug Lebenszeit, um die Vorstellungen der
antiken Diätetik bezüglich Speise und Trank, Schlaf und Wachen,
Sex, Sport und Alkoholgenuss auf die moderne Zeit zu übertragen.
Das ist insofern bedauerlich, als heute so ganz andere Lebensum-
stände herrschen als damals. Die antike Diätetik des Mal-mehr-mal-
weniger (mal mehr, mal weniger Schlaf, Sex, Essen etc.) war eine
Folge der unveränderlichen Tag-und-Nacht- sowie Jahreszeiten-
Rhythmen, kurz der kosmologischen Rhythmen, nach denen man
sich besser richtete, da man an ihnen ohnehin nichts ändern konnte. Heute allerdings können wir diese natürlichen Rhythmen auf
andere Weise kompensieren als durch eine „Diät": Wir drehen die
Heizung auf, lassen nachts das Licht brennen und essen im Sommer und im Winter die gleichen Produkte.

Ist die Selbstdressur damit überflüssig geworden? Die Notwendigkeit, sich selbst zu trainieren und zu verändern, ist nicht länger
gegeben, wenn wir unser direktes Lebensumfeld mithilfe techni-
scher Mittel präzise auf unsere Bedürfnisse ausrichten können.
Wir überleben sehr gut auch ohne Selbstdressur, ohne das Hin und
Her des Mal-mehr-mal-weniger und ohne dass wir unser Selbst
verändern. Dennoch gibt es nach wie vor gute Gründe für eine
Selbstdressur.

Der erste Grund ist die *Gesundheit*. Die moderne Biologie zeigt
überzeugend, dass es der Gesundheit zuträglich ist, nach den
Rhythmen von Tag und Nacht und der Jahreszeiten zu leben. Das
Wissen darum veranlasst den einen oder anderen tatsächlich, sein
Leben an den kosmologischen Rhythmen zu orientieren oder sich
wenigstens ab und zu daran zu halten. Diese Selbstdressur erfolgt
dann in Form einer Konditionierung: Man muss nur oft genug zur
gleichen Zeit zu Bett gehen oder aufstehen, und der Körper passt
sich durch dieses Training langsam, aber sicher dem Rhythmus an

und erwacht schließlich auch ohne Wecker rechtzeitig oder wird beizeiten müde. Im Laufe der Moderne dressierten machtvolle Personen und Instanzen wie Arbeitgeber, Schule oder Öffnungszeiten den Einzelnen immer mehr. Seit aber die Zahl der Selbstständigen wächst, die Arbeitszeit, die Schulzeiten und die Ladenöffnungszeiten immer flexibler werden, ist der Mensch stärker auf sich selbst angewiesen, will er seinem Leben einen Rhythmus verleihen, und dann ist die Selbstdressur gefragt.

Der zweite Grund ist das *Vergnügen*. Je mehr die 24-Stunden-Gesellschaft Realität wird, desto öfter droht Langeweile. Die Dressur der 24-Stunden-Ökonomie verwandelt uns in Menschen, die arbeiten, Kinder betreuen und konsumieren können, ohne auf feste Zeiten achten zu müssen. Es ist möglich, die täglichen Handlungen und Verpflichtungen so aufeinander und auf die Bedürfnisse des Körpers abzustimmen, dass die Zeit optimal ausgenutzt wird. Ist aber alles zu jedem beliebigen Moment des Tages, der Woche oder des Jahres möglich, werden die Tage gleich-gültig. Die Geltung eines einzelnen Tages, der verschiedenen Jahreszeiten und der Lebensphasen nivelliert sich. „Immer unerbittlicher weht uns der Wind der Leere ins Gesicht", schreibt der Philosoph Awee Prins (* 1957) in seiner beeindruckenden Studie über die Langeweile.[249] Diese Leere entspringt dem Übermaß und ist das „Unglück vom Glück" der ständigen Verfügbarkeit.

Wer an den alltäglichen Ereignissen und Dingen wieder Spaß haben will, täte gut daran, sich mithilfe des althergebrachten Mal-mehr-mal-weniger selbst zu disziplinieren. Tage mit mehr Arbeit, Freizeit, Essen, Sex oder Alkohol sollten abgewechselt werden mit Tagen, an denen man darauf verzichtet. Dadurch erhalten die Tätigkeiten ihren Wert zurück. Der Wechsel von Zeiten voller Regelmaß mit ungeregelten Zeiten ist ebenfalls ein gutes Mittel gegen Langeweile.

Der dritte Grund sind *Freundschaft, Liebe und weitere menschliche Beziehungen*. Die moderne Dressur besaß den Vorteil, dass die Menschen alles gleichzeitig taten: Gefangene standen zur gleichen

Zeit auf und gingen zur gleichen Zeit schlafen, die Kinder der Klasse machten ihre Aufgaben gleichzeitig, und alle Niederländer saßen zur gleichen Zeit am Tisch und aßen zu Abend. Jetzt, da die Menschen ihre Zeit immer öfter selbst einteilen und die Dressur von außen wegfällt, ist es mühsamer, Familie, Freunde, Bekannte und Kollegen zu treffen. Das durch die Dressurmaßnahmen von außen geregelte menschliche Zusammentreffen muss nun durch Verabredungen ersetzt werden.

Wer viel Wert auf zwischenmenschliche Beziehungen legt, könnte eine Disziplin der festen Tages- und Arbeitsrhythmen einführen: z. B. grundsätzlich die Sonntage für Familie, Freunde und Bekannte reservieren, abends immer zur gleichen Zeit mit der Arbeit aufhören, mit den Kollegen zusammen Mittag zu essen oder am schulfreien Mittwochnachmittag die Kinder nicht beim Hort abgeben, sondern die Zeit mit ihnen zu Hause verbringen.

Diese Liste mit guten Gründen für eine Selbstdressur oder eine Veränderung kann beliebig erweitert werden, zum Beispiel durch die Werte Stille, eine bessere Lebensqualität, Charakterbildung oder eine gerechtere Lebenseinstellung.

Bedeutet das, dass die ultimative Antwort auf die Frage nach den besten Rhythmen für unser Leben Selbstdressur heißt? Sollte jedes Individuum mit seinem Verstand die persönlichen Rhythmen, die Rhythmen seines Körpers und die seiner Umwelt auf die Vereinbarkeit mit seinen Zielen und Werten beurteilen und entscheiden, mit welchen rhythmischen Übungen er diese am besten verwirklicht?

Übertragen wir den antiken Grundsatz der „Arbeit an sich selbst" auf die Gegenwart, müssen wir feststellen, dass wir heutigen Menschen vollkommen durchdressiert sind. Wir leben in einem Menschenpark, um es mit Peter Sloterdijk (* 1947) auszudrücken.[250] Von der Geburt bis zum Tod werden wir dressiert, unsere Gesten sind so festgelegt wie unsere Bewegungen und unser Handeln.

Trotz aller Skepsis gegenüber der Dressur werden die räumlich und zeitlich eingesetzten Dressurmittel in absehbarer Zeit wohl noch nicht verschwinden. Grund genug für Personen wie Foucault, sich möglichst oft gegen die äußere Dressur auszusprechen und sich verstärkt der Selbstdisziplin zuzuwenden. Doch überschätzen solche Leute das Vermögen der Selbstdressur, vor allem hinsichtlich der Rhythmen. Ein Nachtmensch kann sich noch so sehr weigern, vor zwölf Uhr morgens aufzustehen, am Ende wird ihn seine persönliche Umgebung – Kinder, Nachbarn, der Lebenspartner, Schule, Postbote, Arbeitgeber – dazu zwingen, sich dem Rhythmus der Morgenmenschen anzupassen. Der niederländische Philosoph Maxim Februari (* 1963) hält es für das am meisten unterschätzte gesellschaftliche und ökonomische Problem unserer Zeit, dass die Welt von Morgenmenschen regiert wird.[251]

Foucault übersieht außerdem, dass zwischen der Selbstdressur und der äußeren Dressur eine Interaktion besteht. Im Grunde ist die äußere Dressur in unserer Zeit zu einem Umweltfaktor geworden, zu dem wir ein vernunftbestimmtes Verhältnis aufbauen können. Im Unterschied zu den natürlichen Umweltgegebenheiten in der Antike können wir diese Gegebenheiten heute verändern. Sloterdijk schlägt vor, uns über die tägliche Dressur Gedanken zu machen und sie stets im Spiegel unserer momentanen Werte zu betrachten.

> Menschen sind selbsthegende, sich selbst hütende Wesen, die – wo auch immer sie leben – einen Parkraum um sich erzeugen. In Stadtparks, Nationalparks, Kantonalparks, Ökoparks – überall müssen Menschen sich eine Meinung darüber bilden, wie ihre Selbsthaltung zu regeln sei.[252]

Das Gute an Sloterdijks Vorschlag ist, dass er die Wechselwirkung von innerer und äußerer Dressur berücksichtigt. Die Disziplin, während der Tagesmitte einen Moment der Ruhe einzulegen, ist in einer Arbeitsumgebung, wo ein gemeinsames Mittagessen üblich ist, leichter aufzubringen. Wo dies fehlt, kann man als Vorreiter der selbstauferlegten Disziplin einer mittäglichen Auszeit durchaus ein Exempel statuieren, das die Kollegen am Ende gern nachahmen. Im Moment ist dies im Arbeitsleben jedoch bedauerlicherweise eher die Ausnahme.

10

Herrlich schnell. Und herrlich langsam

Vorschläge, die zum Nachdenken anregen sollen

Der wichtigste Lebensrat, den uns Foucault aus der griechischen Antike übermittelt, ist die Notwendigkeit des sich an den Rhythmen der Außenwelt orientierenden Mal-mehr-mal-weniger. Da die Umweltbedingungen für das bloße Überleben des Menschen längst nicht mehr ausschlaggebend sind, kann erwogen werden, die Rhythmen der Umwelt ganz aus dem Leben zu verbannen. Doch ein rhythmusloses Leben ist keine Option. Arrhythmie, so sagen uns Biologen, Mediziner, Psychologen und Philosophen, führt zu Chaos, zu Langeweile und pathologischen Zuständen. Ein rhythmischer Wechsel des Mal-mehr-mal-weniger ist auch aus anderen Gründen als dem bloßen Selbsterhaltungstrieb wichtig. Er ist sogar Teil der modernen Dressur: Von klein auf werden wir darauf konditioniert, am Tag, in der Woche, innerhalb des Jahres, ja während des ganzen Lebens Zeiten der Ruhe und der Aktivität miteinander abzuwechseln. Es gibt in der Schule Pausen, Kaffeepausen auf der Arbeit, ein freies Wochenende, gesetzliche Feiertage und Ferien, Schwangerschaftsurlaube und schließlich den Ruhestand. Es wird uns eingebläut, Ruhepausen einzulegen, damit wir danach wieder mit voller Kraft loslegen können.

Der Wechsel zwischen Mehr und Weniger ist letztlich eine Frage der Energie. In seiner Lehre des Gleichgewichts behauptet Diokles, dass es für die Gesundheit besser sei, die Kraft unseres Körpers nicht durch eine andere Kraft schwächen zu lassen.[253] Die Energie, die der Körper verbraucht, sei es im Beruf, beim Geschlechtsverkehr oder im Sport, muss er durch Mäßigung und Erholung zu anderen Zeiten kompensieren.

Das Individuum lernt aus dem antiken Gleichgewichtsprinzip, dass ein regelmäßiger Wechsel von Aktivität und Ruhe der Gesundheit, dem Spaß und dem Energiehaushalt förderlich ist. Somit hat die Gesellschaft gewissermaßen die Pflicht, dem Individuum auf demokratische und intelligente Weise die rhythmischen Rahmenbedingungen dafür zu schaffen. Ein Rezept für diese rhythmischen Rahmenbedingungen gibt es nicht, sie müssen erprobt werden. Aber ich hätte da einige Vorschläge zu machen:

• Eine Pause inmitten der Arbeitswoche
Fünf Tage hintereinander ununterbrochen zu arbeiten, ist für viele eine enorme Belastung, vor allem wenn noch die Kinderbetreuung oder die Pflege von Familienmitgliedern hinzukommt. Vielleicht wäre es besser, die fünftägige Arbeitswoche in zwei Mal zweieinhalb Tage aufzuteilen: Dabei arbeitet man von Montag bis einschließlich Mittwochmorgen, und dann wieder von Donnerstag bis einschließlich Samstagmorgen. Der Mittwochnachmittag wäre also arbeitsfrei, und der Erwerbstätige könnte Kraft tanken, um für den Rest der Woche hundertprozentigen Einsatz zu bringen.

Eine solche Pause zöge auch einen Perspektivwechsel nach sich. Montag, Dienstag und Mittwoch wären dann die Tage nach dem Sonntag, während Donnerstag, Freitag und Samstag die Tage vor dem Sonntag wären. Eine solche Zweiteilung existiert bereits in der jüdischen Kultur, dort werden die Tage vom Sonntag bis zum Dienstag als die Tage nach dem Sabbat betrachtet, während die Tage von Mittwoch bis Freitag als die Tage vor dem Sabbat gelten.[254]

Für die niederländischen Schulkinder existiert eine solche Mittwochnachmittagspause schon. Statt wie sonst an allen Tagen ganztägig in der Schule zu sein, haben sie am Mittwochnachmittag in der Regel frei. Diesen freien Nachmittag würde die Politik am liebsten abschaffen. Sie argumentiert, dass ohne den freien Nachmittag die Eltern Beruf und Kinderbetreuung besser miteinander vereinbaren könnten. Doch für die Kinder wäre eine solche Schulwoche recht eintönig. Vorbei wäre es mit einem Nachmittag pro Woche, der den Partys, dem Vereinsleben oder stundenlangem Spielen vorbehalten wäre. Der Mittwochnachmittag würde zu einem Nachmittag wie alle anderen.

• Feste Mahl-Zeiten
Feste Zeiten für Frühstück, Mittag- und Abendessen scheinen für den Energiehaushalt, die Gesundheit, die Lebensfreude und die Sozialkontakte besser zu sein als Essgewohnheiten, die keinem rhythmischen Muster folgen. Die Beliebtheit von Kochsendungen und Rezeptkolumnen zeigt, welch hohen Stellenwert ein gutes Abendessen mit Familie oder Freunden in unserer Gesellschaft hat. Eine gemeinsame Mittagspause auf der Arbeit dürfte ebenfalls für eine entspanntere Arbeitsatmosphäre sorgen.

Wer regelmäßige und feste Essenszeiten einhält, vermeidet zudem, täglich einkaufen zu müssen. Die Kochbuchautorin Nigella Lawson erzählt in einem ihrer Bücher von ihrer Großmutter, die beim Kochen ein bestimmtes Schema verfolgte, von dem sie niemals abwich. Durch das, was auf dem Menü stand, wusste Lawson auch ohne Kalender, welcher Wochentag es war. Ihre eigenen Kinder aber setzt Nigella nur ungern einem derart eintönigen Programm aus, doch hat sie die Erfahrung gemacht, dass ein wenig mehr Ordnung in der Menüplanung zu größerer Variation führt. Obwohl sie in ihrer Küche vollkommen freie Hand genießt, gesteht sie nur zögernd, wie oft sie ihren Kindern Pasta mit Pesto oder ein Hackfleischgemisch vorsetzt, und gibt zu, dass es vielleicht doch besser wäre, bei der Erstellung der Einkaufsliste eine gewisse Wiederholung walten zu lassen.[255]

• Zeitpläne für Morgen- und für Nachtmenschen
Arbeitgeber könnten ihren Angestellten und Arbeitern mehrere Zeitpläne zur Verfügung stellen. Damit könnten diese frei ent-

scheiden, wann sie ihre Arbeit beginnen und wann sie sie beenden wollen. Morgenmenschen würden früher anfangen zu arbeiten, Nachtmenschen später. Führten auch Schulen und Kindergärten bzw. Horte mehrere verschiedene Zeitpläne ein – gewissermaßen eine Früh- und eine Spätschicht –, fiele es berufstätigen Eltern leichter, die Zeiten aller Familienmitglieder aufeinander abzustimmen.

• Kein Sonderstatus für Pubertierende
Jugendliche leben meist nicht allein, sondern noch zu Hause. Damit sind sie Teil der Gesellschaft, in der die Rhythmen von Schule, gemeinsamen Mahlzeiten, Verkehr und Beruf reibungslos ineinandergreifen müssen. Der Vorschlag, die Schulzeiten den Biorhythmen der Jugendlichen anzupassen und sie später mit der Schule anfangen und aufhören zu lassen, würde dazu führen, dass sie später zu Bett gingen und dabei die restlichen Familienmitglieder unter Umständen störten. Außerdem würden sie auch erst aufstehen, nachdem der Rest der Familie bereits gefrühstückt und das Haus für die Schule oder die Arbeit verlassen hat. Ich würde es für vernünftiger halten, den pubertierenden Jugendlichen einen Zeitplan vorzusetzen, bei dem sich ihr „natürlicher" Biorhythmus und die sozialen Rhythmen ihrer Umwelt mischen. Außerdem sind auch Biorhythmen veränderbar, und mit jedem Jahr stabilisiert sich der Rhythmus der Pubertierenden mehr und mehr.[256]

• Feste Akkuaufladetage
Die Einhaltung gemeinsamer Akkuaufladetage, Sonntag oder Samstag, gewährt einen Ruhetag pro Woche, an dem wir wieder Kraft schöpfen können. Das brauchen wir dringend, damit wir an den restlichen Tagen mit vollem Einsatz unseren Tätigkeiten nachgehen können. Beschmutzt man aber diese Akkuaufladetage mit Arbeit oder muss an diesen Tagen all seine Selbstdisziplin dafür aufwenden, um nicht doch am Schreib- oder Arbeitstisch zu enden, dann läuft man Gefahr, eines Tages vollkommen überarbeitet zu sein.

• Im Laufe eines Arbeitslebens ist weniger oft mehr
Es ist ein Gedankenspiel wert: Was wäre, wenn man die Karriere
der Männer so plante, dass sie nicht zu früh im Leben den Karriere-
höhepunkt erreichen und dadurch mit fünfzig am Ende der Fah-
nenstange angelangt sind? Würde man ihnen einen Anreiz verschaffen, zwischen dem fünfundzwanzigsten und vierzigsten
Lebensjahr mehr Zeit für die Familie aufzubringen, würde sich
ihre Karriere verlangsamen. Das würde es den Frauen ermöglichen, den Männern dann, wenn die Kinder aus dem Gröbsten heraus sind, eine gleichwertige Konkurrenz zu sein.

Gäbe es mehr und umfangreichere Teilzeitjobs (über 30 Wochenarbeitsstunden, sogenannte vollzeitnahe Teilzeitarbeit) und
gäbe es diese auch für Männer, könnten beide Elternteile Beruf
und Kindererziehung leichter miteinander vereinbaren. Schon
jetzt zeigt sich, dass Paare, bei denen jeder einen vollzeitnahen
Teilzeitjob hat, weniger gestresst sind als Paare, bei denen der eine
einem Vollzeitjob und der andere einem vollzeitfernen Teilzeitjob
(unter 30 Wochenarbeitsstunden) nachgeht.[257]

• Multireligiöse Festtage
Multireligiöse Feiertage könnten dazu benutzt werden, die Feste
aller Religionen und Glaubensgemeinschaften gemeinsam zu begehen. Durch die Vorherrschaft der christlichen Feiertage in einer
zunehmend areligiösen Gesellschaft kommt es zu einer Häufung
von Festtagen in den Monaten Dezember, April, Mai und Juni,
während es im Sommer und im Herbst kaum etwas zu feiern gibt.
Es wäre sowohl für die Demokratie in einer interkulturellen und
multireligiösen Gemeinschaft als auch für deren Energiehaushalt
vernünftiger, die Feiertage übers Jahr besser zu verteilen. Lasst uns
also eine Kommission gründen, die Feste und Feiertage für alle
erstellt.

Die Schaffung neuer sozialer Rhythmen bzw. die Reanimation von
alten ist eine Aufgabe für viele und wird viel Zeit in Anspruch

nehmen. Es bedarf dazu der engen Zusammenarbeit von Arbeitnehmern, Arbeitgebern, Gewerkschaften, Regierung, Schulen, gesellschaftlichen und religiösen Institutionen, Partnern und Kindern, und zwar auf der Grundlage von Experimenten mit den bereits existierenden und neuen rhythmischen Rahmenbedingungen, die den Menschen einen periodischen Wechsel von Ruhe und Aktivität, Maß und Maßlosigkeit ermöglichten und zur Bildung einer vernünftigen Mischung aus persönlichen Biorhythmen und Umgebungsrhythmen führten.

Freiheit und Disziplin schließen einander dabei nicht aus, sondern bedingen einander: Die Freiheit, beim Essen, Trinken und bei anderen Vergnügungen über die Stränge zu schlagen, wird zugestanden, wenn man sich zu anderen Zeiten zurückhält. Das Recht, sich am Sonntag die Freiheit zu nehmen, nichts zu tun, hat man sich während der Woche erarbeitet. Und die Frau aus Kunderas Erzählung kann sich die Freiheit ihrer Geste erlauben, weil sie sich bereits als kleines Mädchen diese Art des Winkens mühevoll andressiert hat.

Die Rhythmen unseres häuslichen und gesellschaftlichen Menschenparks werden durch Disziplin und Freiheit gleichermaßen bestimmt: Die gewählte Rhythmik sichert uns mit ihren disziplinierenden Maßnahmen die Freiheit unseres Handelns zu.

11

Das oberste Stockwerk

Der Rhythmus
und die wiederkehrende Zeit

In seinem Essay *Über die Zeit* erzählt Norbert Elias die Geschichte von Menschen, die in einen sehr hohen, ihnen unbekannten Turm einziehen. Die erste Generation kommt nicht weiter als bis zum fünften Stock, die zweite Generation gelangt bis zum siebten und jede folgende Generation erkundet die jeweils höher gelegenen Stockwerke. Das geht so bis zum hundertsten Stockwerk hinauf. Dann stürzt das Treppenhaus ein. Doch das kümmert die Menschen, die dort oben wohnen, wenig, sie leben ihr Leben weiter. Im Lauf der Zeit vergessen sie sogar, dass es von früheren Generationen bewohnte Stockwerke unter ihnen gegeben hat. Sie sehen von ihrer Etage auf die Welt herab, ohne eine Ahnung zu haben, wie sie dort hingekommen sind. „Ja", so schließt Elias, „sie hielten sogar die Vorstellungen, die sie sich aus der Perspektive ihres Stockwerks machten, für allgemein menschliche Vorstellungen."[258]

Elias will mit dieser Geschichte illustrieren, dass unser Zeitempfinden durch einen kumulativen, sozial-evolutionären Prozess entstanden ist. Es gründet sich auf vielen von Menschen früherer Generationen bewohnten Stockwerken, die dort mithilfe eigener Erfahrungen und Kenntnisse ein eigenes Zeitverständnis entwickelten. Wir kennen nur unsere eigene Zeit und haben den Blick auf die unteren Stockwerke größtenteils verloren und können uns kein anderes Zeitverständnis vorstellen als unseres – das von früheren Generationen oder gar das von Generationen nach uns liegt uns fern.

Was für die Zeit gilt, gilt auch für den Rhythmus: Wir Bewohner der höchsten Stockwerke haben vergessen, dass die Rhythmen, die unser Alltagsleben im Hier und Jetzt bestimmen, ähnlich wie die Zeit in einem viele Generationen dauernden Prozess entstanden sind. Der größte Teil der Rhythmen, nach denen wir leben, erscheint uns so normal, dass wir sie für natürlich halten statt für angelernt. Erst wenn wir die Vergangenheit der Vergessenheit entreißen, öffnet sich der Blick auf die Genialität, mit der frühere Generationen das Problem der Zeit gelöst haben, und wir sind überrascht, dass alle Generationen mit diesem Problem zu kämpfen hatten.

Dabei gelang es bereits früheren Generationen überraschend gut, die unterschiedlichsten Phänomene auf vielerlei Art und Weise miteinander zu verknüpfen. Es hat tausend Jahre gedauert, um einen Kalender zu entwickeln, der auf der ganzen Welt funktionierte. Über Generationen wurde daran gefeilt, das Jahr so einzuteilen, dass sämtliche natürlichen, religiösen, sozialen, ökonomischen und erzieherischen Erfordernisse zu ihrem Recht kamen. Selbst so eine einfache Erfindung wie die Ampel beruht auf einem genialen Zusammenspiel vieler Rhythmen, den Rhythmen der Fußgänger und des motorisierten Verkehrs, der alten und der jungen Verkehrsteilnehmer und der morgendlichen und abendlichen Stoßzeiten.

Bringen wir den rhythmischen Lösungen älterer Generationen für das (Über-)Leben in einer stets komplexer werdenden Welt wieder mehr Aufmerksamkeit entgegen, könnte uns das dabei helfen, für unsere heutigen Zeitprobleme geistvolle Lösungen zu finden. Eine der wichtigsten Lektionen, die wir aus der Vergangenheit lernen können, ist, dass es ohne den ordnungschaffenden periodischen Wechsel, auch Rhythmik genannt, weder ein Überleben noch Gesundheit gibt, weder Lebensgenuss noch einen Lebenssinn.

In religiösen Gemeinschaften bestand diese Rhythmik aus dem Wechsel von profanen und sakralen Zeiten, dem Alltäglichen und dem Nichtalltäglichen, und das ist heute noch so. Wir können uns dem Profanen bzw. Alltäglichen, dem Sakralen bzw. Nichtalltäglichen besser widmen, wenn wir beide Bereiche zeitlich scheiden.

Ein ähnlicher periodischer Wechsel kann auch zwischen dem Regelmaß und der Unregelmäßigkeit stattfinden, das heißt zwischen dem Apollinischen und dem Dionysischen. Ein geregeltes Alltagsleben stärkt die Gesundheit, die Sicherheit und das Wohlbefinden. Doch zu viel Regelmaß führt zu einer Eintönigkeit, die frühere Generationen durch das Begehen periodisch wiederkehrender Feste zu unterbrechen wussten: Karneval, Silvester oder andere rituelle Festtage boten dem Exzess, der Gefahr und der Maßlosigkeit den notwendigen Raum. Solche Feste werden auch heute noch gefeiert, damit nach der Entladung durch den Exzess Ruhe und Regelmaß wieder einkehren können.

Ein periodischer Wechsel kann außerdem die Spannung zwischen linearen und zyklischen Rhythmen erhöhen, mit anderen Worten zwischen künstlichen und natürlichen Rhythmen. Diese Spannung führt nicht nur im Sex zum richtigen Rhythmus, wie Gipharts Roman gezeigt hat, sondern auch in der Stadtplanung, in der Studienplanung oder in einer Tanzaufführung.

Periodischer Wechsel

Worin aber liegen nun die Vorteile, wenn man das Alltagsleben mit Rhythmen ausstattet?

Zunächst nutzt der periodische Wechsel von Ruhe und Aktivität dem Energiehaushalt. Wer immer nur still sitzt, kann am Ende kaum noch die Energie aufbringen, überhaupt irgendetwas zu tun. Pausenloses Herumrennen verbraucht zu viel Energie, und wer sich nie eine Pause gönnt, ist am Ende buchstäblich ausgebrannt. Mit der Energie lässt sich am besten haushalten, wenn energieraubende Aktivitäten mit energiesparenden Ruhepausen bzw. energieschaffenden Tätigkeiten abgewechselt werden. Aus den Schrif-

ten der griechischen Antike lernen wir mit Foucault, dass ein
Energieverlust durch eine Zeit der Erholung kompensiert werden
sollte oder, wie wir heute sagen würden, durch eine Akkuauflade-
zeit. In Senecas Briefen an Lucilius können wir lesen:

> Ich verlange nicht, daß Du immer über Deinen Büchern oder Deinen
> Papieren liegen sollst: man muß dem Geiste Zwischenräume gönnen,
> doch, daß er nicht erschlaffe, sondern sich erhole. Wenn man sich tra-
> gen läßt, empfindet der Körper einige Erschütterung, die dem Studie-
> ren nicht hinderlich ist: man kann lesen, diktieren, sprechen, zuhören,
> was alles selbst beim Spazierengehen sich tun läßt.[259]

Zu viel Arbeit, Stress und der Wille, tausend Dinge gleichzeitig tun
zu wollen, können einen Kick verleihen, doch nur, solange man
sich immer wieder Pausen gönnt, in denen Körper und Geist sich
erholen können. Im Schlaf regenerieren sich Gehirn, Stoffwechsel
und Immunsystem. Ein ruhig verbrachter Abend hilft uns, die Hetze des Tages zu vergessen. Das Mittagessen bedeutet eine Atem-
pause inmitten anstrengender Tätigkeiten. Der wöchentliche Akkuaufladetag hilft dabei, sich von der täglichen Mühsal zu
distanzieren. Und eine Pause während des Schreibprozesses lässt
Ideen reifen.

Der periodische Wechsel hat auch den Vorteil, dass er dem Leben einen Sinn verleiht. Die etikettierende Hervorhebung von
Stunden und Tagen – als Arbeitstag, Akkuaufladetag oder Tag des
wöchentlichen Kollegentreffens – und das wiederholte festliche
Begehen dieser Momente verleihen dem Leben Bedeutung. Durch
die Markierung wissen wir, was wir wann tun müssen. Vielleicht
müssen wir die Rituale, die sich aus der Hervorhebung ergeben,
gelegentlich anpassen, doch viel mehr ist nicht nötig.

Die periodische Feier hervorgehobener Momente kann ein gutes
Gegenmittel gegen den Trott sein, der durch die Flexibilisierung
der Zeiten entsteht. Markierungen in der Zeit wirken der Gefahr
entgegen, dass am Ende alle Tage gleich aussehen. Für die Ar-

beitspraxis könnte das bedeuten, dass man sich zu gewissen Zeiten für unerreichbar erklärt, sagen wir mal am Donnerstagmorgen, weil man da mit seinen Freunden Sport treibt.

Ein rhythmischer Wechsel schafft zudem noch das Gefühl von Kontinuität. Weil man die besonderen Augenblicke des Lebens regelmäßig einer neuerlichen Feier unterzieht, addieren wir diese zu einer persönlichen Geschichte und durchbrechen damit den Alltag: Man feiert einen Geburtstag, einen Todestag, einen Hochzeitstag, den Tag, an dem man ein Paar wurde, den Tag, an dem man den ungeliebten Job schmiss, oder den Moment, als man sich dazu entschloss, mit dem Rauchen aufzuhören. Der Rhythmus, mit dem wir all diese Augenblicke in der neuerlichen Feier wiederaufleben lassen, bestimmt, wer wir sind.

„Welcher Rhythmus herrscht gerade?"

Menschen, die lieber nach vorn als zurück blicken, halten das ständige Wiederauflebenlassen früherer Augenblicke vermutlich für reine Nostalgie, Sehnsucht nach früheren Zeiten. Dieser Vorwurf zeugt von einer gewissen Kurzsichtigkeit. Die In-die-Zukunft-Seher wollen uns weismachen, wahre Erneuerung gäbe es nur in der Zukunft. Doch sie verkennen, dass im Wiederauflebenlassen alter Rhythmen große Chancen zur Erneuerung liegen.

Schließlich geht es nicht darum, diese Traditionen exakt zu kopieren, sondern um ein erneuertes Sich-wieder-Aneignen, wodurch sich nicht nur die Bedeutung der Rhythmen ändert, sondern auch die Art und Weise, wie sie angewendet werden. Es bedeutet auch nicht, dass wir uns auf der Suche nach dem modernen Leben angemessenen Rhythmen nur auf die alten Rhythmen beschränken dürfen. Nach wie vor können wir mit neuen Rhythmen experimentieren – unsere Vorfahren taten dies ja auch. Wie wäre es, wenn es nicht nur einen, sondern zwei feste Ruhemomente pro Woche gäbe? Wenn man nicht mehr den ganzen Tag online wäre, sondern nur abends? Wenn man statt Christi Himmelfahrt das Zuckerfest feiern würde?

Durch beides, die Wiederaufnahme alter Rhythmen und das Experimentieren mit neuen, wird sich ein neues Zeitverständnis entwickeln, wodurch neue Mittel entstehen, mit deren Hilfe man die Zeit bestimmen und Verabredungen treffen wird. Vielleicht wird dann die Uhr, wie wir sie kennen, keine große Rolle mehr spielen. Möglich, dass künftige Generationen nicht mehr wissen wollen, wie spät es ist, sondern welcher Rhythmus gerade herrscht.

Danksagung

Im Jahr 2008 bat mich das niederländische *Filosofie Magazine* um einen Artikel über die Möglichkeit, innerhalb der 24-Stunden-/7-Tage-Ökonomie einen guten Lebensrhythmus zu finden. Dieser Artikel war der Anlass für mich, weiter über das Thema Rhythmus nachzudenken. Meine Erkenntnis, dass der Rhythmus für unseren Umgang mit der Zeit entscheidend sei, habe ich später in verschiedenen Artikeln (u. a. für die Zeitschriften und Zeitungen *Wijsgerig Perspectief, Tijdschrift voor Sociologie, Opzij, Trouw*), Vorträgen und Seminaren weiter ausgearbeitet.

Edo Klement vom Klement-Verlag ermunterte mich, die ersten Ideen zu einem Buch umzuarbeiten. Auch während des Schreibens gab er mir stets zum richtigen Zeitpunkt wertvolle Ratschläge.

Meinen Kollegen vom Philosophie-Lehrstuhl „Filosofie van Mens en Cultuur" an der philosophischen Fakultät der Universität Rotterdam danke ich für ihre kritischen und intelligenten Kommentare zu früheren Versionen des Texts. Robin van den Akker, Ger Groot, Jos de Mul und Awee Prins, die unterschiedliche Kapitel lasen, gaben mir bis zum Schluss wertvolle Hinweise.

Die Haagse Hogeschool ermöglichte es mir durch ein Forschungssemester, das Buch zum Abschluss zu bringen. Mein dortiger Kollege Frank Meester half mir dabei, präzise darzulegen, woraus musikalische Rhythmen bestehen.

Die Gespräche mit dem Doktoranden Nico Marsman inspirierten mich bezüglich des Themas der Diskontinuität der Zeit.

Klasien Horstman und Stef Aupers gaben mir fruchtbare Hinweise auf verbreitete und alternative Auffassungen zu den Biorhythmen.

Ida Sabelis stand als „Zeit-Kumpanin" immer bereit, mit mir über neue Ideen zu brainstormen.

Jean Tillie gab mir vor langer, langer Zeit den Begriff „Kult" von Émile Durkheim an die Hand.

Nico Tillie, der das Manuskript von vorn bis hinten las, klärte mich über die Rhythmen der heutigen Jugend auf.

Daan Tillie bereitete sich gerade auf ihr Abitur vor, während ich die erste Version meines Buchs erstellte, und zeigte mir, dass Konzentration sich lohnt. Tochter und Buch brachen danach in die große weite Welt auf.

Niels Cornelissen und Eva Wijenbergh vom Verlag Boom halfen mir bei der Durchsicht der vierten Auflage meines Buchs.

Mein geliebter Reinjan Mulder ist ein meisterhafter Lektor. Seine Kommentare ermunterten mich immer wieder dazu, Neues auszuprobieren.

Anmerkungen

Persönlicher Rhythmus

1 Fernsehinterview. Wim Brandt interviewt Guus Kuijer, VPRO Boeken zondag, Sendung vom 18. Januar 2015, NPO1, 11 Uhr 20.

2 Henri Lefebvre, Catherine Régulier, *Versuch der Rhythmanalyse der Mittelmeerstädte*, übers. von Justin Winkler, http://www.iacsa.eu/jw/lefebvre_1986_rhythmanalyse_mittelmeerstaedte.pdf, 1.
Die von Lefebvre und Régulier gewählten Begriffe weisen auf eine Verwandtschaft zum Denken von Gaston Bachelard hin: Bachelard wollte, dass sich die Philosophie für eine bessere Abstimmung zwischen wissenschaftlicher Erkenntnis und poetischer Phantasie einsetzen solle.

3 Lefebvre/Régulier, *Versuch*, 1.

4 Vgl. *Tijd op orde? Een analyse van de tijdsorde vanuit het perspectief van de burger*, hrsg. von Mariëlle Cloïn, Marjon Schols und Andries van den Broek, Den Haag 2013.

1 Zwischen dem linken und dem rechten Schuh
Zeiterfahrung und Lebensrhythmus

5 Im Jahr 2011 gaben 55 Prozent der Niederländer an, sich gestresst zu fühlen. Vgl. Cloïn u. a. 2013, 162.

6 Mariëlle Cloïn, *A day with the Dutch. Time use in the Netherlands and fifteen other European countries*, Den Haag 2012.

7 H. J. A. Hofland, *Geen tijd. Op zoek naar oorzaken en gevolgen van het moderne tijdgebrek*, Amsterdam 1955, 29.

8 Paul Virilio, *Der negative Horizont*, übers. von Brigitte Weidmann, München 1989, 50.

9 Peter Peters, *De haast van Albertine. Reizen in de technologische cultuur: naar een theorie van passages*, Amsterdam 2003, 13.

10 Henri Lefebvre, *Rhythmanalysis. Space, Time and Everyday Life*, übers. von Stuart Elden und Gerald Moore, New York/London 2004, 8.

11 William H. McNeill, *Keeping Together in Time. Dance and Drill in Human History*, Cambridge/MA 1995, 37–66.

12 Gilles Deleuze und Félix Guattari, *Tausend Plateaus. Kapitalismus und Schizophrenie*, übers. von Gabriele Riecke und Ronald Voullié, Berlin 1992, 423–434; Henri Maldiney, *L'esthétique des rythmes*, in: *Regards, Parole, Espace*, Lausanne 1973, 147–172.

13 Deleuze/Guattari 1992, 425.

14 Judith Herzberg, „Elke ochtend", in: Dies., *Dagrest*, Amsterdam 1984, 45.

15 Cloïn u. a. 2013, 10.

16 I. H. J. Sabelis, „The clock-time paradox. Time regimes in the network society", in: *24/7. Time and temporality in the network society*, hrsg. von Robert Hassan und Ronald Purser, Stanford 2007, 255–277.

17 Norbert Elias, *Über die Zeit. Arbeiten zur Wissenssoziologie II*, hrsg. von Michael Schröter, übers. von Holger Fliessbach und Michael Schröter, Frankfurt/Main 1984.

18 Dieses Beispiel verdanke ich Pim Breebaart. Vgl. Ders., „Dat werd tijd! Introductie", in: Marli Huijer, *Je hebt meer tijd als je denkt*, Den Haag 2008, 5–9.

19 Elias 1984, 8 u. ö.

20 Elias zufolge könnte man „Zeit" definieren als „ein Symbol für eine Beziehung, die eine Menschengruppe, also eine Gruppe von Lebewesen mit der biologisch gegebenen Fähigkeit zur Erinnerung und zur Synthese, zwischen zwei oder mehreren Geschehensabläufen herstellt, von denen sie einen als Bezugsrahmen oder Maßstab für den oder die anderen standardisiert." (Elias 1984, 11f.)

21 Lefebvre 2004, *Versuch*, 44.

22 Heleen van Luijn und Saskia Keuzenkamp, *Werkt verlof? Het gebruik van regelingen voor verlof en aanpassing van arbeidsduur*, Den Haag 2004.

23 Vgl. u. a. Hartmut Rosa, *Beschleunigung. Die Veränderung der Zeitstrukturen in der Moderne*, Frankfurt/Main 2005.

24 Gaston Bachelard, *La dialectique de la durée*, Paris 1950, http://classiques.uqac.ca/classiques/bachelard_gaston/dialectique_duree/dialectique_duree.pdf, 79.

2 Hund ist nicht gleich Hund
Rhythmus und Diskontinuität

25 Ian McEwan, *Amsterdam*, übers. von Hans-Christian Oeser, Zürich 1999, 94.

26 Ebd., 103.

27 Vgl. dazu Gabriel H. Sahlgren, *Work longer, live healthier. The relationship between economic activity, health and government policy*. Institute of Economic Affairs Discussion paper Nr. 46, Mai 2013, 33–38. https://iea.org.uk/wp-content/uploads/2016/07/Work%20Longer,%20Live_Healthier.pdf (letzter Zugriff am 17.3.2017).

28 Joke Hermsen, *Stil de tijd. Pleidooi voor een langzame toekomst*, Amsterdam 2009, 239.

29 Ebd., 264.

30 In ihrem Buch *Kairos. Een nieuwe bevlogenheid*, Amsterdam 2014, nennt Hermsen diesen Moment den „Kairos-Moment".

31 Hermsen 2009, 243.

32 Henri Bergson, *Zeit und Freiheit*, übers. von Paul Fohr, Hamburg 1994, 60ff.

33 Hermsen 2009, 141–142.

34 Thomas Kuhn, *Die Struktur wissenschaftlicher Revolutionen*, übers. von Kurt Simon, Frankfurt/Main [2]1976, 76.

35 Es handelt sich um das Phänomen der „Kryptomnesie", bei der man glaubt, einen brillanten Einfall zu haben, jedoch nur etwas wiederbelebt, was man früher einmal gesehen, gehört oder gelesen hat. Douwe Draaisma, *Das Buch des Vergessens. Warum Träume so schnell vergehen*

und Erinnerungen sich ständig verändern, übers. von Verena Kiefer, Berlin 2012, 139 u. ö.

36 Hermsen 2009, 10f.

37 Joke Hermsen, *Windstilte van de ziel,* Amsterdam 2010, 54.

38 Henri Bergson, *Schöpferische Evolution,* übers. von Margarete Drewsen, Hamburg 2013, 15.

39 Ebd., 12.

40 Bachelard 1950, 9.

41 Vgl. Bergson 1994, 60ff.

42 Bachelard 1950, 30.

43 Ebd., 29.

44 Ebd., 30.

45 Ebd., 9.

46 Ebd., 10.

47 Ebd., 29.

48 Ebd., 33f.

49 A. F. Th. van der Heijden, *Tonio. Ein Requiemroman,* übers. von Helga von Beuningen, Berlin 2011, 651.

50 Ebd., 30.

3 Auf und ab – auf und ab, und zwar langsam
Sex und der richtige Rhythmus

51 *William Wordworth. The Earliest Poems 1785–1790,* hrsg. von Duncan Wu, Manchester 2002, 66 und 71.

52 John Dewey, *Kunst als Erfahrung,* übers. von Christa Velten, Frankfurt/Main 1980, 178.

53 Ebd., 171 u. ö.

54 Vladimir Nabokov, *Ada oder Das Verlangen. Aus den Annalen einer Familie,* übers. von Uwe Friesel und Marianne Therstappen, Reinbek bei Hamburg 1983, 510.

55 Ebd.

56 Henri Lefebvre und Catherine Régulier, *The Rhythmanalytical Project*, in: Lefebvre 2004, 71–84, ebd. 73.

57 Marli Huijer und Reinjan Mulder, *Opnieuw beginnen. Metamorfosen in het bestaan*. Amsterdam 2009, 74–79.

58 Maria van Daalen, „Het sonnet voor het nieuwe huis", in: Dies., *Elektron, muon, tau*. Gedichte. Amsterdam 2000, 70.

59 Nabokov 1983, 529.

60 Ebd.

61 Ebd., 531.

62 Ebd., 535.

63 Bachelard 1950, 122.

64 J. H. Meijer, *Een kwestie van tijd*. Vortrag, Leiden 2008, 8.

65 Lefebvre 2004, 16. Das Wort „Eurythmie" leitet sich ab vom griechischen Wort eu = gut und rhythmia = Rhythmus und bedeutet so viel wie richtiges Verhältnis, Wohlklang, Ebenmaß.

66 Lefebvre 2004, 20.

67 Ronald Giphart, *Ik ook van jou*, Amsterdam und Antwerpen 1992, 31f.

68 Thomas Verborgt, *Schrijven is ritme*, Amsterdam 2007, 26 und 35.

69 Lefebvre 2004, 10.

4 Heilige Unterbrechungen
Rhythmus und Religion

70 Koen Breedveld u. a., *De tijd als spiegel. Hoe Nederlanders hun tijd besteden*, Den Haag 2006. Cloïn u. a. 2013, 33. Cloïn, 2012, 46.

71 Reinjan Mulder und Marli Huijer, „Geef oude rituelen rond oertradities alle ruimte", in: *Trouw* vom 16. Januar 2010.

72 Émile Durkheim, *Die elementaren Formen des religiösen Lebens*, Frankfurt/Main 1994, 62.

73 Ebd.

74 Ebd.

75 Ebd.

76 Marli Huijer, *Waarom de kerkklok 's nachts slaat*. Vortrag, Rotterdam 2009, 5.

77 Durkheim 1994, 99.

78 Ebd., 514.

79 Ebd., 516.

80 Ebd., 524.

81 Mircea Eliade, *Das Heilige und das Profane. Vom Wesen des Religiösen*, übers. von Eva Moldenhauer, Frankfurt/Main 1998, 16.

82 Ebd., 17.

83 Mircea Eliade, *Kosmos und Geschichte. Der Mythos der ewigen Wiederkehr*, übers. von Günther Spaltmann, Frankfurt/Main 1984.

84 Eliade 1998, 48. Diese Nachahmung der göttlichen Schöpfung ist trotz der Zeit, die seither vergangen ist, nicht gänzlich verschwunden. Auch heute noch haben wir unsere Rituale und richten Festlichkeiten aus, zum Beispiel wenn wir ein neues Haus einweihen, ein neues Amt antreten oder ein neues Schiff zu Wasser lassen.

85 Eliade 1998, 65.

86 Reinhold Bien, „Astronomie und Kultur – Der Kalender im Abendland", in: *Himmlisches in Büchern. Astronomische Schriften und Instrumente aus sechs Jahrhunderten,* hrsg. von Maria Effinger und Joachim Wambsganß mit Beiträgen von Immo Appenzeller, Reinhold Bien, Herbert Hefele, Margit Krenn, Robert W. Schmidt und Karin Zimmermann, Heidelberg 2009, 11–12.

87 Kristen Lippincott, „Mechanical Timekeeping in Europe: The Early Stages", in: *The Story of Time,* hrsg. von Kristen Lippincott, London 1999, 132f. J. J. A. Mooij, *Tijd en geest. Een geschiedenis,* Kampen 2002, 109–110. Peter Peters, „Tijd is een afsprak", in: *De 24-uur-mens waar economie en biologie van tijd tot tijd botsen,* hrsg. von Stichting Biowetenschappen en Maatschapij, 2006/3, 15–23, ebd. 17. (http://www.biomaatschappij.nl/wordpress/wp-content/uploads/2016/05/De-24-uursmens.pdf, letzter Zugriff 28.4.2017). Eviatar Zerubavel, *Hidden Rhythms. Schedules and Calendars in Social Life,* Berkeley/Los Angeles und London 1981, 32–44.

88 L. A. A. Romeyn u. a., *Torenuurwerken. Tijd voor iedereen. 700 jaar openbare tijdaanwijzing*, Wijchen 2005, 28.

89 Lippincott, „Mechanical timekeeping in Europa: The Early Stages", 109f.

90 Die Königliche Bibliothek in Den Haag, die über eine große Sammlung von Stundenbüchern verfügt, nennt sie die Bestseller des 14. und 15. Jahrhunderts. Vgl. http://www.kb.nl/manuscripts/labours.

91 Elias 1984, 22.

92 McNeill 1995, 30 und 47.

93 Elias 1984, 17f.

94 Johan Goudsblom, *Het regime van de tijd*, Amsterdam 1997, 76–80.

95 J. North, „From Observation to Record. Astronomy in Prehistoric and the Early Civilizations", in: *The Story of Time*, 34–47.

96 Durkheim 1994, 515.

97 Ebd., 71. Durkheim definiert Religion als „ein solidarisches System von Überzeugungen und Praktiken, die auf heilige Dinge bezogen sind, d. h. auf isolierte und verbotene Dinge – Glaubensvorstellungen und Praktiken, die alle Anhänger in einer einzigen sittlichen Gemeinschaft, der Kirche, vereinigen" (ebd., 75).

98 McNeill 1995, 54.

99 Zerubavel 1981, 70f.

100 Silke Ackermann, *The Principles and Uses of Calendars. Political and social implications*, in: *The story of Time*, 48–51.

101 Fadwa El Guindi, *By Noon Prayer. The Rhythm of Islam*, Oxford und New York 2008, 101.

102 Durkheim 1994, 506.

103 Ebd., 510.

104 Zerubavel 1981, 32.

105 Norbert Elias, Über den Prozeß der Zivilisation. Soziogenetische und psychogenetische Untersuchungen. Zweiter Band: *Wandlungen der Gesellschaft. Entwurf zu einer Theorie der Zivilisation*, Frankfurt/Main 1997, 323ff.

106 El Guindi 2008, 21.

107 Durkheim 1994, 519.

108 Uwe Gerber, *Wie überlebt das Christentum. Religiöse Erfahrungen und Deutungen im 21. Jahrhundert. Erlösung – Versöhnung – Erleichterung – Vereindeutigung – Alterität*, Zürich 2008, 33.

109 Ebd., 69 und 146.

110 Vgl. Sabine Bobert, „Megatrend Spiritualität: Unterwegs zu einer spirituellen Moderne – auch in der Volkskirche?" https://www.theol.uni-kiel.de/de/professuren/pt-bobert/team/bobert/publikationen/dateien-publikationen-bobert/SpirVolkskirche.pdf (letzter Zugriff am 20.3.2017).

111 Dick Houtman und Stef Aupers sprechen in diesem Zusammenhang von einer „relocation of the sacred". Das Heilige verliert seinen transzendenten Charakter und findet sich immer häufiger in den tieferen Lagen des Ichs. Dick Houtman und Stef Aupers, „The Spiritual Turn in the Decline of Tradition: The Spread of Post-Christian Spirituality in 14 Western Countries, 1981–2000", in: *Journal of the Scientific Study of Religion* 2007, 46(3), 305–320 (http://www.dickhoutman.nl/mediatheek/files/2007_houtman_and_aupers.pdf).

112 Eliade 1998, 176.

113 Leonardus Laeyendecker und Marty P. Veerman, *In de houdgreep van de tijd. Onze omgang met de tijd in een consumptieve cultuur*, Budel 2003, 174–191.

114 Marli Huijer, „Rust en stilte zijn bedreigd goed", in: *Trouw* vom 31. Januar 2009.

5 Ein göttliches Hopsasa
Rhythmus und Musik

115 Friedrich Nietzsche, *Die fröhliche Wissenschaft*, in: Ders., *Kritische Studienausgabe*, Band 3, hrsg. von Giorgio Colli und Mazzino Montinari, München 1999, 442.

116 Goudsblom 1997, 80.

117 Marita Kruijswijk und M. Nesse, *Nederlandse jaarfeesten en hun liederen door de eeuwen heen*, Hilversum 2006, 177.

118 Nietzsche, *Die fröhliche Wissenschaft*, 440.

119 Ebd., 442.

120 Theo Willemze, *Algemene muziekleer*, Houten 2009, 45.

121 Für eine Beschreibung des Begriffes Metrum vgl. Marleen van Raalte, *Rhythm and Metre. Towards a systematic description of Greek Stichic verse*, Assen 1986.

122 Jean Luc Nancy, *Zum Gehör*, übers. von Ester von der Osten, Zürich und Berlin 2010, 26.

123 Lefebvre 2004, 64.

124 Auch in anderen Studien zeigt sich, dass die Musik sich aus dem Tanz entwickelte. Vgl. Cesar Bresgen, *„Im Anfang war der Rhythmus ...*", Wilhelmshaven 1977.

125 Friedrich Nietzsche, *Nachgelassene Fragmente 1869–1874*, in: Ders., *Kritische Studienausgabe*, Band 7, hrsg. von Giorgio Colli und Mazzino Montinari, München 1999, 317.

126 Nietzsche, *Nachgelassene Fragmente*, 318.

127 Nietzsche, *Die fröhliche Wissenschaft*, 440. Vgl. auch: D. J. Grout und C. V. Palisca, *A History of Western Musik*, New York und London 2001, 5.

128 Friedrich Nietzsche, *Die Geburt der Tragödie*, in: Ders., *Kritische Studienausgabe*, Band 1, hrsg. von Giorgio Colli und Mazzino Montinari, München 1999, 105.

129 Ebd., 126f. u. ö.

130 https://www.youtube.com/watch?v=0Kh7edvRvFQ (letzter Zugriff am 9.3.2017).

131 George Steiner, *Von realer Gegenwart. Hat unser Sprechen Inhalt?*, übers. von Jörg Trobitius, München 1990, 285.

132 Ebd., 284.

133 Ebd., 16.

134 René Boomkens, *$ign of the times*. Vortrag, Amsterdam 2000, 11.

135 Martha Nussbaum, *Upheavals of Thought. The Intelligence of emotions*, Cambridge 2001, 254.

136 Nietzsche, *Die fröhliche Wissenschaft*, 441.

137 George Steiner, *In Blaubarts Burg. Anmerkungen zur Neudefinition der Kultur*, übers. von Friedrich Polakovics, Berlin 2014, 125f.

138 Steiner verwendet den Begriff der Triole als ein pars pro toto für die Popmusik. Sie ist in rhythmischer Hinsicht eine komplexe Figur: Es handelt sich dabei um eine dreifach aufgeteilte Note, die nicht ins Metrum passt.

139 Steiner 2014, 126.

140 Steiner 2014, 127.

141 Steiner 1990, 25ff.

142 Ebd., 36.

143 Platon, *Sämtliche Werke*, Band 3, *Phaidon, Politeia*, übers. von Friedrich Schleiermacher, hrsg. von Walter Otto, Ernesto Grassi und Gert Plamböck, Hamburg 1958.

144 Platon, *Sämtliche Werke*, Band 6, *Nomoi*, übers. von Friedrich Schleiermacher, hrsg. von Walter Otto, Ernesto Grassi und Gert Plamböck, Hamburg 1958.

145 Vgl. Roger Scruton, „Music and Morality", http://www.roger-scruton.com/about/music/understanding-music/182-music-and-morality (letzter Zugriff am 9.3.2017).

146 Theodor Adorno, „Über Jazz", in: Ders., *Gesammelte Schriften*, Band 17: *Musikalische Schriften IV Moments musicaux. Impromptus*, Frankfurt/Main 2003, 80.

147 http://www.Youtube.com/watch?v=u_ppF2K4NM (letzter Zugriff am 9.3.2017).

6 Die neuen Götter der Regelmäßigkeit
Rhythmus und Biologie

148 Sjef van Gennip, „Topprestatie in de ochtend door lampjes. Verstoord bioritme", in: *Nederlands Dagblad* vom 2. August 2008.

149 Kirsten Althoff u. a., „Der Ganztag in der Sekundarstufe I. Eine Handreichung für Schulen und weitere Partner im Ganztag der Sekundarstufe I", http://www.ganztaegig-lernen.de/kinder-und-zeit-im-ganztag-biorhythmus.

150 Vgl. dazu: http://www.focus.de/familie/lernen/forschung/schlafdefizit-laesst-jugendliche-schlechter-lernen-frueher-schulstart-stoert-bioryth-mus_id_2373618.html (letzter Zugriff am 17.3.2017).

151 Vgl. dazu *Leistungsfähigkeit im Betrieb: Kompendium für den Betriebs-praktiker zur Bewältigung des demografischen Wandels*, hrsg. vom Institut für Arbeitswissenschaft, Heidelberg 2015, 394f.

152 Vgl. dazu http://wiki.iao.fraunhofer.de/index.php/Chronobiologische_Arbeitsgestaltung#Ans.C3.A4tze_f.C3.BCr_eine_rhythmische_Arbeitsgestaltung (letzter Zugriff am 17.3.2017).

153 Vgl. dazu die Informationsbroschüre des ADAC, „Müdigkeit im Straßenverkehr", hrsg. vom ADAC e. V., Ressort Verkehr, München 2012, 7.

154 Ebd., 22.

155 Jacyntha Crawley, *Der Schlüssel zum Biorhythmus*, übers. von Susanne Reichert, München 1996, 18.

156 Paul van Dijk, *Geneeswijzen in Nederland. Compendium vanniet-univer-sitaire geneesmethoden*, Deventer 1976, 269–284.

157 Der niederländische Chronobiologe Bert van der Horst benutzt die Metapher von kleinen und größeren Rädchen, die einander aktivieren und blockieren, aber auch das ist ein mechanisches Bild. Vgl. G. T. J. van der Horst, „Radertjes van ons ingebouwde uurwerk", in: *De 24-uurs-mens*. 28–30.

158 W. Rietveld und J. Meijer, „Onze ingebouwde klokken. Hoe wij deel uitmaken van de ritmen in de natuur", in: *De 24-uurs-mens*, 15–27, 31–33, ebd., 26.

159 G. T. J. van der Horst, „Alles heeft zijn tijd". Vortrag, Rotterdam 2008, 7. S. J. Kuhlmann, S. R. Mackey und J. F. Duffy, „Biological Rhythms Workshop I: Introduction to Chronobiology", in: *Clocks and Rhythms* (Cold Spring Harbor Symposia on Quantitative Biology LXXII), hrsg. von B. Stillman, D. Steward und S. Grodzicker, Cold Spring Harbor 2007, 1–6, ebd., 1.

160 Zu John Davys Experiment vgl. M. Young, *The Metronomic Society. Natural Rhythms and Human Timetables*, Cambridge/MA 1988, 21. Vgl. auch R. K. McPherson, „On having a temperature", in: *New Scientist* vom 28. November 1957, 13–14.

161 Jürgen Zulley und Barbara Knab, *Unsere innere Uhr. Natürliche Rhythmen nutzen und der Non-Stop-Belastung entgehen*, Frankfurt/Main 2003, 60–71.

162 Friedrich K. Stephan und Irving Zucker, „Circadian rhythms in drinking behavior and locomotor activity of rats are eliminated by hypothalamic lesions", in: *Proceedings of the National Academy of Sciences USA* 1972, 69, 1583–1586. Diese Entdeckung machten fast gleichzeitig auch R. Y. Moore und V. B. Eichler, „Loss of a circadian adrenal corticosterone rhythm following suprachiasmatic lesions in the rat", in: *Brain Research* 1972, 42, 201–206.

163 Young 1988, 35. Horst 2008, 28.

164 D. P. King u. a., „Positional cloning of the mouse circadian clock gene", in: *Cell* 1997, 89, 641–653.

165 M. P. Antoch u. a., „Functional identification of the mouse circadian clock gene by transgenic BAC rescue", in: *Cell* 1997, 89, 655–667.

166 Z. S. Sun u. a., „RIBUI, a putative mammalian ortholog of the *Drosophila* period gene", in: *Cell* 1997, 90, 1003–1011. – L. P. Shearman, M. J. Zylka, D. R. Weaver, L. F. Kolakowski Jr. und S. M. Reppert, „Two period homologs: Circadian expression and photic regulation in the suprachiasmatic nuclei", in: *Neuron* 1997, 19, 1261–1269. – T. D. L. Steeves u. a., „Molecular cloning and characterization of the human CLOCK gene: Expression in the suprachiasmatic nuclei", in: *Genomics* 1999, 57, 89–200.

167 Horst 2006, 29.

168 Serge Daan, „Timing: van levensbelang", in: *De 24-uurs-mens,* 51–58.

169 Kuhlmann u. a. 2007, 1.

170 Rietveld/Meijer 2006, 31.

171 Ebd.

172 Max Weber, *Wissenschaft als Beruf,* http://www.wsp-kultur.uni-bremen.de/summerschool/download%20ss%202006/Max%20Weber%20-%20Wissenschaft%20als%20Beruf.pdf (letzter Zugriff am 20.3.2017).

173 Ebd., 35.

174 Ebd., 21, 34 und 20.

175 Ebd., 32.

Anmerkungen

176 Eine niederländische Chronobiologin sagt, dass es am gesündesten sei, vollkommen nach seinem persönlichen Rhythmus zu leben, und zwar so regelmäßig wie möglich. Vgl. L. Koenen, „Leven op licht", in: *NRC Handelsblad* vom 12. Januar 2010.

177 P. van Dijk, *Naar een gezonde gezondheidszorg. Gezondheidswinkels. Bijdrage tot de deprofessionalisering van de gezondheidszorg,* Deventer 1978. A. Mol und P. van Lieshout, *Ziek is het woord niet. Medicalisering, normalisering en de veranderende taal van de huisartsgeneeskunde en geestelijke gezondheidszorg, 1945–1985,* Nijmegen 1989, 227.

178 Jeremy Rifkin, *Uhrwerk Universum. Die Zeit als Grundkonflikt des Menschen,* übers. von Mara Huber, München 1988, 257.

179 Hans Achterhuis, *De markt van welzijn en geluk,* Baarn 1980, 237 u. ö.; Jozef Keulartz, *Van bestraffing naar behandeling. Een inleiding in de sociologie van de hulpverlening,* Amsterdam 1987, 148–150.

180 Colin Campbell, *The Easternization of the West. A Thematic Account of Cultural Change in the modern Era,* Boulder und London 2007, 102f.

181 Ebd., 105.

182 Marli Huijer, „De natuur op het nachtkastje. Het ritme achter natuur, technologie en ethiek", in: *Moralicide. Nieuwe morele vocabulaires voor technologie,* hrsg. von Marli Huijer und M. Smits, Kampen 2010, 105–121.

183 W. Bijker, R. Bal und R. Hendriks, *The paradox of scientific authority. The role of scientific advice in democracies,* Cambridge/MA 2009.

184 M. Wiese, C. Oster und J. Pincombe, „Understanding the emerging relationship between complementary medicine and mainstream health care: A review of the literature", in: *Health: An Interdisciplinary Journal for the Social Study of Health, Illness & Medicine* 2010, 14(3), 326–342.

185 Vgl. auch: https://nccih.nih.gov. Das amerikanische National Center for Complementary and Integrative Health ist eines der vielen Institute der amerikanischen Behörde National Institutes of Healths.

186 Nietzsche, *Die Geburt der Tragödie,* 25 u. ö.

215

7 Gefällt mir
Rhythmus und Technologie

187 http://twitter.com/'!/femkehalsema. Geschrieben am 7. Juni 2011 (letzter Zugriff am 15.6.2011).

188 Ebd.

189 Thomas Hylland Eriksen, „Living in an overheated world: Otherness as a universal condition", http://briai.ku.lt/downloads/AHUK_19/19_009-024_Eriksen.pdf, 13 (letzter Zugriff am 27.4.2017).

190 Vgl. auch: Rosa 2005, 206–208 und Olaf Georg Klein, *Zeit als Lebenskunst*, Berlin 2008, 67–75.

191 Valerie Frissen, *De domesticatie van de digitale wereld.* Vortrag, Rotterdam 2004, 3. Der Begriff der Domestizierung von Technologien stammt von Roger Silverstone.

192 W. J. M. van Bommel und G. J. van den Beld, „Lighting for work: a review of visual and biological effects", in: *Lighting Research and Technology* 2004, 36(4), 255–269.

193 Cloïn u. a. 2013, 36.

194 Ebd., 33.

195 Manuel Castells, *Das Informationszeitalter*, Teil 1: *Der Aufstieg der Netzwerkgesellschaft*, übers. von Reinhart Kößler, Opladen 2003, 485–490.

196 Cloïn u. a. 2013, 33.

197 Rosa 2005, 112 u. ö.

198 Frissen und de Mul berichten vom Experiment einiger Amerikaner, mithilfe des Multitaskings Aktivitäten, die eigentlich 43 Stunden in Anspruch nehmen würden, in einen 24-Stunden-Tag zu pressen. Vgl. Valerie Frissen und Jos de Mul, *De draagbare lichtheid van het bestaan. Het alledaagse gezicht van de informatiesamenleving*, Kampen 2008, 168.

199 *24/7. Time and temporality in the network society*, hrsg. von Robert Hassan und Ronald Purser, Stanford 2007, 11.

200 Lefebvre 2004, 46f.

201 Lefebvre 2004, 47.

202 Lefebvre 2004, 48.

203 Ben Agger, „iTime. Labor and life in a smartphone era", in: *Time and Society* 2011, 20(1), 119–136, ebd. 131.

204 Frank Huysmans und Jos de Haan, *Alle kanalen staan open. De digitalisering van mediagebruik*, Den Haag 2010, http://www.rucurious.nl/wp-content/uploads/2010/10/alle-kanalen-staan-open.pdf.

8 Unstatthafte Mischungen
Rhythmus: Natur und/oder Kultur

205 Bruno Latour, *Wir sind nie modern gewesen. Versuch einer symmetrischen Anthropologie*, übers. von Gustav Roßler, Frankfurt/Main 2008, 12f.

206 A.-G. Goemans, „„Je ziet aan me dat ik pijn heb geleden'. Leontien van Moorsel", in: *De Volkskrant Magazine* vom 6. Dezember 2003, 10.

207 Marjolein Hurkmans, *Leontien van Moorsel. De rit van mijn leven*, Breda 2008, 151–155.

208 R. Nijland, „Leontien is op haar best als er bloed vloeit", in: *De Volkskrant* vom 25. Oktober 2003.

209 Latour 2008, 67.

210 E. Stoupel u. a., „Clinical socmobiology: distribution of death during 180 monts and cosmophysical activity. The Luthianian study: 1990–2004. The role of cosmic arrays", in: *Medicine (Kausus)* 2007, 43(10), 824–831. – I. Nijrolder, „De biologische klok. Over de invloed van een veronachtzaamd mechanisme", in: *Medisch Contact* 2003, 57(32), 1140–1143.

211 Kenneth Jon Rose, *The Body in Time*, New York 1988, 136.

212 W. J. Hrushesky, R. B. Sothern, J. Du-Quiton, D. F. Quiton, D. Rietveld und M. E. Boon, „Sunspot dynamics are reflected in human physiology and pathophysiology", in: *Astrobiology* 2011, 11(2): 93–103.

213 Henri Lefebvre und Catherine Régulier, „The Rhythmanalytical Project", in: Lefebvre 2004, 70–83, ebd. 75.

214 Elias 1984, 116–122.

215 A. Roger Ekirch, *At Day's Close. Night in Past Times*, New York und London 2005, 305 u. ö.

216 Elias 1984, 117.

217 Mario Vargas Llosa, *Lob der Stiefmutter*, übers. von Elke Wehr, Frankfurt/Main 1989, 127.

218 Lefebvre/Régulier, „The Rhythmanalytical Project", 75.

219 Die Analyse des Soziologen ähnelt der marxistischen Interpretation, wonach Materie wie Ruderboote, Uhren und Maschinen den Lauf der Geschichte bestimmen.

220 Die Analyse des Biologen ähnelt der Analyse eines Phänomenologen oder Anthroposophen, der dabei allerdings weniger vom biologischen Standpunkt her argumentiert, sondern sich auf die Erfahrung des gelebten Körpers stützt. Beiden Wissenschaftlern ist die Ansicht gemeinsam, dass es besser sei, nach den Rhythmen des Körpers zu leben.

221 Latour 2008, 137.

222 Ebd., 16.

223 Ebd., 114.

224 Ebd., 126.

225 Ebd., 102.

226 Biologen sind der Ansicht, dass die zirkadianen Uhren in den frühesten Lebensformen der Erde vor ungefähr hundert Millionen Jahren entstanden. Vgl. A. P. Danashree und V. K. Shrama, „Evolution of temporal order in living organisms", in: *Journal of Circadian Rhythms* 2005, 3(7), 1–13, ebd., 4.

227 Ebd., 114.

228 Ebd., 12.

229 Ebd., 103.

9 Mal mehr, mal weniger
Rhythmen und (Selbst-)Dressur

230 Milan Kundera, *Die Unsterblichkeit*, übers. von Susanna Roth, München 1990, 15.

231 Ebd., 9.

232 Lefebvre 2004, 38f.

233 Ebd., 39.

234 http://www.duden.de/rechtschreibung/dressieren (letzter Zugriff am 12.3.2017).

235 https://de.wikipedia.org/wiki/Dressur (letzter Zugriff am 12.3.2017).

236 Vgl. Michel Foucault, *Überwachen und Strafen. Die Geburt des Gefängnisses*, übers. von Walter Seitter, Frankfurt/Main 1994, 9.

237 Ebd., 12f.

238 Ebd., 192.

239 Ebd., 192–197.

240 Ebd., 201ff.

241 Ebd., 196.

242 Ebd.

243 Ebd., 218.

244 Jacqueline Soetenhorst-De Savornin Lohman, „De gevangenis: steengeworden discipline. Studiepleidooi tegen mythe van de vooruitgang", in: *NRC Handelsblad* vom 8. Mai 1976.

245 Michel Foucault, Der Gebrauch der Lüste, Sexualität und Wahrheit 2, übers. von Ulrich Raulff und Walter Seitter, Frankfurt/Main 1989, 144f.

246 Huijer, Marli, „The aesthetics of existence in the work of Michel Foucault", in: *Philosophy and Social Criticism* (1999) (25,2):61–85. – Huijer, Marli, *De kunst gewoon te leven. Aids en de bestaansesthetiek van Foucault*. Amsterdam 1996, 39–53.

247 Foucault 1989, 139.

248 Foucault 1989, 132.

249 Awee Prins, *Uit verveling*, Kampen 2007, 93.

250 Peter Sloterdijk, *Regeln für den Menschenpark. Ein Antwortschreiben zu Heideggers Brief über den Humanismus*, Frankfurt/Main 1999.

251 Maxim Februari, „Kijk uit wat je wenst", in: *NRC Handelsblad* vom 6. Juni 2011.

252 Sloterdijk 1999, 48f.

10 Herrlich schnell. Und herrlich langsam
Vorschläge, die zum Nachdenken anregen sollen

253 Foucault 1989, 146.
254 Zerubavel 1981, 115.
255 Vgl. dazu Nigella Lawson, *Nigella Express*, München 2008, 3.
256 Zulley/Knab 2003, 56.
257 Cloïn u. a. 2013, 42.

11 Das oberste Stockwerk
Rhythmus und die wiederkehrende Zeit

258 Elias 1984, 115f.
259 Lucius Annaeus Seneca, *Briefe an Lucilius*. Fünfzehnter Brief. Nach der Übertragung von August Pauly und A. Haakh neu hrsg. von Thassilo von Scheffer, Warendorf 2014, 46f.

Bibliographie

Achterhuis, Hans, *De markt van welzijn en geluk*, Baarn 1980.

Ackerman, S., *The Principles and Uses of Calenders. Political and social implications*, in: *The Story of Time*, hrsg. von Kristen Lippincott, London 1999, 48–51.

Adorno, Theodor, „Über Jazz", in: Ders., *Gesammelte Schriften*, Band 17: *Musikalische Schriften IV Moments musicaux. Impromptus*, Frankfurt/Main 2003.

Agger, Ben, „iTime. Labor and life in a smartphone era", in: *Time and Society* 2011, 20(1), 119–136.

Althoff, Kirsten u. a., „Der Ganztag in der Sekundarstufe I. Eine Handreichung für Schulen und weitere Partner im Ganztag der Sekundarstufe I", via: http://www.ganztaegig-lernen.de/kinder-und-zeit-im-ganztag-biorhythmus.

Antoch M. P. u. a., „Functional identification of the mouse circadian clock gene by transgenic BAC rescue", in: *Cell* 1997, 89:655–667.

Bachelard, Gaston, *La dialectique de la durée*, Paris 1950 http://classiques.uqac.ca/classiques/bachelard_gaston/dialectique_duree/dialectique_duree.pdf.

Bergson, Henri, *Schöpferische Evolution*, übers. von Margarete Drewsen, Hamburg 2013.

Bergson, Henri, *Zeit und Freiheit*, übers. von Paul Fohr, Hamburg 1994.

Bien, Reinhold, „Astronomie und Kultur – Der Kalender im Abendland", in: *Himmlisches in Büchern. Astronomische Schriften und Instrumente aus sechs Jahrhunderten,* hrsg. von Maria Effinger und Joachim Wambsganß mit Beiträgen von Immo Appenzeller, Reinhold Bien, Herbert Hefele, Margit Krenn, Robert W. Schmidt und Karin Zimmermann, Heidelberg 2009, 10f.

Bijker, W., R. Bal und R. Hendriks, *The paradox of scientific authority. The role of scientific advice in democracies*, Cambridge/MA 2009.

Bobert, Sabine, „Megatrend Spiritualität: Unterwegs zu einer spirituellen Moderne – auch in der Volkskirche?" https://www.theol.uni-kiel.de/de/professuren/pt-bobert/team/bobert/publikationen/dateien-publikationen-bobert/SpirVolkskirche.pdf (letzter Zugriff 20.3.2017).

Bommel, W. J. M. van und G. J. van den Beld, „Lighting for work: a review of visual and biological effects", in: *Lighting Research and Technology* 2004, 36(4):255–269.

Boomkens, René, *Sign of the times*. Vortrag, Amsterdam 2000.

Breebaart, Pim, „Dat werd tijd! Introductie", in: Marli Huijer, *Je hebt meer tijd als je denkt*, Den Haag 2008, 5–9.

Breedveld, Koen u. a., *De tijd als spiegel. Hoe Nederlanders hun tijd besteden*, Den Haag 2006.

Bresgen, Cesar, *„Im Anfang war der Rhythmus ..."*, Wilhelmshaven 1977.

Campbell, Colin, *The Easternization of the West. A Thematic Account of Cultural Change in the modern Era*, Boulder und London 2007.

Castells, Manuel, *Das Informationszeitalter*, Teil 1: *Der Aufstieg der Netzwerkgesellschaft*, übers. von Reinhart Kößler, Opladen 2003.

Castells, Manuel, *The Rise of the Network Society*, Cambridge/MA und Oxford 1996.

Cloïn, Mariëlle, *A day with the Dutch. Time use in the Netherlands and fifteen other European countries*, Den Haag 2012.

Cloïn, Mariëlle, Marjon Schols und Andries van den Broek (Hg.), *Tijd op orde? Een analyse van de tijdsorde vanuit het perspectief van de burger*, Den Haag 2013.

Crawley, Jacyntha, *Der Schlüssel zum Biorhythmus*, übers. von Susanne Reichert, München 1996.

Daalen, Maria van, „Het sonnet voor het nieuwe huis", in: Dies., *Elektron, muon, tau*. Gedichte, Amsterdam 2000.

Daan, S. „Timing: van levensbelang", in: Stichting Biowetenschappen en Maatschappij, *De 24-uurs-mens. Waar economie en biologie van tijd tot tijd botsen*, Den Haag 2006/3, 57.

Danashree, A. P. und V. K. Shrama, „Evolution of temporal order in living organisms", in: *Journal of Circadian Rhythms* 2005, 3(7):1–13.

Deleuze, Gilles und Félix Guattari, *Tausend Plateaus. Kapitalismus und Schizophrenie*, übers. von Gabriele Riecke und Ronald Voullié, Berlin 1992.

Dewey, John, *Kunst als Erfahrung*, übers. von Christa Velten, Frankfurt/Main 1980.

Dijk, P. van, *Naar een gezonde gezondheidszorg. Gezondheidswinkels. Bijdrage tot de deprofessionalisering van de gezondheidszorg*, Deventer 1978.

Dijk, Paul van, *Geneeswijzen in Nederland. Compendium vannietuniversitaire geneesmethoden*, Deventer 1976.

Draaisma, Douwe, *Das Buch des Vergessens. Warum Träume so schnell vergehen und Erinnerungen sich ständig verändern*, übers. von Verena Kiefer, Berlin 2012.

Durkheim, Émile, *Die elementaren Formen des religiösen Lebens*, Frankfurt/Main 1994.

Ekirch, A. Roger, *At Day's Close. Night in Past Times*, New York und London 2005.

El Guindi, Fadwa, *By Noon Prayer. The Rhythm of Islam*, Oxford und New York 2008.

Eliade, Mircea, *Das Heilige und das Profane. Vom Wesen des Religiösen*, übers. von Eva Moldenhauer, Frankfurt/Main 1998.

Eliade, Mircea, *Kosmos und Geschichte. Der Mythos der ewigen Wiederkehr*, übers. von Günther Spaltmann, Frankfurt/Main 1984.

Elias, Norbert, Über den *Prozeß der Zivilisation. Soziogenetische und psychogenetische Untersuchungen.* Zweiter Band: *Wandlungen der Gesellschaft. Entwurf zu einer Theorie der Zivilisation*, Frankfurt/Main 1997.

Elias, Norbert, *Über die Zeit. Arbeiten zur Wissenssoziologie II*, hrsg. von Michael Schröter, übers. von Holger Fliessbach und Michael Schröter, Frankfurt/Main 1984.

Eriksen, Thomas Hylland, „Living in an overheated world: Otherness as a universal condition", http://briai.ku.lt/downloads/AHUK_19/19_009-024_Eriksen.pdf, 13 (letzter Zugriff am 27.4.2017).

Februari, Maxim, „Kijk uit wat je wenst", in: *NRC Handelsblad* vom 6. Juni 2011.

Foucault, Michel: *Het gebruik van de lust. Geschiedenis van de seksualiteit 2*, o. O. 1984.

Foucault, Michel, *Überwachen und Strafen. Die Geburt des Gefängnisses*, übers. von Walter Seitter, Frankfurt/Main 1994.

Frissen, Valerie, *De domesticatie van de digitale wereld.* Vortrag, Rotterdam 2004.

Frissen, Valerie und Jos de Mul, *De draagbare lichtheid van het bestaan. Het alledaagse gezicht van de informatiesamenleving*, Kampen 2008.

Gennip, Sjef van, „Topprestatie in de ochtend door lampjes. Verstoord bioritme", in: *Nederlands Dagblad* vom 2. August 2008.

Gerber, Uwe, *Wie überlebt das Christentum. Religiöse Erfahrungen und Deutungen im 21. Jahrhundert. Erlösung – Versöhnung – Erleichterung – Vereindeutigung – Alterität*, Zürich 2008.

Giphart, Ronald, *Ik ook van jou*, Amsterdam und Antwerpen 1992.

Goemans, A.-G., „„Je ziet aan me dat ik pijn heb geleden'. Leontien van Moorsel", in: *De Volkskrant Magazine* vom 6. Dezember 2003, 10.

Goudsblom, Johan, *Het regime van de tijd*, Amsterdam 1997.

Grout, D. J. und C. V. Palisca, *A History of Western Music*, New York und London 2001.

Hassan, Robert und Ronald Purser (Hrsg.), *24/7. Time and temporality in the network society*, Stanford 2007.

Heijden, A. F. Th. van der, *Tonio. Ein Requiemroman*, übers. von Helga von Beuningen, Berlin 2011.

Hermsen, Joke, *Kairos. Een nieuwe bevlogenheid*, Amsterdam 2014.

Hermsen, Joke, *Stil de tijd. Pleidooi voor een langzame toekomst*, Amsterdam 2009.

Hermsen, Joke, *Windstilte van de ziel*, Amsterdam 2010.

Herzberg, Judith, „Elke ochtend", in: Dies., *Dagrest*. Amsterdam 1984.

Hofland, H. J. A., *Geen tijd. Op zoek naar oorzaken en gevolgen van het moderne tijdgebrek*, Amsterdam 1955.

Horst, G. T. J. van der, „Alles heeft zijn tijd". Vortrag, Rotterdam 2008.

Horst, G. T. J. van der, „Radertjes van ons ingebouwde uurwerk", in: Stichting Biowetenschappen en Maatschappij, *De 24-uurs-mens. Waar economie en biologie van tijd tot tijd botsen*, Den Haag 2006/3, 28–30.

Houtman, Dick und Stef Aupers, „The Spiritual Turn in the Decline of Tradition: The Spread of Post-Christian Spirituality in 14 Western Countries, 1981–2000", in: *Journal of the Scientific Study of Religion* 2007, 46(3):305–320 (http://www.dickhoutman.nl/mediatheek/files/2007__houtman_and_aupers.pdf).

Hrushesky, W. J., R. B. Sothern, J. Du-Quiton, D. F. Quiton, D. Rietveld und M. E. Boon, „Sunspot dynamics are reflected in human physiology and pathophysiology", in: *Astrobiology* 2011, 11(2):93–103.

Huijer, Marli, *De kunst gewoon te leven. Aids en de bestaansesthetiek van Foucault*. Amsterdam 1996.

Huijer, Marli, „The aesthetics of existence in the work of Michel Foucault", in: *Philosophy and Social Criticism* (1999) (25,2):61–85.

Huijer, Marli, „Rust en stilte zijn bedreigd goed", in: *Trouw* vom 31. Januar 2009.

Huijer, Marli, *Waarom de kerkklok 's nachts slaat*. Vortrag, Rotterdam 2009.

Huijer, Marli, „De natuur op het nachtkastje. Het ritme achter natuur, technologie en ethiek", in: *Moralicide. Nieuwe morele voca-*

bulaires voor technologie, hrsg. von Marli Huijer und M. Smits, Kampen 2010, 105–121.

Huijer, Marli und Reinjan Mulder, *Opnieuw beginnen. Metamorfosen in het bestaan*, Amsterdam 2009.

Hurkmans, Marjolein, *Leontien van Moorsel. De rit van mijn leven*, Breda 2008.

Huysmans, F. und J. de Haan, *Alle kanalen staan open. De digitalisering van mediagebruik*. Het culturele draagvlak, deel 10, Den Haag 2010.

Keulartz, J., *Van bestraffing naar behandeling. Een inleiding in de sociologie van de hulpverlening*, Amsterdam 1987.

King, D. P. u. a., „Positional cloning of the mouse circadian clock gene", in: *Cell* 1997, 89:641–653.

Klein, Olaf Georg, *Zeit als Lebenskunst*, Berlin 2008.

Koenen, L., „Leven op licht", in: *NRC Handelsblad* vom 12. Januar 2010.

Kruijswijk, Marita und M. Nesse, *Nederlandse jaarfeesten en hun liederen door de eeuwen heen*, Hilversum 2006.

Kuhlmann, S. J., S. R. Mackey und J. F. Duffy, „Biological Rhythms Workshop I: Introduction to Chronobiology", in: *Clocks and Rhythms* (Cold Spring Harbor Symposia on Quantitative Biology LXXII), hrsg. von B. Stillman, D. Steward und S. Grodzicker, Cold Spring Harbor 2007, 1–6.

Kuhn, Thomas, *The structure of scientific revolutions*, Chicago und London 1962.

Kundera, Milan, *Die Unsterblichkeit*, übers. von Susanna Roth, München 1990.

Laeyendecker, Leonardus und Marty P. Veerman, *In de houdgreep van de tijd. Onze omgang met de tijd in een consumptieve cultuur*, Budel 2003.

Latour, Bruno, *Wir sind nie modern gewesen. Versuch einer symmetrischen Anthropologie*, übers. von Gustav Roßler, Frankfurt/Main 2008.

Lawson, Nigella, *Nigella Express*, München 2008.

Lefebvre, Henri und Catherine Régulier, *Versuch der Rhythmanalyse der Mittelmeerstädte*, übers. von Justin Winkler, http://www.iacsa.eu/jw/lefebvre_1986_rhythmanalyse_mittelmeerstaedte.pdf, 1.

Lefebvre, Henri: Rhythmanalysis. Space, time and everyday life, übers. von S. Elden, G. Moore. New York/London 2004/1992.

Leistungsfähigkeit im Betrieb: Kompendium für den Betriebspraktiker zur Bewältigung des demografischen Wandels, hrsg. vom Institut für Arbeitswissenschaft, Heidelberg 2015.

Lippincott, Kristen (Hrsg.), *The Story of Time*, London 1999.

Lippincott, Kristen, „Mechanical Timekeeping in Europe: The Early Stages", in: *The Story of Time*, hrsg. von Kristen Lippincott, London 1999, 132f.

Llosa, Mario Vargas, *Lob der Stiefmutter*, übers. von Elke Wehr, Frankfurt/Main 1989.

Luijn, Heleen van und Saskia Keuzenkamp, *Werkt verlof? Het gebruik van regelingen voor verlof en aanpassing van arbeidsduur*, Den Haag 2004.

Maldiney, Henri, *L'esthétique des rythmes*, in: *Regards, Parole, Espace*, Lausanne 1973, 147–172.

McEwan, Ian, *Amsterdam*, übers. von Hans-Christian Oeser, Zürich 1999.

McNeill, William H., *Keeping Together in Time. Dance and Drill in Human History*, Cambridge/MA 1995.

McPherson, R. K., „On having a temperature", in: *New Scientist* vom 28. November 1957, 13–14.

Meijer, J. H., *Een kwestie van tijd*. Vortrag, Leiden 2008.

Mol, A. und P. van Lieshout, *Ziek is het woord niet. Medicalisering, normalisering en de veranderende taal van de huisartsgeneeskunde en geestelijke gezondheidszorg, 1945–1985*, Nijmegen 1989.

Mooij, J. J. A., *Tijd en geest. Een geschiedenis*, Kampen 2002.

Moore, R. Y. und V. B. Eichler, „Loss of a circadian adrenal corticosterone rhythm following suprachiasmatic lesions in the rat", in: *Brain Research* 1972, 42:201–206.

„Müdigkeit im Straßenverkehr", hrsg. vom ADAC e. V., Ressort Verkehr, München 2012.

Mulder, Reinjan und Marli Huijer, „Geef oude rituelen rond oertradities alle ruimte", *Trouw* vom 16. Januar 2010.

Nabokov, Vladimir, *Ada oder Das Verlangen. Aus den Annalen einer Familie*, übers. von Uwe Friesel und Marianne Therstappen, Reinbek bei Hamburg 1983.

Nancy, Jean Luc, *Zum Gehör*, übers. von Ester von der Osten, Zürich und Berlin 2010.

National Maritime Museum, „Mechanical timekeeping in Europa: The Early Stages", in: *The Story of Time*, hrsg. von Kristen Lippincott, London 1999, 109f.

Nietzsche, Friedrich, *Die fröhliche Wissenschaft*, in: Ders., *Kritische Studienausgabe*, Band 3, hrsg. von Giorgio Colli und Mazzino Montinari, München 1999.

Nietzsche, Friedrich, *Nachgelassene Fragmente 1869–1874*, in: Ders., *Kritische Studienausgabe*, Band 7, hrsg. von Giorgio Colli und Mazzino Montinari, München 1999.

Nietzsche, Friedrich: *Die Geburt der Tragödie*, in: Ders., *Kritische Studienausgabe*, Band 1, hrsg. von Giorgio Colli und Mazzino Montinari, München 1999.

Nijland, R., „Leontien is op haar best als er bloed vloeit", in: *De Volkskrant* vom 25. Oktober 2003.

Nijrolder, I. „De biologische klok. Over de invloed van een veronachtzaamd mechanisme", in: *Medisch Contact* 2003, 57(32):1140–1143.

North, J., „From Observation to Record. Astronomy in Prehistoric and the Early Civilizations", in: *The Story of Time*, hrsg. von Kristen Lippincott, London 1999, 34–47.

Nussbaum, Martha, *Upheavals of Thought. The Intelligence of emotions*, Cambridge 2001.

Peters, Peter, „Tijd is een afsprak", in: Stichting Biowetenschappen en Maatschapij. *De 24-uur-mens waar economie en biologie van tijd tot tijd botsen*, Cahier 3, 2006, 15–23.

Peters, Peter, *De haast van Albertine. Reizen in de technologische cultuur: naar een theorie van passages,* Amsterdam 2003.

Platon, *Sämtliche Werke,* Band 3, *Phaidon, Politeia,* übers. von Friedrich Schleiermacher, hrsg. von Walter Otto, Ernesto Grassi und Gert Plamböck, Hamburg 1958.

Platon, *Sämtliche Werke,* Band X, *Nomoi,* übers. von Friedrich Schleiermacher, hrsg. von Walter Otto, Ernesto Grassi und Gert Plamböck, Hamburg 1958.

Prins, Awee, *Uit verveling,* Kampen 2007.

Raalte, Marleen van, *Rhythm and Metre. Towards a systematic description of Greek Stichic verse,* Assen 1986.

Rietveld, W. und J. Meijer, „Onze ingebouwde klokken. Hoe wij deel uitmaken van de ritmen in de natuur", in: Stichting Biowetenschappen en Maatschappij, *De 24-uurs-mens. Waar economie en biologie van tijd tot tijd botsen,* Den Haag 2006/3, 15–27, 31–33.

Rifkin, Jeremy, *Uhrwerk Universum. Die Zeit als Grundkonflikt des Menschen,* München 1988.

Romeyn, L. A. A. u. a., *Torenuurwerken. Tijd voor iedereen. 700 jaar openbare tijdaanwijzing,* Wijchen 2005.

Rosa, Hartmut, *Beschleunigung. Die Veränderung der Zeitstrukturen in der Moderne,* Frankfurt/Main 2005.

Rose, Kenneth Jon, *The Body in Time,* New York 1988.

Sabelis, I. H. J., „The clock-time paradox. Time regimes in the network society", in: *24/7. Time and temporality in the network society,* hrsg. von Robert Hassan und Ronald Purser, Stanford 2007.

Sahlgren, Gabriel H., *Work longer, live healthier. The relationship between economic activity, health and government policy.* Institute of Economic Affairs Discussion paper Nr. 46, Mai 2013. https://iea.org.uk/wp-content/uploads/2016/07/Work%20Longer,%20Live_Healthier.pdf.

Scruton, Roger, „Music and Morality", http://www.roger-scruton. com/about/music/understanding-music/182-music-and-morality (letzter Zugriff am 9.3.2017).

Lucius Annäus Seneca, *Briefe an Lucilius*. Fünfzehnter Brief. Nach der Übertragung von August Pauly und A. Haakh neu hrsg. von Thassilo von Scheffer, Warendorf 2014.

Shearman, L. P., M. J. Zylka, D. R. Weaver, L. F. Kolakowski Jr. und S. M. Reppert, „Two period homologs: Circadian expression and photic regulation in the suprachiasmatic nuclei", in: *Neuron* 1997, 19:1261–1269.

Sloterdijk, Peter, *Regeln für den Menschenpark. Ein Antwortschreiben zu Heideggers Brief über den Humanismus*, Frankfurt/Main 1999.

Soetenhorst-De Savornin Lohman, Jacqueline, „De gevangenis: steengeworden discipline. Studiepleidooi tegen mythe van de vooruitgang", in: *NRC Handelsblad* vom 8. Mai 1976.

Steeves, T. D. L. u. a., „Molecular cloning and characterization of the human CLOCK gene: Expression in the suprachiasmatic nuclei", in: *Genomics* 1999, 57:189–200.

Steiner, George, *Von realer Gegenwart. Hat unser Sprechen Inhalt?*, übers. von Jörg Trobitius, München 1990.

Steiner, George, *In Blaubarts Burg. Anmerkungen zur Neudefinition der Kultur*, übers. von Friedrich Polakovics, Berlin 2014.

Stephan, Friedrich K. und Irving Zucker, „Circadian rhythms in drinking behavior and locomotor activity of rats are eliminated by hypothalamic lesions", in: *Proceedings of the National Academy of Sciences USA* 1972, 69:1583–1586.

Stillman, B., D. Steward und S. Grodzicker (Hrsg.), *Clocks and Rhythms* (Cold Spring Harbor Symposia on Quantitative Biology LXXII), Cold Spring Harbor 2007.

Stoupel, E. u. a., „Clinical socmobiology: distribution of death during 180 monts and cosmophysical activity. The Luthianian study: 1990–2004. The role of cosmic arrays", in: *Medicine (Kausus)* 2007, 43(10):824–831.

Sun, Z. S., U. Albrecht, O. Zhuchenko, J. Bailey, G. Eichele und C. G. Lee, „RIBUI, a putative mammalian ortholog of the *Drosophila* period gene", *Cell* 1997, 90:1003–1011.

Verborgt, Thomas, *Schrijven is ritme,* Amsterdam 2007.

Virilio, Paul, *Der negative Horizont,* übers. von Brigitte Weidmann, München 1989.

Weber, Max, *Wissenschaft als Beruf,* http://www.wsp-kultur.uni-bremen.de/summerschool/download%20ss%202006/Max%20Weber%20-%20Wissenschaft%20als%20Beruf.pdf.

Wiese, M., C. Oster und J. Pincombe, „Understanding the emerging relationship between complementary medicine and mainstream health care: A review of the literature", in: *Health: An Interdisciplinary Journal for the Social Study of Health, Illness & Medicine* 2010, 14 (3):326–342.

Willemze, Theo, *Algemene muziekleer,* Houten 2009.

Wordworth, William, *The Earliest Poems 1785–1790,* hrsg. von Duncan Wu, Manchester 2002.

Wybenga, E., „Collega's voor dag en nacht", in: *NRC Weekend* vom 30. April/1. Mai 2011, 5.

Young, M., *The Metronomic Society. Natural Rhythms and Human Timetables,* Cambridge/MA 1988.

Zerubavel, Eviatar, *Hidden Rhythms. Schedules and Calendars in Social Life,* Berkeley/Los Angeles und London 1981.

Zulley, Jürgen und Barbara Knab, *Unsere innere Uhr. Natürliche Rhythmen nutzen und der Non-Stop-Belastung entgehen,* Frankfurt/Main 2003.

Personenregister

Personenregister

Ortous de Mairan, Jean Jacques d' 120

Peters, Peter 20
Platon 97, 104, 109-110, 112-113
Prediger 89
Prins, Awee 185, 201
Purser, Ronald 144
Pythagoras 104

Régulier, Catherine 11, 159, 162, 203
Riefenstahl, Leni 99-100
Rifkin, Jeremy 128-129

Scruton, Roger 112
Seneca 198
Sennett, Richard 8
Silverstone, Roger 215
Sloterdijk, Peter 186-187
Sokrates 109-110
Soetenhorst-de Savornin Lohman, Jacqueline 181
Steiner, George 105, 107-109, 112-114
Steiner, Rudolf 66
Stephan, Friedrich 122
Swammerdam, Jan 119

Tizian 102

Udry, Richard 156

Vargas Llosa, Mario 161
Verbogt, Thomas 70

Weber, Max 126-127
Wordsworth, William 58, 64

Zucker, Irving 122